청년의 지역참여와 사회혁신

시민정치연구소 총서 ; 3

청년의 지역참여와 사회혁신

이 현 출 外 著

발행일 2022년 1월 25일
펴낸이 李 相 烈
펴낸곳 도서출판 에듀컨텐츠휴피아
출판등록 제2017-000042호 (2002년 1월 9일 신고등록)
주　소 서울 광진구 자양로 28길 98, 동양빌딩
전　화 (02) 443-6366
팩　스 (02) 443-6376
이메일 iknowledge@naver.com
Web http://cafe.naver.com/eduhuepia
만든이 기획・김수아 / 책임편집・이진훈 황혜영 박채연 정희우 박은빈
　　　　디자인・김미나 유충현 / 영업・이순우
정　가 19,000원

　　　　ISBN　978-89-6356-338-1 (93320)
(set) ISBN　978-89-6356-343-5 (94340)

ⓒ 2022, 이현출, 도서출판 에듀컨텐츠휴피아

＊ 본 책은 저작권법에 따라 보호받는 저작물이므로 무단 전재와 복제를 금지하며, 이 책 내용의 전부 또는 일부를 이용하려면 반드시 저작권자 및 도서출판 에듀컨텐츠휴피아의 서면 동의를 받아야 합니다.

서 문

　오늘날 "청년"이 우리 사회의 가장 뜨거운 화두 가운데 하나로 떠올랐다. 2021년 서울시장과 부산시장 보궐선거에서 나타난 '이대남(20대 남성)'이라는 용어가 주목을 끈 것도 이러한 이유에서이다. 세대간에는 투표율뿐만 아니라 이슈나 정책의 중요성에 대한 인식도 다르다는 것을 단적으로 보여준 사례이다. 우리로 하여금 왜 청년 대표가 필요한지 실감하게 하는 대목이다. 기존의 대표체계로는 기성세대 의원들이 20-30대 청년세대나 밀레니얼 세대라고 알려진 MZ세대의 요구와 지향점에 대한 이해가 부족한 것이 현실이다.

　실제 20대 국회에서 40세 미만 국회의원은 단 3명뿐이며 전체 의원의 1%, 2020년 실시된 21대 국회에서는 30세 미만은 2명, 40세 미만 의원의 비율은 13명으로 전체의원의 4.3%에 불과한 실정이다. 2020년 총선 당시의 40세 미만 유권자 비율이 전체 유권자의 33.8%를 점하고 있는 것에 비하면 얼마나 청년세대가 우리 국회에서 과소대표되고 있는지 알 수 있다. 물론 고령자가 자신들의 이익만을 추구할 것이라는 가정은 여전히 검증이 필

요한 화두이지만 우리 사회의 다양성과 다원성이 반영되기 어렵다는 사실만은 분명하다.

　이러한 맥락에서 청년세대의 정치적 과소대표를 개선하고 정치참여를 활성화하여야 한다는 목소리가 높다. 세대 간 다양성을 높이는 것은 다양화하는 사회변화에 능동적으로 대응하고, 정책입안에서도 미래지향성을 높인다는 점에서 긍정적으로 평가된다. 유럽의 경우 지역사회 차원에서도 민주시민교육의 일환으로 정치참여 교육을 다양하게 실시하고 있다. 핀란드에서는 주요 지방자치단체들이 2000년 초반부터 어린이 의회를 운영하고 있다. 주로 초등학교 학생대표들로 구성된다. 학년이 높아지면 청소년 위원회를 구성하여 이들이 직접 시의 청소년 정책을 심의하고 의견을 개진하기도 한다. 더 나아가 전국적으로 청소년의회를 운영하는데 전국에서 선발된 만 15-16세의 청소년들로 구성된다. 여기에서 상임위원회별로 나누어 입법과정 등을 탐색하고 본회의에서 대정부 질문 등을 행한다. '총리에 대한 질문' 시간에는 총리와 장관들이 직접 출석해서 청소년 의원들의 질문에 답변한다. 이러한 서구의 사례들과는 대조적으로 한국을 비롯한 많은 국가들에서는 지역사회에서의 청소년 정치교육에 대한 관심이 매우 낮은 편이다.

　우리는 이러한 연유에서 대학과 지역의 연계를 통하여 지역사회 차원의 문제를 인식하고, 문제해결을 위한 거버넌스 운영과정을 폭넓게 이해하도록 하기 위하여 지역사회 연계수업을 기획하였다. 대학과 지역을 잇는 교육은 왜 필요하며, 어떻게 이루어질 수 있는가? 대학생이 풀뿌리 민주정치의 주체로서 지역발전과 혁신에 실질적으로 이바지할 수 있는지, 있다면 어떻게 참여할 수 있을까? 이 책은 건국대학교 정치외교학과에 개설된 〈시민정치론〉 수업을 통해 이러한 질문에 대한 하나의 해답을 제시하고 있다.

　건국대학교 정치외교학과 2021년 1학기 시민정치론 수업은 대학이 소속된 광진구의 도시재생 사업과 지역사회 주민들의 애로를 청년의 시각에서 그 해법을 찾아 대안을 제시하고자 하였다. 수업을 통하여 교육-연구-실천을 하나로 접목시켜 학생들과 교수가 강의실과 연구실을 나와 직접 체험하고 실천하고 그 결과를 교육과 연구에 환류하는 새로운 시도를 하였다. 수업을 통하여 그동안 거대담론에만 익숙한 학생들에게 일상의 삶과 연결된 현장중심의 생활정치가 얼마나 중요한가를 깨우칠 수 있는 계기를 마련하고자 하였다. 작은 공동체 문제 해결을 통하여 공적시민으로 문제해결능력을 키우고자 하였다. 학생들 스스로 '수동적인 학생'으로부터 '능동적인 시민'으로 거듭나는 계기가 되었다는 평가를 하는 것은 큰 성과였다고 자평한다. 정치학 교육의 차원뿐만 아니라 풀뿌리 민주주의에서의 청년참여와 사회혁신을 위한 새로운 지평을 확장한 시도라고 할 수 있다.

수업은 크게 이론, 현장조사, 발표의 세 부분으로 진행하였다. 중간고사 이전까지는 시민정치 기초이론 강의와 함께 지역사회 현장조사를 위한 팀 구성, 주제 선정, 조사방법 등 연구설계를 진행하였다. 이러한 바탕 위에 팀별 주제를 선정하고, 조사방법론을 모색하였다. 중간고사 이후에는 팀별 현장조사와 전문가 및 정책실무자 면담 등을 진행하며, 팀별 수업을 진행하였다. 이를 통하여 팀별 진행 현황을 파악하고, 주요 쟁점에 대한 접근방법 등을 논의하였다. 학기 초에 학생 4-5명으로 한 팀을 구성하도록 하고, 팀 구성은 희망자를 우선으로 배정하되 타과 출신 다전공 학생 등을 팀원 역량에 맞게 안배하였다.

시민정치론 수업은 2018년부터 개설하여 운영해오고 있다. 2018년도에는 6월 13일 실시되는 지방선거를 계기로 광진구 지역사회의 지방선거라는 정치과정에서 지역의 문제해결형 아젠다를 발굴하고, 이를 지방선거 후보자들에게 공약으로 제시함으로써 "대학생이 만드는 풀뿌리 민주정치"를 몸으로 체험하는데 주안점을 두었다. 2019년 수업에서는 건국대학교가 소재한 '광진구의 풀뿌리 시민정치 사례 조사·분석'에 주안점을 두었다. 지역사회 내의 주민자치와 협치, 마을공동체, 사회적 경제 등 다양한 사례를 발굴하여, 학생들이 스스로 교육과 연구의 주체로서 참여하고, 지역사회에 의미있고 실효성있는 정책대안을 제시하는 과정에서 민주시민으로서의 덕성을 함양하자는 취지였다.

2020년 1학기부터는 국민권익위원회의 '국민생각함'과 대학협업 청년참여 프로그램의 일환으로 광진구 지역문제 해결 프로젝트를 추진하였다. 즉, 권익위의 '국민생각함'이라는 온라인을 기반으로 문제를 발굴하고, 광진구의 현장에서 대학생들이 '청년의 시각과 입장'에서 지역사회 문제를 분석하

고 해결해 보자는 시도였다.

　2021년 수업에는 광진구의 요청으로 구의동 일대 도시재생 사업에 청년의 아이디어를 보태기로 하였다. 2021년 1월 광진구로부터 광진구 구의역 일대 활성화를 위한 대학-지역연계 수업에 대한 제안이 있었다. 대학과 지역의 연계 강화를 통하여 참신한 아이디어를 발굴하고 지역활성화를 도모하겠다는 취지였다. 수업 연구활동과 관련하여 상권침체 원인분석, 일자리 창출, 젠트리피케이션 예방 등 지역문제 해결에 대한 주제, 대학축제와의 연계·역사·문화 자원 발굴·VR/AR을 활용한 구의역 도시재생 지역의 특색 발굴 및 정체성 확립, 대학과 지역이 함께하는 지속가능성 모색 등의 주제들이었다. 우리는 전년도와 같이 권익위원회와의 협업을 통하여 진행하면서 주제를 광진구 도시재생 사업에 집중하기로 하였다.

　학생들이 선정한 주제는 상권회복과 사회적 유대, 친환경 제로 웨이스트, 공실활용, 안심귀가, 청춘거리 브랜딩, 디지털 소외계층 지원, 환경 도우미, 주민참여 거버넌스 등 다양한 영역의 주제가 제안되었다.
　제1조(프로젝트 999)는 지역상권 회복을 위하여 단골 멤버십제도를 도입하자는 제안을 하였다. 999의 명칭은 구(9)독으로 구(9)의를 구(9)한다는 의미를 담고 있다.
　제2조(친-구의 리액트)는 '다회용기 사업'을 중심으로 구의를 친환경 거리로 브랜드를 새롭게 조성하자는 제안을 하였다. 구의역 도시재생 사업에 환경보호를 접목시킨다는 아이디어이다.
　제3조(92%: 구의 퍼센트)는 구의역 일대 소규모 상가 공실을 활용하여 앵커시설을 마련하고 미가로의 경쟁력 제고와 구의 네트워크 활성화를 위한 방안을 제시하였다.
　제4조(안(眼)심광진 프로젝트)는 QR코드를 활용한 안심귀가 모니터링 시스템을 도입하자는 제안을 하였다. 편의성과 접근성에서 기존의 치안정책과 차별화를 기한 제안이다.
　제5조(청춘거리 브랜딩)는 구의동 미가로 일대의 테마거리화 방안을 제안하였다. 젊은 층에 잘 알려지지 않은 지역을 역동성과 활기를 불어넣기

위한 브랜딩 사업이다.

제6조(동행 키오스크)는 노인 등 디지털 소외계층을 위한 키오스크 접근성을 높이자는 제안을 하였다. 키오스크 사용환경 디자인 변화와 애플리케이션 도입을 제안하였다.

제7조(환경도우미)는 광진 환경도우미 제도를 도입하여 분리수거율 제고를 통한 재활용률을 높이자고 제안하였다. 노인 일자리 사업과 환경을 연계시키자는 제안이다.

제8조(주민참여 상권부흥 프로젝트)는 구의동 특성에 맞게 다양한 주민 공모사업을 통하여 상권부흥을 모색하자고 제안하였다. 주민, 공공기관, 상권의 소통을 통한 사가활성화 대안을 제시하였다.

코로나 19로 인하여 현장조사가 매우 어려운 한계가 있었으나 학생들이 적극적으로 참여하여 성과를 거둘 수 있었다. 중간보고 등은 줌(ZOOM)을 활용하여 신속하게 소통할 수 있었다. 현장조사 기간에는 학계의 전문가와 관련 부서 공무원, 시민단체와 이해관계자 등의 의견을 청취하고, 온오프라인 조사를 통하여 주민들의 의견을 수렴하는 등 합리적이고 창의적인 대안을 모색하도록 유도하였다. 각 주제별 선행연구 관련 논문이나 보고서 등을 검색하여 학생들에게 현장에 나가기 전에 읽도록 하였다. 아울러 서울시의 협조를 얻어 마을공동체 전문가의 특강을 듣기도 하였다. 특히 2019년에 광진구의 도시재생의 첫 출발이라고 할 수 있는 중심시가지 활성화 후보지 사업에 참여 거버넌스 부분을 진행한 정현정 교수는 학생들에게 많은 도움을 주었다. 최형규 도시재생센터 사무국장도 학생들의 현장조사에 많은 도움을 주었다.

주제를 발전시키는 과정에 국민권익위의 '국민생각함' 사이트에 건국대 특별관을 만들고 주제를 제안한 후 일반 국민들의 의견을 수렴할 수 있었다. 나름 주제가 확정된 이후에는 동 플랫폼을 활용하여 여론조사 등을 실시하여 구체적 제안에 대한 시민들의 의견을 수렴할 수 있었다. 결과 도출 단계에서는 실현가능한 최종 대안을 마련하는데 주안점을 두었다. 많은 준비를 하였지만 실현가능성, 사회적·경제적 효과성(갈등요인과 예산) 등에 초

점을 맞추어 대안을 압축하였다. 최종 결과물은 국민권익위와 광진구와 협의하여 12월 온라인을 통하여 발표회를 가졌으며, 이 책이 그 결과물을 종합한 것이다.

　지역사회 문제해결형 수업을 통해 정치외교학과 학생들의 고민과 지혜가 담긴 정책제안 결과물을 발표하게 되어 교수자로서 매우 기쁘게 생각한다. 학생들은 실천적으로 민주시민의식과 공적·시민적 리더십을 함양하고, 지역사회 발전과 혁신에 실질적으로 이바지할 수 있다는 점에서 매우 값진 경험이라고 생각한다. 우선 대학생들이 학습자가 아니라 스스로 연구자의 입장에서 창의적 연구를 시도할 수 있었다는 점에서 보람을 줄 수 있었다. 이를 통하여 강의실에서 강의를 통해서만 배우는 이상의 현장 학습을 통한 지식의 습득도 큰 지적 자극을 주었다고 판단된다. 정책이 만들어지는 과정에서 선행연구와 관련 규정 및 해외사례에 대한 검토, 현장 민원인들의 목소리 수렴, 이해관계자와 관계 공무원들의 의견 청취 등을 통하여 적절한 정책대안을 직접 제안함으로써 문제해결형 실천적 지식을 함양할 수 있었다. 아울러 학생들이 단순한 학습자·연구자의 위상을 넘어 지역사회 발전을 위한 하나의 대안을 제시한다는 점에서 실천적 보람을 안겨줄 수 있었다.

　이 책이 정책제안으로서는 아직 미흡한 점이 많이 있지만 단순한 리포트 내지는 습작수준을 훨씬 뛰어넘는 전문적인 연구결과라고 생각한다. 한 학기 동안 학생들의 땀과 열정이 담겨진 결과물이란 점에서 관대히 일독해 주시기를 바란다. 학기 초부터 수업의 결과물을 단행본 출간까지 염두에 두고 준비를 하여 학생들에게 성취감을 주고자 기획하였으며, 이 책이 그동안의 학생들의 노고에 작은 위로가 되기를 바란다. 특히 이번 학기는 코로나 19로 인하여 매우 어려운 환경에도 불구하고 적극적인 참여로 수업에 열정을 보인 학생들의 노고에 아낌없는 박수를 보낸다.

　아울러 본 연구가 잘 진행될 수 있도록 아낌없는 지원을 해주신 전현희 권익위원회 위원장님과 이정희 부위원장님께 감사드린다. 아울러 권익위 양종삼 국장님, 장자철 과장님, 원지은 선생님의 헌신적 노고에 지면을 통하여 감사의 인사를 드린다. 늘 청년들의 제안에 귀 기울여 주시고 적극적인 관심을 보여주신 김선갑 광진구청장님과 안찬율 국장님을 비롯한 관계 공무원들께도 심심한 감사의 말씀을 드린다.

  본 연구가 원활히 진행될 수 있도록 늘 힘을 주시고 응원해주신 김의영 교수님을 비롯한 정치학회 시민정치 교육·연구·실천 분과(위원장 : 서강대 류석진교수) 교수님들께도 이 자리를 빌어 감사의 인사를 전한다. 본교 이홍구 LINC+사업단장님께도 그동안의 관심과 격려에 인사를 드린다.

  끝으로 이 책이 출간되기까지 큰 도움을 준 이상열 대표를 비롯한 도서출판 에듀컨텐츠휴피아의 임직원 여러분께 감사의 말을 전한다.

2021년 겨울

일감호를 바라보며
저자들을 대신하여   이 현 출

축사

안녕하십니까?
국민권익위원회 위원장 전현희입니다.

건국대학교와 국민권익위원회가 함께 추진한 '국민생각함 대학생 정책참여 프로그램'의 두 번째 결과물이 책자로 발간된 것을 축하드립니다.
열의를 다해 프로그램을 이끌어주신 이현출 교수님과 열심히 참여해준 학생 여러분 모두에게 감사드립니다.

국민권익위원회는 국가의 반부패·청렴정책을 총괄하고, 국민의 고충민원 해결과 사회적 갈등 해소, 행정심판을 통한 권익구제 그리고 불합리한 법과 제도의 개선을 주 업무로 하고 있습니다.

또한 정부와 국민간의 소통과 참여를 총괄하는 기관으로, 범정부 온라인 국민정책참여 포털인 국민신문고와 국민생각함을 운영합니다.

2017년부터는 국민의 정책참여 방안 중 하나로 국민생각함을 기반으로 대학과 지역이 연계하여 청년의 눈으로 지역의 문제를 직접 발굴하고 해결방안을 찾아보는 '대학생 정책참여 프로그램'을 시행해 왔습니다.

건국대학교는 작년에 이어 올해도 프로그램에 참여하여 8개의 참신한 아이디어를 도출하였습니다. 특히 올해는 친환경 탄소중립을 위한 제로 웨이스트, 여성안심귀가 QR코드 제작, 디지털소외계층을 위한 키오스크 등 실질적인 정책대안을 마련했다는 점에서 정부와 지역사회에 시사하는 바가 큽니다.

국민권익위원회는 여러분이 제시한 참신한 대안이 정책으로 실현될 수 있도록 검토하고 노력하겠습니다.

여러분에게 이번 활동이 '끝'이 아니라 '시작'이길 바랍니다. 앞으로도 여러 공공문제에 대해 여러분이 목소리를 크게 내 주십시오.

국민권익위원회는 청년의 작은 목소리에도 귀 기울이며 국민이 주인인 나라를 만들기 위해 최선을 다하도록 하겠습니다.

국민권익위원회 위원장 전 현 희

목 차

제1장 광진구 도시화와 도시재생 ········· 3
1. 들어가며 ········· 3
2. 도시재생이란? ········· 6
3. 광진구 구의역 일대 도시재생 사업의 특성과 전망 ········· 10
4. 구의역 일대 본격적인 도시재생 사업의 출발 : 소규모 재생사업 사례 ········· 20
5. 나가며 : 본격적인 지역활성화를 기대하며 ········· 29
부록 : 미가로 블록파티 ········· 33

제2장 프로젝트 999 : 단골 멤버십을 통한 지역 상권 회복과 사회적 유대의 활성화 방안 ········· 41
1. 문제제기 ········· 42
2. 구독경제 선행사례 검토 ········· 46
3. 정책제안 및 검토 ········· 52
4. 타 모델과의 비교 및 평가 ········· 61
5. 결론 : 기대효과 ········· 71

제3장 친-구의 리액트(REcyclable, ECo-friendly, Trash-free) : 재활용 가능하고, 친환경적이며, 쓰레기 없는 구의 도시 재생 ········· 75
1. 서론: 문제제기 ········· 76
2. 이론적 배경 ········· 77
3. 광진구의 실태와 문제점 ········· 80

4. 정책 제안: 다회용기 ·· 87
5. '친-구의 리액트' 장기적 방향성 ································ 100
6. 결론 ··· 105

제4장 상인 및 주민 참여형 앵커 시설 <92%:구의 퍼센트> 도입 : 구의역 일대 소규모 상가 공실 활용을 중심으로 ······· 109

1. 서론 ··· 110
2. 이론적 배경 및 미가로 현황 ······································ 111
3. 정책 대안: 구의형 앵커시설 92% ······························ 119
4. 앵커시설 내 프로그램 검토 ·· 131
5. 기대효과 및 결론 ·· 139

제5장 안(眼)심광진 프로젝트: QR코드 활용한 안심 귀가 모니터링 ··· 143

1. 서론 ··· 144
2. 현황 및 실태 ·· 145
3. 이론적 배경 ·· 153
4. 정책대안 : QR코드 활용한 안심 귀가 모니터링 ··············· 159
5. 결론 ··· 167

제6장 청춘거리 브랜딩 : 구의동 미가로 일대의 테마거리화 방안에 관하여 ·· 171

1. 서론 ··· 172
2. 현황 및 실태 ·· 173
3. 청춘거리 브랜딩 사업 ·· 177

4. 유사사업 사례 검토 ··· 187
5. 결론 및 제안 ·· 195

제7장 키오스크 접근성 증가를 위한 '동행 키오스크' 도입 · 201
1. 서론 : 문제제기 ·· 202
2. 현황 및 문제 분석 ··· 203
3. 정책 대안 : 동행 키오스크 ······································ 209
4. 정책 검토 및 인식조사 ·· 225
5. 의의 및 한계 ·· 236

제8장 광진 환경도우미 : 재활용률 상승을 위한 대안 ········ 243
1. 서론 ·· 244
2. 현황과 문제점 ·· 245
3. 선행 정책연구 ·· 251
4. 주요 쟁점과 정책제안 ·· 254
5. 정책 제안 : 광진 환경도우미 ·································· 265
6. 기대효과와 결론 ··· 267
7. 결론 ·· 269

제9장 주민참여사업을 통한 미가로 상권 부흥 프로그램 제시 273
1. 서론 ·· 274
2. 현황 및 선행사례 검토 ·· 275
3. 정책 대안 ··· 278
4. 한계점 ··· 295
5. 결론 : 함의와 기대효과 ··· 296

시민정치연구소 총서 ; 3

청년의 지역참여와 사회혁신

이현출 · 外 著

에듀컨텐츠·휴피아
Educontents·Huepia

제1장 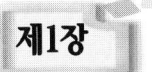 광진구 도시화와 도시재생

- 2019년 구의역 일대 중심시가지 활성화 후보지
사업의 거버넌스 진행을 중심으로 -

❖ 정현정(세명대학교)·이현출(건국대학교)

1. 들어가며

　도시재생은 이미 오랜 시간을 통해 전 세계적으로 그리고 도시 곳곳에서 다양한 모습으로 진행되어오고 있으며, 현대 사회에 있어 직간접적으로 생활 속에 익숙한 모습이 되어가고 있다. 도시재생은 근대화와 산업화 과정을 거치며 도시의 구조 변화, 경제 구조의 변화, 기타 사회의 구조 변화와 같은 요인으로 인하여 쇠락한 지역에 새로운 기능을 부가하고 활력을 불어넣어 그 지역을 다시 활동적인 지역으로 재생(Revitalization)시키는 것을 말한다.
　우리나라의 도시현황과 특성은 1960년대 이후 급격한 도시화와 고도성장 및 인구증가 현상을 겪어왔으나 21세기 현재는 그와 대비되는 양상으로 도시적 쇠퇴, 축소도시론의 등장, 저성장 및 인구의 감소, 그리고 초고속의 고령화 등이 진행되고 있다. 아울러 대도시와 중소도시의 도심부와 구시가지의 확연한 쇠퇴로 기존 도심의 침체와 이에 따르는 거주환경의 질적인 저하

역시 누적된 문제로 제기되어 왔다. 또한 기성 시가지 기반시설의 부족 및 노후화 현상 역시 심각해진 것이 사실이다.

이처럼 다양하고 많은 유형의 문제점들에 대하여 단순히 물리적 정비위주의 재개발이나 재건축 사업과는 달리 주민의식의 성숙과 함께 주민 스스로의 힘으로 도시재생을 추진하는 방식을 통하여 해결되어야 한다는 인식이 확산되고 있다. 특히 주민들의 참여 속에 환경문제, 경제문제 및 사회복지 등을 아우르는 그야말로 근본적인 도시재생이 필요하다는데 공감대가 조성되어 왔다. 이러한 맥락 속에서 광진구 역시 도시재생 사업의 시도가 시기상 빠르지는 않지만, 그 필요성에 대한 다양한 공감대를 바탕으로 진지하게 시작되고 있다.

광진구는 두 개의 산이 겹치는 긴고랑 지역을 북측 끝으로 갖고 있고 남쪽으로는 한강 변에 접한 뚝섬유원지까지 그리고 강동과 접하는 광나루가 한강과 연계되는 그야말로 배산임수의 자연환경을 가진 최적의 거주 지역이다. 과거 1970년대 초반에는 건국대 건물 몇 곳과 지역 주민들의 편의 및 여가를 위해 개장한 어린이 대공원 그리고 국립정신의료원 정도가 광진구의 상징적인 장소였다. 그러나 오늘날 광진구의 곳곳은 그야말로 비약적으로 도시화된 발전적 모습을 보여주고 있다. 순차적으로 2호선 지하철의 개통과 5호선 및 7호선이 이어지는 교통의 요지가 되었고 건대입구역을 중심으로 문화와 중심상업지역의 성격이 분명해졌으며 광나루 일대의 문화 체육시설과 아파트의 건설, 강변을 중심으로 한 교통의 집약과 테크노마트의 입지 등으로 광진구는 차근차근 도시적인 모습을 채워갔다. 또한 쇼핑몰과 영화관, 건국대 병원이 건대입구역과 연계한 위치로 들어섬으로써 지역의 발전적 모습을 확연히 드러내게 되었다. 서울에서 경기도와 인접한 외곽에 위치하는 지역이었으나 거주환경의 질적인 부분과 교육적인 조건 및 강남과 서울 중심부 등과의 편리한 교통 연계성 등으로 많은 주민들의 유입도 이루어

제1장. 광진구 도시화와 도시재생

졌다. 광진구는 현재 인구 약 34만(2021년 9월 현재)의 구민들이 함께 거주하는 큰 지역으로 성장하게 되었다.

그럼에도 불구하고 서울의 타지역이나 광진구의 신흥 발전된 모습과는 분명한 대조를 보이는 지역이 나타나고 있다. 동부지방법원이 송파구로 이전함으로써 일대의 도시구조가 변화하고 이에 따라 주변지역이 쇠퇴하는 모습을 보이는 것이 그 예이다. 구의동 미가로 일대의 쇠퇴하는 도시를 지역역량의 강화, 새로운 기능의 도입·창출 및 지역자원의 활용을 통하여 경제적·사회적·물리적·환경적으로 활성화시켜야 한다는 당위가 발생하는 것도 이러한 이유이다. 이러한 가운데 광진구에서는 위의 쇠퇴하는 상업지역을 지역혁신 거점으로 특화하기 위한 서울시에서 추진하는 중심시가지형 (생활중심지 특화형) 도시재생 사업을 추진하기 위하여 계획을 수립하고 있다.1) 서울형 도시재생 사업은 지역여건에 따른 다양한 맞춤형 재생을 통하여 함께 성장하고, 민간과 주민의 적극적인 참여 등 재생주체를 확대하여 시민이 체감하고 지속적으로 만들어가는 도시재생에 주안점을 두고 있다. 건국대학교 학생들의 구의동 도시재생 계획 수립에의 참여도 이러한 맥락에서 이루어진 것이다. 이 글의 필자인 정현정은 2019년에 광진구의 도시재생의 첫 출발이라고 할 수 있는 중심시가지 활성화 후보지 사업에 참여 거버넌스 부분을 진행한 경험을 갖고 있다. 이러한 경험을 바탕으로 이 글에서는 광진구 도시재생 과정의 경과와 전개과정을 통하여 동 사업의 특성과 향후 과제 등을 고찰하는데 목적이 있다.

---

1) 서울균형발전포털. 도시재생활성화사업 현황 참조
https://uri.seoul.go.kr/surc/propProgress/businessOneStep.do?bsns_id=&cpage=4&btyp_law=&btyp_slctnmthd=&btyp_su=&bsnsstep_cl=

2. 도시재생이란?

가. 도시재생과 서울형 도시재생사업

'도시재생'은 인구의 감소, 산업구조의 변화, 도시의 무분별한 확장 및 주거환경의 노후 등으로 쇠퇴하는 도시를 지역역량의 강화, 새로운 기능의 도입과 창출 및 지역자원의 활용을 통해 다시 한번 경제, 사회, 물리, 환경적으로 활성화시키는 것을 의미한다(도시재생 활성화 및 지원에 관한 특별법(이하 도시재생법) 제2조). 이를 통해 공동체 회복, 주택정비, 주민의 역량강화, 점진적인 환경의 개선과 기반시설을 정비하는 것으로 특히 지역의 문제 해결을 위해 지역의 힘을 통하여 스스로 활기차게 하는 것을 추구하는 사업이라고 할 수 있다. 기존의 도시개발 및 정비사업의 문제점인 개발 위주의 정책, 획일적이고 동시다발적인 사업의 추진(대규모 신도시 동시추진, 서울시 뉴타운 정책 등)과 전면 철거식의 물리적 환경정비 위주의 사업 등의 부작용을 해소하기 위한 것이다. 즉, 지역공동체의 의사를 존중하지 못하고 원주민이 배제된 개별적 사업 위주의 추진은 이미 수많은 시행착오를 겪게 하였다. 이에 따라 오늘날 도시재생은 중앙과 지방정부 등 본질적인 공공역할의 강조와 함께 주민의 적극적인 참여의 필요성 등을 강조하는 방식으로 변화하게 되었다.

특히 서울형 도시재생사업의 비전과 목표는 서울의 다양한 지역맞춤형 재생을 꾀하는데, 주민의 적극적인 참여 확대와 모두 함께 체감하고 지속적으로 만들어가는 〈시민이 행복하고 지역이 활력 있는 도시재생특별시, 서울〉을 기대하는 것이다. 이러한 비전을 실현하기 위하여 국가와의 분권과 협력, 일자리 창출 및 지역경제 활성화, 삶의 질 향상 및 쾌적하고 안전한 정주환경 조성, 공동체 회복과 사회통합을 기본 전략으로 삼고 있다.[2] 즉, 국가는 제정지원, 관계 법령 정비 및 특례, 금융지원 등을 통해 도시재생을 포괄적으로 지원하고, 서울시는 시민의 아이디어를 바탕으로 다양한 도시재생사업들이 목표한 효과를 낼 수 있도록 종합 관리하고 재정지원과 특례부여, 이해관계와 갈등조정 등을 통해 도시재생을 촉진하는 역할을 하는 것이다. 아울러 도시재생 과정에서 새로운 도시기능의 도입, 지역자산의 활용, 산업구조의 변화 등을 통하여 고용기반을 창출하고 소득을 증대시킨다는 개념에 기초하고 있다. 이를 통하여 국민 모두가 최소한의 생활수준을 누릴 수 있도록 친환경적이고 범죄 및 재해로부터 안전한 생활환경을 조성하겠다는 것이다. 이와 함께 도시재생 과정에 지역 정체성을 발굴하여 문화서비스의 기반을 확충한다. 나아가 거주하고 있는 도시의 쇠퇴문제를 직접 고민하고 해결책을 스스로 도출하는 역량 있는 주민을 육성함으로써, 민과 관의 거버넌스 역량을 강화하여 자율적인 재생을 촉진한다는 것이다. 건국대학교의 시민정치론 수업도 이러한 배경 속에서 진행되었다.

나. 도시재생의 흐름과 중심시가지 활성화 사업

오늘날 세계의 각 도시는 경제의 발전과 함께 국제적인 산업구조가 변화하며 도시 전체도 다양화되어 이에 따른 복잡한 도시문제 역시 각각의 상황에 따라 발생하고 있다. 정치적인 상황이나 역사·문화·풍토 조건 등이 다른 상황에서도 공통적으로 직면하고 있는 과제는 경제, 사회 그리고 환경에 대한 대응 문제 등으로 정리될 수 있다. 우선 경제적으로 직면하는 과제의 경우는 도시재생 사업의 여러 성격 중 중심시가지 활성화

---

[2] 서울균형발전포털 참조
https://uri.seoul.go.kr/surc/seoulInfo/aboutURC.do?s_text_m=

사업을 통하여 그 해결을 모색하고 있다. 사업의 대상지인 중심시가지를 시민의 생활 공유공간으로 명확하게 의미를 부여하고 상업뿐만 아니라 지역문화를 비롯한 지역 고유의 중요한 공간으로 인식하여 다양한 주민들의 니즈(Needs)에 대응할 수 있는 종합적인 경제 활성화 정책을 통해 그 목표를 달성하고자 한다.

두 번째 직면 과제인 사회 문제에 대한 대응에서는 사람들의 격차나 빈곤 등을 극복하여 모든 시민들의 안전과 안심된 생활이 보장되는 사회를 형성하는 것이 주된 주제이다. 이에 대한 기초에는 지역사회의 근간을 형성하는 커뮤니티의 문제가 있다. 서구에서는 오랫동안 유입된 이민자나 난민들, 국내에서는 도시화·수도권 집중화로 인하여 여러 지방과 지역민들이 혼재함으로서 사회구조 속에서 복합적인 문제를 야기하고 있다. 해당 지역마다 특유한 당면 문제의 해결이 각 도시의 최대 과제가 되는 것이다. 결론적으로 이를 위한 해결책은 당사자인 지역의 주민이나 시민들의 관여가 매우 중요하다 볼 수 있다. 예를 들어 종합적이고 복합적인 기능의 대규모 시설 건축물을 건설하는 것만으로는 사회문제를 해결하는 주요 대안이 될 수 없다고 이야기한다.[3] 특히 미국에서 실시한 시민들의 커뮤니티 참가율 조사에 따르면 20세기 미국을 강하게 지지해온 커뮤니티가 이제는 기능을 하지 못하고 있다는 사실을 보여주고 있다. 이러한 현상은 20세기 후반부터 두드러지며, 이는 정치집회, 교회 예배나 노동조합, 각종 친목 조직뿐만 아니라 일상적인 사교모임까지 폭넓게 그 참가율이 감소하고 있는 것으로 조사되고 있다. 세대 변화, 텔레비전의 영향과 여가 활용의 변화, 저소득 문

---

3) 미국 정부는 1974년 지역사회개발보조금을 설립하여 저소득, 슬럼, 도심 생활 개선 등에 대한 대책을 세웠고 시가지 시설환경을 정비하여 시가지 내의 사회 문제를 해결하려는 목적으로 1977년 도시개발보조금제도를 설립, 각 도시의 시가지 재개발사업을 지원했지만, 정부의 재정난 등으로 충분한 성과는 얻지 못하고 1989년 폐지됨

제, 맞벌이와 주거지 변화 및 통근 시간 등에서 그 요인을 찾아볼 수 있다고 저자들은 밝히고 있다.[4] 이러한 현상은 국내에서도 발생하고 있는데, 그 원인은 커뮤니티 형성의 불리함 내지는 격차에서 발생한다는 점에서 미국의 상황과 유사하다고 볼 수 있다.

이러한 문제에 대하여 세계의 주요 도시에서도 중요하게 바라보고 있으며 대안 마련을 위하여 다양한 시도를 하고 있다. 독일의 뮌헨 시도 이러한 문제를 중시하며 각 도시에서는 지역사회가 안고 있는 사회문제를 함께 해결하기 위한 논의의 장소를 제공하거나 주체자인 시민의 관심을 고양시키기 위한 다양한 활동을 하고 있다. 이러한 사회문제에 대한 대응은 시민의 의식변화 속에서 주민 상호 간, 지역 관계자 상호 간의 관계를 밀접하게 형성하고 서로의 역할과 책임을 재구축하는 것이 중요하다고 보고 있다. 따라서 사회적인 문제를 해결하기 위해 지역/지구 단위의 종합적인 커뮤니티 재구축을 도모하는 커뮤니티 관리 정책의 전개가 오늘날 도시재생에 있어서 중요한 방향이자 현상이라고 할 수 있다.

세 번째 과제는 환경문제에 대한 대응이다. 환경문제에 대한 대응은 1992년 6월 유엔환경개발회의에서 179개국 정상들이 합의한 '지속가능한 발전' 계획이 그 분기점이 되었다. 이에 따르면 단순히 이산화탄소 배출로 인한 대기오염뿐만이 아닌 온난화, 생활 에너지문제, 도시공간 환경을 포함한 다각적이고 본질적인 환경문제에 대한 종합적 대응을 요구하고 있다. 세계 각국 주요 도시에서는 환경문제 대응의 과정과 결과를 검토한 결과 물리적 환경을 정비하는 것이 결국 도시의 안전과 안심에 크게 기여하며 경제적인 효과 또한 크다는 사실을 인식하고 적극적으로 중심 시가지의 물리적 환경에 대한 정비에 중점을 두

---

4) 김영희, 김승희, 난부 시게키 저, 도시재생과 중심시가지 활성화, 한울 아카데미, pp.23~25 재정리

고 있다.

  위에서 간략하게 살펴본 세 가지 문제에 대한 대응은 국내 도시재생 사업 전반에 걸쳐 포함될 필요가 있으며, 특히 중심시가지 활성화 사업에 있어서는 중점적으로 다루어 대응책을 찾고 사업의 내용에 반영할 필요가 있다. 그러나 이러한 전 세계적이고 국내의 도시발전과 도시재생의 흐름 속에서 광진구 또한 유사한 문제를 경험하고 있다. 자체적인 도시재생 사업에는 독자적인 개성을 찾기 어려운 것이 사실이다. 성공적인 도시재생 사례에서는 지역마다 지니고 있는 역사, 문화, 혹은 도시적·상업적 기반 등의 차이로 인하여 각자의 특성이 드러나며 거주민들의 관심을 끌어내어 경제적인 생산과 시간 및 공간이 어우러진 이야기들을 만들어내게 된다. 광진구는 거주생활을 위한 자연적인 특성을 주는 아차산과 한강변과의 연계는 매우 훌륭하고 어린이대공원과 3곳의 대학들이 입지하는 등의 거주의 질적인 측면은 매우 뛰어난 반면 그 외의 도시적으로 자생력을 갖게 하는 역사나 문화적, 경제적, 상업적 그리고 지역적으로 독특한 개성과 특성을 드러내기에는 한계를 드러내고 있다.

3. 광진구 구의역 일대 도시재생 사업의 특성과 전망

  구의역 일대 도시재생은 서울형 도시재생사업의 분류 중 2019년 현재 구의동 일대의 쇠퇴한 상업지역 활성화를 주목적으로 하는 생활중심지 특화형 재생사업으로, 중심시가지 활성화 사업이 시도되었다. 서울형 도시재생 유형은 〈그림 1〉에서 보는 바와 같이 일자리 거점 육성형, 생활중심지 특화형, 주거지 재생형, 거점 확산형 등 네 가지 유형으로 나뉘고 있다. 저

제1장. 광진구 도시화와 도시재생

이용·저개발 지역을 대상으로 한 일자리 거점 육성형은 정부와 민간부문의 협력적 거버넌스로 일자리와 미래 성장동력 창출을 목표로 대규모(저이용) 가용지를 보유한 지역을 대상으로 한다. 생활중심지 특화형은 쇠퇴산업·상업지역이나 역사자원 지역을 지역혁신 거점으로 특화하는 것을 기본방향으로 기존의 산업 또는 상업의 재활성화가 필요한 지역이나 역사·문화·자연자산의 활용가치가 높은 지역을 대상으로 한다. 주거지 재생형은 주거환경정비 및 지역공동체 회복을 목표로 노후 및 쇠퇴하고 공동체 회복이 필요한 저층주거지를 대상으로 한다. 거점확산형은 혁신거점공간 조성을 통한 주변지역 활성화를 목표로 유휴 국공유지 등 주변으로 파급효과가 큰 필지 및 구역 단위를 대상으로 한다.

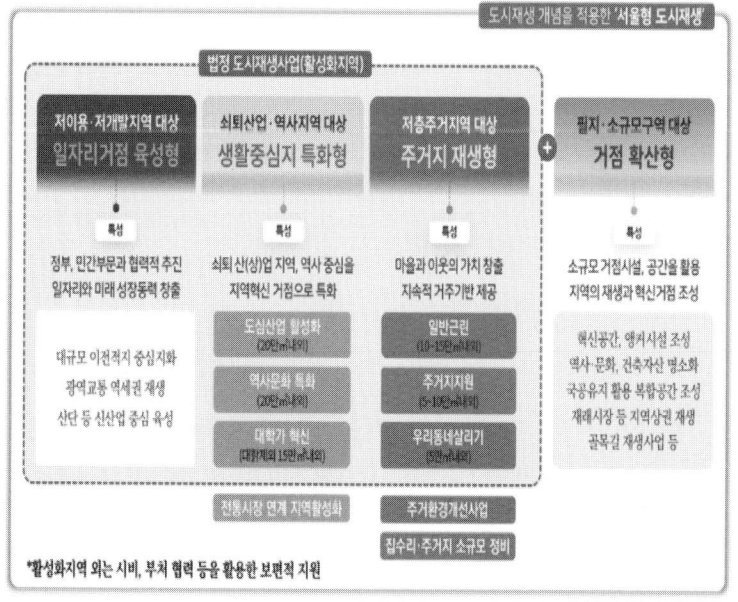

* 자료: 서울균형발전포털 참조
** 앵커시설: 도시재생지역의 지역활성화를 위한 구심점 역할을 수행하는 시설을 말함

〈그림 1〉 서울형 도시재생 사업유형

구의역 일대의 누적된 문제들과 내재된 가능성은 무엇일까? 우선 대상지를 살펴보면 공간적 범위는 〈그림 2〉에서 보는 바와 같이 광진구 구의1동 및 자양1·2동 일대 / 약 180,000㎡를 대상으로 하고 있다. 그 일차적인 해결을 위하여 광진구에서는 도시재생 중심시가지 활성화 사업을 신청하였고, 우선 후보지 사업 기간 동안 해당 지역의 문제를 파악하고 지역의 발전가능성을 모색할 수 있도록 다양한 주민과 관계자들의 의견을 수렴하는 과정을 거쳤다. 주변 지역의 다양한 변화의 흐름 속에서 구의동 일대는 어떻게 나아가야 할까?라는 물음에 대한 방향을 모색하는 과정을 말한다.

제1장. 광진구 도시화와 도시재생

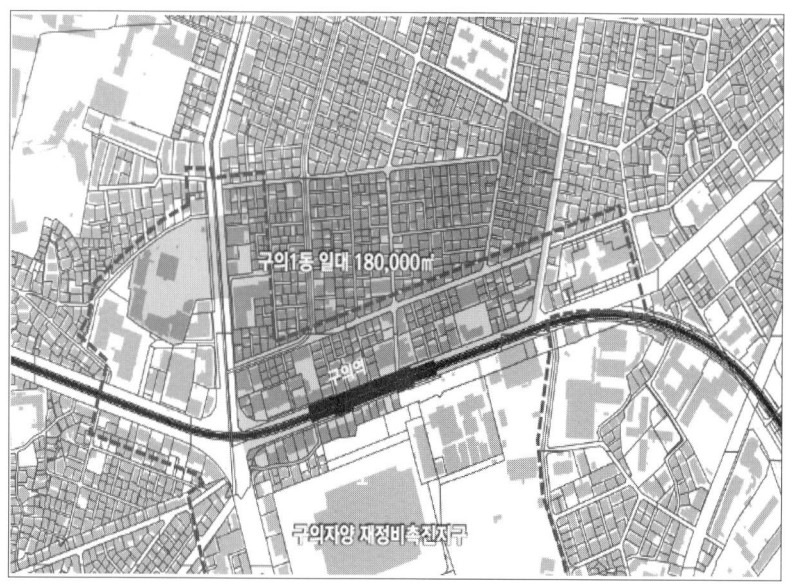

〈대상지 - 구의역 일대 중심시가지형 도시재생 후보지〉
* 자료 : 도시재생 후보지 사업 중 서울시 통합캠프 발표 보고서
  (Localdrive 작성) 중 발췌

〈그림 2〉 해당 사업지역의 범위

❖ 청년의 지역참여와 사회혁신 ❖

■ 도시재생 중심시가지 활성화를 위한 후보지 사업의 전개

 구의역 일대 도시재생은 광진구에서 중심시가지 및 상업지역 활성화를 위한 첫 시도로서 주민에 의한 실행 및 계획을 꾀하여 주민의 자생력 확보가 가장 중요한 내용이 되었다. 이를 위한 주민의 역량 강화 및 주민자생력을 육성하기 위해 지역캠프를 진행하면서 기본적인 도시재생에 대한 이해의 폭을 넓히고 홍보를 통하여 본 사업 이전의 후보지 선정 과정 중 지역에 필요한 소규모 재생사업의 주제를 직접 의제로 도출하여 진행하는 것이 중요하였다. 이를 위한 거버넌스 기반 구축이 후보지 사업의 단계에서 가장 먼저 진행된 과정이었다. 이 단계가 거버넌스 및 구상단계에 해당된다(〈그림 3〉 참조).

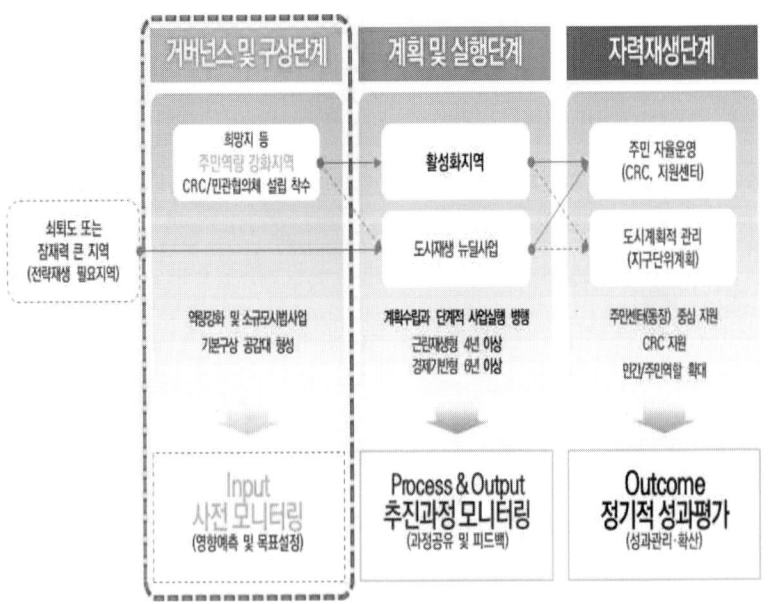

* 자료 : 도시재생 후보지 사업 중 서울시 통합캠프 발표 보고서
 (Localdrive 작성) 중 발췌
〈그림 3〉 후보지 사업 추진 단계

제1장. 광진구 도시화와 도시재생

 이에 따라 주민의 역량강화를 위해 도시재생대학의 운영을 계획하고 다양한 주민의 참여를 유도하였다. 이를 통하여 소규모 재생사업에 대한 아이디어를 의논하고 참가한 주민들의 의견을 중심으로 지역의 특성에 맞춘 미가로 블록파티인 음식문화축제를 진행하기로 결정하였다. 이러한 소규모 재생사업의 진행에 있어서 기존 도시계획 수립이나 진행방식과 차별화될 수 있고 다양한 주체가 참여할 수 있도록 하였다. 주민들의 공감대를 기본으로 한 협의체 구성도 자발적으로 구상하고 추진하였다는 것에 큰 의미를 부여할 수 있었다. 이에 따라 지역주민, 상인회, 학생들과 지역 대학의 연계 및 관련 전문가들로 기초적인 연계 구조를 형성하고 후보지 사업 및 본 사업의 진행을 기대하며 일차적인 주민협의체의 밑그림을 그릴 수 있었다.
 도시재생의 거버넌스 기반구축 과정에서 해당 사업의 운영방식은 자치구의 지역 캠프와 서울시 통합캠프를 통하여 진행되었다. 거버넌스 구축이 도시재생의 가장 중요한 사항으로 각 주체별 역할을 확정하는 과정이며 지역의 이해관계망을 파아하고 주제발굴의 핵심역할을 하게 된다. 도시재생 활성화 지역 지정에 앞서 사업의 실행력과 지속가능성을 타진하기 위하여 소규모 재생사업을 준비하는 과정에 사업의 내용을 채우기 위한 계획 수립에 전문가의 컨설팅 지원이 이루어졌다. 소규모 재생사업의 주제는 핵심사업을 선험적으로 체험해볼 수 있는 사업을 구성할 수 있도록 지역캠프 과정 중에 지역에 필요한 내용으로 주민의 의견을 수렴하고 통합캠프의 전문가 컨설팅을 통해서 적절한 계획과 내용으로 구성하였다.

❖ 청년의 지역참여와 사회혁신 ❖

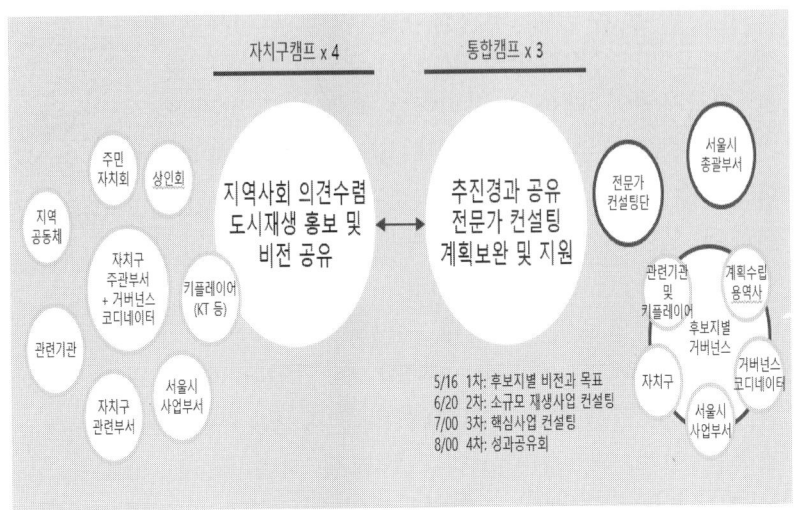

* 자료 : 도시재생 후보지 사업 중 서울시 통합캠프 발표 보고서
(Localdrive 작성) 중 발췌
〈그림 4〉 도시재생 거버넌스 기반구축 과정

    서울시 도시재생 통합캠프는 총 3회가 진행되어 사업을 준비하는 해당 자치구의 주체들이 모여서 강의와 발표 및 토론을 하는 자리가 되었다. 구의역 일대의 도시재생 지역캠프는 광진구 및 사업에 관심 있는 다양한 주체들이 모여 기본 계획보다 1회가 추가되어 총 5회에 걸쳐 진행되었다. 자치구의 지역캠프를 통하여 지역사회의 의견수렴, 도시재생의 홍보 및 비전을 공유하는 기회를 가질 수 있었고, 통합캠프를 통하여 주민과의 지역캠프 진행 및 추진경과를 공유하고 전문가의 컨설팅과 계획의 보완 및 지원을 얻는 기회를 갖게 되었다.

■ 구의역 일대의 흐름과 시급한 도시재생 필요성 그리고 전망

    구의역 일대 도시재생의 필요성을 살피기 위하여 광진구 형성의 초기 단계와 발전의 시기를 살펴볼 필요가 있다. 본격적

으로 광진구의 토지구획정리 사업은 화양지구를 중심으로 1967~1972년에 걸쳐 진행되었고, 워커힐과 컨트리 클럽(현 어린이대공원), 건국대학교와 자연공원부지 및 한강과 연계된 약 2,110,459㎡ 일대를 포함하였다.

이후 1990년대 구의역 일대는 행정타운으로 계획, 육성되었으나 특별하게 떠오르는 특성은 없다는 것이 주민들이 일반적으로 공감하는 내용이었다. 뚝섬과 성수역 일대의 서울숲을 중심으로 변화되는 모습들, 건대입구의 젊은 층의 이용, 그리고 교통과 문화상업적 성격의 강변역, 2호선 지상철의 그 연계선상에 위치한 구의역은 지역만의 정체성을 찾는 것이 필요한 상황이었다(〈그림 5〉 참조).

* 자료 : 도시재생 후보지 사업 중 서울시 통합캠프 발표 보고서
 (Localdrive 작성) 중 발췌
〈그림 5〉 광진구 주요 거점의 정체성 연결도

더불어 일정 상권의 비율을 차지하고 있던 동부지방법원의 이전이 결정된 후 미가로와 구의역 일대는 쇠퇴에 대한 주민들의 불안 또한 가중되어 왔다. 맛의 거리로 알려진 미가로가 동

부지방법원의 이전 등의 영향으로 급격히 쇠퇴함으로써 향후 진로를 어떻게 모색해 나갈 것인가의 문제는 지역주민뿐만 아니라 광진구 차원에서도 매우 심각한 문제가 아닐 수 없는 상황이었다. 더욱이 광진구 전체에 있어서는 반가운 계획이지만 점차 침체되고 있는 구의역과 미가로 일대와는 비교되는 상황을 초래한 자양1동 재정비 촉진구역의 개발사업 시작하고 있는 터였기에 구의동의 사정은 더욱 심각하였다.

그러나 구의역은 이미 지역 내 위치에서 '접근성'이라는 매우 매력적인 조건을 내포하고 있다. 즉, 지역의 사업이 제대로 활성화된다면 발전에 대한 전망과 그 잠재력은 풍부하다고 할 수 있다.

■ 구의역 일대, 어떻게 도시재생이 시작되고 매력 있게 진행될 수 있을까?

구체적으로 구의역 일대 도시재생 지역의 가능성을 진단해보면 다음과 같다.

첫째, 인접한 자양1 정비촉진구역의 개발사업을 통하여 새로운 배후 수요와 시설이 대거 유입될 것이라는 전망이다. 광진구 자양동 680-63번지 일대에 조성될 이 구역은 오피스텔, 업무시설, 구청사, 공동주택 등이 들어설 계획이다.

둘째, 구의동 일대는 구의역을 중심으로 접근성이 매우 높다는 점이 강점이다. 반경 5km 이내에 다양한 생활 인프라가 인접해 있고, 서울시 주요 업무지구로의 접근성이 우수한 지역으로 평가받고 있다. 도심과 강남역과는 20분이면 접근이 가능하다. 또한 향후 대규모 복합업무지구와 대조되는 매력적인 저층 주거지역으로의 발전 가능성도 꼽혀 왔다.

셋째, 지역밀착형 상권의 형성과 젊은 도시로서의 잠재력을 갖고 있다는 점이다. 구의역 일대는 인근 건대 입구역 주변의 맛의 거리와는 차별화되는 '어른'을 위한 먹자골목이 조성되어 있다. 오랜 기간 지역에서 영업을 해온 점포들이 로컬 브랜드를 형성하고 있으며, 지역 주민인 상인들이 다수 분포하여 지역에 대한 애착과 주인의식을 기반으로 주체적 역할이 가능하다는 장점이 있다. 또한 다른 지역과 차별화되는 중요한 지역의 특성으로 부각시킬 수 있는 현재의 잠재력은 바로 젊은 거주민들이 포진해 있다는 점이다. 인근에 건국대학교와 세종대학교 등 큰 규모의 대학들이 존재함으로써 청년층 유동인구와 주거 인구가 다수 존재하고 있다. 〈그림 6〉에서 볼 수 있는 바와 같이 광진구 대비 청장년층 인구비율이 높은 것을 알 수 있다. 아울러 향후 캠퍼스타운 조성 계획과 함께 다양한 창업환경이 조성됨으로 인하여 이 일대의 청년층 유입은 더욱 활성화 될 전망이다. 즉, 청년 1인가구의 비중이 높은 지역이라는 점은 또 다른 가능성을 전망할 수 있게 한다.

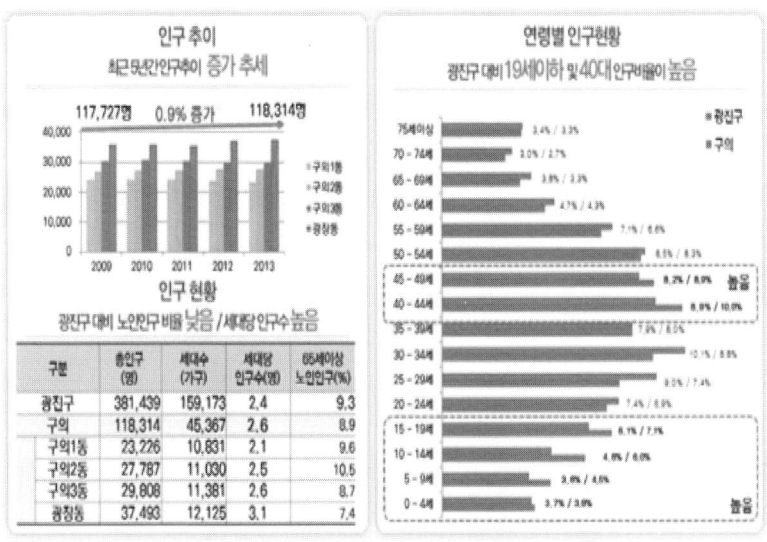

〈그림 6〉 광진구와 구의지역 인구 구성비 비교

넷째, KT의 복합업무 지구의 개발 예정 또한 구의역에 있어 미래의 지역의 성격과 특색으로 연계될 수 있는 훌륭한 콘텐츠를 갖게 된 것이다. 첨단 ICT 산업을 선도하는 KT의 복합업무 지구 개발은 지역의 모호한 이미지를 쇄신하는 결정적인 계기로 작용할 가능성을 높여주고 있다. KT광화문 지사와 같이 지역사회에 긍정적 파급효과를 제공하는 주체적 역할을 수행하도록 유도함으로써 지역의 새로운 발전을 견인할 수 있을 것으로 기대를 모으고 있다.

4. 구의역 일대 본격적인 도시재생 사업의 출발 : 소규모 재생사업 사례

본격적인 도시재생 사업의 출발을 위해서는 구의역과 미가로 일대의 도시공간적 성격에 대한 검토가 필요하다. 이 지역은 1960년대 말 토지구획정리사업을 통해 형성된 다세대·다가구 주택 밀집지역이다. 기존 법원·검찰청에 의존하던 지역상권의 특성을 그대로 반영하고 있다. 음식점·유흥업소·노래방 등 '2차문화' 관련 용도가 밀집한 먹자골목을 형성하고 있는 특성을 보이고 있다. 구의역사 주변에 법원·검찰청 관련 업무시설(변호사·법무사·변리사 등)이 일부 잔존하고 있으나, 주요 상업가로를 중심으로 저층부는 상업시설, 상층부는 주택으로 구성된 '상가주택'이 밀집하고 있다. 그리고 상업가로 이면부 주거지는 4~6m의 도로에 접한 100~200㎡의 필지로 구성되며 일상 밀착형 오픈스페이스가 부재한 상황이다.

다음으로 구의역과 미가로 일대의 생활환경적 성격을 살펴보자. 주변 대규모 오픈스페이스와 물리적으로 근접할 뿐만 아니라 광진구가 형성해 온 '맑고 깨끗한' 친환경적 도시 이미지의 잠재력을 보유하고 있다. 도심CBD, 강남GBD에 20분 내로 접근

가능하며 성수·잠실 등 새로운 업무중심지와는 5~10분 거리로, 사무직·전문직 종사자를 위한 안정적인 배후주거지로의 성장 가능성도 높다. 세종대, 건국대, 장로교 신학대 등 대학기관이 주변에 산재하여 청년층의 유동인구 및 잠재적 유입인구도 늘어날 전망이다. 이와 함께 구 단위의 다양한 지역공동체가 형성되어 활발한 활동을 진행 중이며 마을지원사업의 실행 경험도 보유하고 있는 지역이다.

이러한 도시 공간적, 생활 환경적 성격을 고려한 가운데 검토된 문제점과 가능성은 지역캠프에서 주민과 상인들이 논의한 의견 및 통합캠프에서의 전문가의 자문 등을 종합하여 다음과 같이 정리되었다.

❖ **개선해야 할 것과 문제점**
- 특성 없는 지역 이미지
- 변화하는 라이프스타일 니즈에 대응하지 못하는 '2차문화' 중심의 상권
- 지상철로 존재하는 구의역사로 인한 지역 간 물리적·심리적 단절과 폐쇄적 환경
- 한강, 어린이대공원 등 주변 대규모 자원과의 연결성 미흡
- 가속화되는 건축물 및 기반시설의 노후화로 주변 지역의 개발 시 경쟁력 미흡

❖ **지켜야 할 것과 가능성**
- 오랜 시간 명성을 쌓아 온 지역상권
- 구청사가 위치한 행정중심지
- 구 단위 활발한 공동체 활동
- 주변 대규모 오픈스페이스와 연계된 친환경적 라이프스타일
- 주변 업무지구의 사무·전문직 종사자, 창조계층을 위한 매력적인 저층주거지

- 예정된 주변 대규모 개발사업과의 물리적·경제적·사회적 연결성 확보를 통한 시너지효과 가능성

이러한 내용을 기본으로 하여 소규모재생사업의 하나인 도시재생 대학이 시작되었다. 이하에서는 도시재생 대학과 미가로 음식문화 축제를 통하여 거버넌스 구축을 위한 노력과 추진 내용들을 살펴보고자 한다.

■ 소규모 재생사업 1 - 도시재생 대학과 진행 과정

전체 4회의 프로그램으로 진행된 도시재생 대학은 다양한 지역의 참여자와 함께 진행되었다. 새로 개관한 구의1동 주민센터에서 진행된 도시재생 대학은 주민들의 지역에 대한 관심과 함께 도시재생의 인식과 지역이해의 좋은 출발점이 되었다. 실제 서울형 도시재생의 이해가 전무했던 지역주민과 상인들, 그리고 순수하게 지역과 도시재생에 관심이 있는 대학생들이 함께 참여하였기에 세대와 구성원의 다양함으로 진지하고 생기 있는 과정을 만들어갈 수 있었다고 평가된다. 더불어 행정기관에서는 도시재생 프로그램을 이수한 참여자를 위해 수료증도 수여하는 등 참여과정의 가치에 힘을 실어주기도 하였다. 과정을 통해 주민과 사업지역 내의 상인들 외에도 다양한 성격의 참여자들로 주민협의체의 1차적인 구성도 만들어졌다.

제1장. 광진구 도시화와 도시재생

소규모 재생사업 1 : 지역발견 프로젝트 - 도시재생대학

도시재생대학

: 주민자치회, 미가로상인회, 지역대학생 등 다양한 주민들이 참여 : 최종 37명이 수료함

- 1차 – 08.08. (목) - 도시재생에서 찾는 이야기
- 2차 – 08.14. (수) - 지역의 이야기를 찾는 방법
- 3차 – 08.22. (목) - 현장에서 이야기 발굴하기
- 4차 – 08.29. (목) - 우리가 찾은 이야기 공유

- 장소와 시간 : **구의1동 주민자치센터** 3층 강의실, 오후 2~4시

〈그림 7〉 도시재생대학의 경과와 모습

도시재생 대학은 총 4회차가 진행되었고 주요 과정의 내용은 다음과 같다.

▲ 1차 워크샵

 주민들이 도시재생의 사회적 가치를 이해하도록 돕고, 주민들의 각각 다른 니즈(needs)와 아이디어를 모을 수 있도록 해주는 디자인 씽킹을 활용한 디자인 콜라주 워크숍으로 진행하였다. 공동체 활동의 기초가 되는 주민 간의 팀 빌딩을 통해 서로 간의 관심사를 나누며 친밀해지도록 하였다. 우리 지역 내의 공간에서 발생하는 문제점, 주민들 간의 소통 방법 등 각자가 평소 관심을 갖고 있던 우리 지역과 관련된 사항을 공유하는 계기가 되었다.

▲ 2차 워크샵

 구의역 일대 이야기 지도를 작성하고 이를 활용하여 장점, 단점, 활용 가능한 자원의 위치를 지도에 표시하여 시각화해 보았다. 일종의 SWAT 분석을 통해 참여자들이 서로 간의 시각과 다른 생각들을 쓰고 이야기를 나누어 생활지역으로써의 사업부지 및 연계된 공간에 대한 확장된 관점을 공유할 수 있었다. 다수의 참여자들을 특성별로 나누어 팀을 구성하고 해당 팀들이 작성한 내용을 돌아가며 발표하도록 하여, 서로 다른 팀들의 내용도 같이 공유하는 방법으로 진행하였다.
 또한 각각의 팀이 해결하고 싶은 문제와 관련한 이해관계자가 누구인지 파악하고, 문제를 해결하는 데 도움을 받을 수 있는 지역 내 자원(지원 및 협력 가능한 지자체 또는 민간단체)을 알아보도록 하였다.

▲ 3차 워크샵

 해당 워크샵에서는 '우리 지역의 핵심 문제의 발견 및 설명하기'로 진행되었다. 팀이 해결하고자 하는 핵심 문제 3가지를 선정하여 문제에 대한 설명, 사용할 자원, 해결하기 위해 해야 할 일을 팀원 간 논의하며 작성하였다. 조금 더 현실적이고 구체적인 문제를 추출하고 사업이 전개될 지역에 필요한 과제의 그림을 그리는 시간으로 진행되었다.

▲ 4차 워크샵

3차 워크샵에서 각 팀이 선정한 3가지의 우선 과제들을 함께 열거하고 비교 분석하여 전체적으로 해결하고자 하는 핵심 문제로 3가지를 선정하였다. 도시재생 대학의 참여자의 토론을 통해 미가로 블록파티 음식문화축제를 진행하기로 결정하였다. 이는 지역의 특성과 더불어 소규모 재생사업의 한 가지로 함께 추진하기로 정한 것으로 구의역 일대 도시재생 중심지 활성화 내용에서 가장 중요한 프로그램으로 준비되어 진행되었다.

■ 구의역 일대 도시재생 소규모 사업 2 - 음식문화 축제 : 미가로 블록파티

지역의 특성과 홍보에 가장 적합하다는 주민들의 의견으로 결정된 행사로써 자발적인 참여가 준비와 행사 전 과정에서 제대로 보여진 사업이었다. 우선 행사 진행에 관한 협의를 위해 주민과 상인들의 TF팀 성격으로 모임이 만들어졌다. 행사의 성격과 방법 및 이를 통한 희망하는 효과 등을 논의하고 전체 축제로써의 진행 방법을 결정하고, 전문가를 초빙하여 축제를 진행하는 것으로 방향을 잡았다. 축제의 내용은 이후 초빙된 전문가와 함께 지속적으로 논의하며 축제 당일 행사에 필요한 여러 준비 사항들은 주민과 상인 및 지역의 젊은 세대들이 자발적으로 참여 가능한 범위 내에서 만들어 나갔다.

❖ 청년의 지역참여와 사회혁신 ❖

▲ 미가로 로고 디자인

　미가로는 구의역 일대 대표적인 상업 활동인 음식점이 모인 길의 이름으로 구의역 일대 도시재생 중심시가지 활성화에 주된 주제가 될 수 있는 구역이다. 이러한 성격을 갖는 미가로의 로고 디자인의 경우 행사 봉사 및 보조진행을 맡을 주민들의 단체 티셔츠와 참여자들에게 배포될 여러 상품 등에 미가로 및 구의역 일대의 홍보를 위해 부착할 스티커 제작을 위한 것으로 광진 주민이자 디자인 전공 대학생이 디자인을 하여 기부하였다. 스티커는 상인뿐만 아니라 참여한 모든 주민에게 홍보에 효과적이고 지역의 상징적인 모습을 갖게 하였다.

소규모 재생사업 2 : 미가로 블록파티 – 음식문화축제

미가로 블록파티 : 음식문화축제
– 2019. 08.30. (금) 저녁 5시~9시 진행

사전작업
- 로고 디자인 : 도시재생 지역캠프 및 도시재생대학에 참여하는 지역 거주 대학생 동아리의 참여를 통해 로고 제작 : 단체 티셔츠, 현수막, 포스터, 안내지 등에 이용
- 축제 홍보포스터 디자인 : 자발적인 관계자 디자인으로 사전 홍보됨
- 맛집지도 디자인 : 음식문화축제에 참여하는 식당을 중심으로 미가로에 입지하고 있는 현지업체가 표시된 맛집지도를 디자인하여 축제에 활용.

행사내용
- 음식 평가대회 진행 : 전문가 + 주민/참여자 평가 - 홍보
- 카빙 / 마술쇼 / 쿠킹쇼 / 즉석 사진 컨테스트와 초대가수 등
- 지역 주민들이 협의체를 구성하여 다양하게 참여, 봉사와 운영을 함
  (구의1동 주민자치회, 미가로상가번영회, 주민봉사캠프, 지역대학생동아리 등)

〈그림 8〉 미가로 블록파티 개요

제1장. 광진구 도시화와 도시재생

▲ 맛집지도 제작

또한 많은 음식점들이 운영되고 있으나 막상 어떠한 음식점들이 어느 위치에서 영업을 하는 지에 대한 정보는 전혀 얻기 힘들다는 설문과 주민들의 의견이 많은 것에 착안하여 지역 거주자인 대학생들이 직접 지역을 돌며 사진과 함께 음식점의 위치를 지도에 파악하고 디지털화 추진까지 염두에 둔 미가로 맛집 지도를 완성하였다. 맛집 지도는 축제 당일 행사 지역 일대에 포스터로 부착하여 많은 이용자들에게 편의제공과 함께 음식거리에 대한 시각적인 홍보자료로도 효과를 거두었다. 이 지도는 아카이빙에 중요한 자료로 축적되고 향후 인터넷이나 핸드폰 애플리케이션과 연계도 가능할 것 같다는 여러 이용자들의 공감도 이끌어낼 수 있었다.

더불어 홍보용 포스터와 현수막 등도 주민과 일부 행정부서에서도 구상 및 디자인하여 제작하였다. 부착 위치와 안내 방법 등은 주민들 스스로 의논하고 결정하는 과정을 가지며 진행하였다.

음식문화축제는 구의역 일대의 가장 큰 중심 상업인 음식문화 재활성화를 위해 이를 주제로 한 축제를 진행하기로 지역캠프에서 논의가 되었고, 도시재생대학에서 역시 지역을 알리며 주민들이 함께 할 수 있는 사업으로 결정되었다. 그러나 기존에 진행되어 온 지역축제와 차별화 되고 지속적일 수 있는 음식문화 축제로의 성격을 돋보이게 하기 위하여 한식 요리 전문가를 초빙하여 축제의 특성과 전문성을 높일 수 있도록 총괄 진행을 맡기기로 결정하였다.

실제 본인들의 생업과 연결되고 사업지역에서 기존과 차별될 수 있는 행사의 성격이라 판단한 상인들의 적극적인 참여가 있었다. 참여를 지원하기 위한 행정부서와 전문가들의 연속적인 고민들이 축제를 통해 다양한 색깔로 표현되었다. 사업의 전 과정 중에 미디어와 대중매체를 통한 활발한 홍보로 수많은 관객과 이용자들의 참여가 이루어진 가운데 미가로 블록파티가 성황리에 진행되었다.

당일 예상보다 많은 40여개 식당들의 자신 있는 음식들을 자발적으로 준비하고, 출전한 요리 경연 갤러리와 시식 부스를 통해 행사에 참여한 수많은 주민들에게 시식 및 홍보가 이루어졌다. 더불어 행사에 어울릴 수 있도록 유명한 카빙예술가를 초빙하여 지역을 알리는 예술품 전시와 현장 체험 및 홍보 부스를 운영함으로써 아이들과 주부 및 노인들에게 새로운 경험과 재미를 줄 수 있었다.

구의1동 주민들이 직접 참여한 환경캠페인 부스와 건대 플리마켓 참여자들은 많은 축제 참여자들에게 호응을 얻었다. 전체적인 축제와 경연장을 체험하는 모습들을 기록하기 위한 방법의 하나로 주민과 참여자들이 즉석 사진을 찍어 전시하고 경품을 얻을 수 있는 부스 또한 많은 사람들에게 인기를 얻었다. 사진 부스는 지역 주민인 대학생들이 운영하는 젊은 세대 참여를 이끌어 내는 역할을 하기도 하였다.

이러한 부스들이 운영되는 동안 중앙 무대에서는 마술쇼, 쿠킹쇼 및 초대가수들의 무대로 흥겨운 시간을 연출하였다. 전문 사회자와 전체 축제를 총괄하는 요리전문가에 의해 현재의 축제가 구의역 일대 도시재생을 위한 중심시가지 활성화 사업 중 소규모 사업의 일환으로 진행되는 것임을 알리는 그야말로 미가로를 중심으로 한 구의역 일대의 도시재생의 멋진 축제로 승화될 수 있었다. 결론적으로 축제를 즐기러 온 수천명의 주민들 외에 특히 축제의 주인공이라 할 수 있는 사업지역 내의 주민이자 상인들의 만족도가 높았다는 것이 본 서울형 도시재생사업의 취지와 가장 잘 어울리는 성과였다고 할 수 있다.

5. 나가며 : 본격적인 지역활성화를 기대하며

　도시재생 사업이 시작되고 진행되어 사업이 끝난다고 하여 지역의 재생이 끝나는 것은 아니다. 광진구 구의역 일대 중심시가지 활성화 도지재생 후보지 사업을 통한 지역활성화 과정은 '지속가능성'을 중심으로 시작되고 소통의 시도로 진행되었다. 무엇이 지속 가능한 도시재생을 가능하게 하는가? 그간의 대부분의 도시재생은 단기간의 사업 목표기간 설정으로 사업추진을 위한 지역기반이 미숙하였다. 즉 4~5년으로 정해진 마중물 사업 기간 내에 주민과 지역 커뮤니티가 자생역량을 갖추기에는 부족하였고 이로 인해 공공재원에만 의존하는 형태의 도시재생사업이 주를 이루었다.

　이러한 문제를 극복하기 위해 도시재생 뉴딜사업 유형별 특성을 반영한 사업지원 모델을 발굴하고 국토교통형 예비사회적기업 지정 제도 도입 등을 통해 지원체계를 강화하는 방안이 수립되어 공동체 중심사업으로 바뀌고 있다. 그러나 재생의 사회적 가치를 이해하지 못하는 주민 주체가 중심이 되는 지역에서는 개별 사업의 성과가 시스템으로 이어지지 못하여 결국 지속가능성 및 혁신성의 한계를 보이고 있다.

　따라서 주민들이 재생의 사회적 가치를 이해하도록 돕고, 주민들의 각기 다른 니즈와 아이디어를 모을 수 있도록 해주는 기회가 중요하다. 구의역 일대 중심시가지 사업의 후보지 사업 기간에는 소규모 재생사업을 통하여 이러한 부분을 중점적으로 추진해 나가고자 하였다. 이러한 맥락에서 디자인 씽킹을 활용한 디자인 콜라주 워크숍을 진행하여 도시재생의 그 근본적인 가치와 의미를 이해하여 주민 스스로의 자발적인 활동으로 지속가능성과 혁신성을 향상시키도록 진행한 것에 그 의미가 있었다고 할 수 있다.

결론적으로 지금까지의 구의역 일대 도시재생 후보지사업의 결과를 중심으로 몇 가지 제언을 하고자 한다.

첫째, 주민과 상인들의 인식 변화가 필요하다. 도시의 삶이라는 기본적인 생활에 대한 이해를 확장하고 현재 거주하는 도시 공간인 광진과 구의역 일대에 대한 정확한 분석이 스스로 이루어져야 제대로 된 도시재생의 모습을 갖출 수 있을 것이다. 재생의 의미와 목적, 그 쉽지 않은 과정과 그에 따른 가치를 수반한 결과를 그려보며 차근차근 나아가야 할 것이다.

두 번째는 개인의 이득보다 공공의 이득을 지향하며 공동체 전체의 발전을 모색하는 자세가 필요하다. 작은 욕심과 계산을 앞세우기 보다는 함께 하는 공동체의 생활의 질을 높여 공동의 지역적 가치와 이에 수반되는 사회경제적인 이득을 기대할 수 있어야 한다.

셋째, 우리가 그리는 도시재생의 범위에 사회적 약자 또한 중요하게 포함되어야 한다. 국제적으로 유니버설 디자인의 철학과 과정을 심도 있게 사업의 내용에 반영하여 도시적 모습으로 재탄생하는 도시구조는 단순히 사회적 약자뿐만 아니라 결과적으로 그 공간을 살아가는 대다수 시민과 주민 전체의 편안함과 삶의 질의 향상을 이뤄낼 수 있었기에 가능하였다. 따라서 이들 지역의 모습은 독창성을 갖고, 더불어 선구적으로 미래를 향한 중요한 영향력을 세계에 펼칠 수 있었음을 유념할 필요가 있다.

예기치 못한 코로나19로 인해 후보지 사업 이후 본격적인 도시재생 사업이 선정되고 진행되었음에도 주민들의 모임이 쉽지 않았고 가시적으로 드러나는 사업의 모습은 현재 부족한 것이 사실이다. 그러나 광진구에서 2019년 후보지 사업을 통하여 많은 주민과 상인들의 노력에 힘입어 도시재생 사업의 필요성은 충분히 전달할 수 있었다. 열의가 가득한 도시재생센터의 여러 담당자들과 행정 및 주민과 상인들에 의해 그 의지가 함께 그

제1장. 광진구 도시화와 도시재생

리고 지속적으로 모아져 사업지의 특성을 제대로 반영하고 지역의 이야기를 담은 새로운 역사가 전개되기를 소망한다. 구의역 일대의 지속가능한 발전과 그로 인하여 광진구 전체의 발전에도 영향을 줄 수 있는 도시재생 사업의 멋진 사례로 발전될 수 있기를 기대해본다.

참고문헌

김영기, 김승희, 난부 시게키. 2009. 『도시재생과 중심시가지 활성화: 세계의 타운 매니지먼트 전개 양상』. 파주: 한울 아카데미.

대한국토도시계획학회. 2015. 『도시재생』, 서울: 보성각.

조재성. 2021. 『21세기 도시를 위한 현대도시계획론』. 파주: 한울 아카데미.

팀 홀 저. 유환종 외 옮김. 2011. 『도시연구: 현대도시의 변화와 정책』. 서울: 푸른길.

서울균형발전포털

    https://uri.seoul.go.kr/surc/seoulInfo/aboutURC.do?s_text_m=

【 부록 】 미가로 블록파티

■ 미가로 블록파티 : 사진을 중심으로 한 음식 문화축제 행사의 내용과 풍경

사업 해당 지역의 특성에 가장 부합하여 미래적인 특성을 활성화 할 수 있는 음식과 요리를 중심으로 문화행사를 진행하였고, 상인과 주민들이 중심으로 모든 지역의 관심 속에 진행된 의미 있는 행사로 평가 되었다.

1. 요리경연대회

미가로 일대에는 현재 100여 곳이 넘는 식당 관계 업체들이 운영중이다. 그러나 지역의 특성상 다른 상업활성화 지역과는 달리 다양한 이용자를 확보하기 어려운 상황이 지속되고, 다양한 상가들의 복합적인 운영에도 어려움이 누적되고 있는 상황이었다. 또한 많은 음식점들이 존재하지만 미가로를 대표할 만한 음식거리로써의 성격은 특별하지 않았고, 더불어 상점 간의 연합 혹은 연계 역시 부재하였다. 지역의 도시재생 사업에 있어 중요한 위치와 기능을 위해 중심시가지 활성화를 위한 음식점들의 참여를 독려할 수 있도록 요리경연대회를 추진하였다. 준비 과정 중 다양한 이유로 참여희망을 보이는 음식점이 거의 없었으나, 다행스럽게도 축제 당일 주저하던 업주들과 업체에서 시간과 노력을 담아 43개의 업체들이 참여하였고 다양한 요리가 전시 평가될 수 있었다. 참여한 음식들은 행사에 참여한 많은 주민들에 의해 시식됨으로써 기존의 맛집 재발견 및 여러 매체를 통한 홍보 또한 자연스럽게 이어지는 파급효과가 발생하였다.

❖ 청년의 지역참여와 사회혁신 ❖

2. 즉석사진 콘테스트

축제 당일 행사가 진행되는 미가로 일대에서 행사 및 인물 등을 즉석에서 촬영하고 사진을 즉석 인화하여 전시하였으며, 참여자에게는 다양한 경품을 지급하였다. 제출 및 전시된 사진은 축제 아카이빙 자료로 활용하도록 하였는데 해당 진행 부스는 지역 거주 대학생들에 의해 직접 운영되었다.

< 즉석사진부스 운영 준비와 홍보 모습 >

< 즉석사진 참가작품들의 예 : 미가로입구와 축제 현수막 음식경연대회 출품작 시식 모습 >

3. 카빙 전시 및 체험행사

광진구와 미가로 블록파티의 의미를 전달할 수 있는 카빙 전시와 지역 주민 및 방문객을 위한 카빙 체험으로 다양한 참여를 유도하고 재미와 더불어 요리와 음식의 의미를 예술적으로 담아내는 활동이 진행되었다.

< 카빙체험을 하는 주민들 >

< 카빙 작품들 >

축제 참여 주민들을 대상으로 현장에서 직접 카빙 체험을 제공하고 다양한 계층의 주민들의 참여를 통해 계획된 축제 프로그램 중의 화려한 전시에 더불어 재미난 참여행사가 됨.

4. 플리마켓 및 환경 캠페인

　도시의 직면과제 중 환경문제에 대한 대응의 일환으로 볼 수 있는 내용이 축제 중에도 구성되었다. 지역에 기반을 둔 건대 플리마켓 부스를 모집, 운영하고 구의1동 주민자치회가 환경캠페인 행사를 진행하는 등 주민이 자발적으로 축제 및 환경에 대한 홍보를 하고 또한 직접 만든 친환경 수세미 등의 제품을 경품으로 지급하는 의미 있는 행사가 진행되어 많은 주민들의 인기를 얻기도 하였다.

< 지역주민들이 주민자치회를 중심으로 구의1동 그린 캠페인 부스를 운영, 20여 개의 건대 플리마켓이 참여, 축제진행시 미가로 입구에 부스를 연속적으로 설치하여 지역주민들이 관심을 갖고 참여함 >

5. 음악축제

　초청가수 및 지역 기타 동아리팀과 섹소폰팀이 어우러진 공연으로 주민참여형 문화예술축제 실현 시도하는 형태로 주체적인 다양한 행사가 되는 흥겨운 축제를 만들었다.

< 지역 색소폰팀 >

< 지역 기타연주팀 >

< 초청 가수 공연 >

6. 쿠킹쇼와 마술쇼

미가로의 음식문화거리 이미지 고취를 위해 요리전문가와 함께하는 쿠킹쇼 그리고 미가로 블록파티의 또 다른 매력을 위해 다양한 공연과 볼거리를 제공하고 관람객이 직접 참여 가능한 마술쇼를 통해 서로 화합하고 소통하는 행사도 진행되었다. 이러한 행사는 대부분 지역 축제에서 일회성으로 진행되고 휘발되는 모습일 지라도 행사 진행 과정과 축제 등을 관람하는 시간 동안 많은 주민들이 서로 마주치고 부담없이 잠깐의 친목을 도모하는 시간을 제공하기에 일상생활 속에서 찾기 어려운 지역의 신선함을 창출하는 의미를 담고 있다.

< 지역의 다양한 주민들이 무대를 중심으로 펼쳐진 행사들을 관람하며 흥겹게 참여함 >

7. 미가로블록파티의 다양한 주체의 행사 참여 모습을 통한 의미와 가치

　미가로 블록파티의 진행에는 광진구에서는 처음으로 여러 전문가(요리, 건축, 도시와 환경, 행사진행 등), 지역주민, 상인회, 그리고 행정이 모두 협력하여 행사를 진행, 참여, 추진하였기에 도시재생 중심시가지 활성화를 위한 사업에 있어 성공적인 행사로 마무리될 수 있었다고 평가할 수 있었다.

제2장. 프로젝트 999

프로젝트 999 :
단골 멤버십을 통한 지역 상권 회복과 사회적 유대의 활성화 방안

❖ 김성용・조민수・주현민・지승용

요 약

　광진구 구의동 미가로는 현재 중대한 기로에 서 있다. 주 소비층이었던 법조타운이 이전하였고, 건대거리와 성수거리 등 주변 상권이 급격하게 성장하며 방문객이 감소하고 있다. 따라서 소비층의 외부 유출을 막고 고정적 고객층을 확보하기 위하여 락인(LOCK-IN)효과, 이른바 가두리 모델을 전략으로 하는 지역형 멤버십 구독 서비스를 제안한다. 매월 일정 요금을 내고 미가로의 멤버십 회원이 되면 미가로 내 상점들을 이용할 때 일정한 할인율을 제공받는 것이다.
　앞서 언급한 미가로의 위기와 더불어 대기업이 규모의 경제를 통해 구독경제를 오프라인 차원으로까지 확대하고 있는 상황은 지역 상인들을 더욱 위태롭게 하고 있다. 따라서 지자체가 지원하고, 상인들이 자생적으로 운영하는 지역형 구독경제 플랫폼 구축은 지역 상인들에게 유효한 정책이 될 것이다. 프로젝트 999의 명칭은 구(9)독으로 구(9)의를 구(9)한다는 의미를 담고 있다.

1. 문제제기

가. 미가로 현황 및 진단

1) 내부 환경 분석

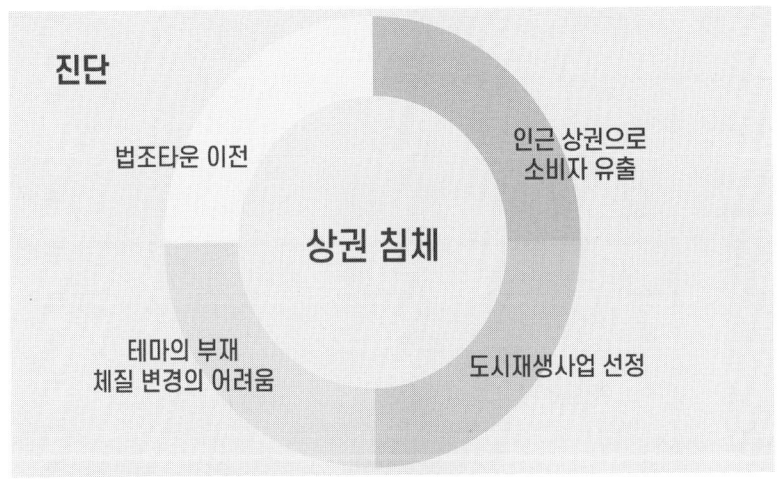

<그림 1> 미가로 상권침체 요인 진단

(가) 미가로 상권의 침체

광진구에는 특화 거리로서 중곡동 가구거리, 능마루 맛의 거리, 건대 맛의 거리·로데오 거리·양꼬치 거리, 구의동 미가로 거리 등 총 6개의 특화 거리가 있다. 그러나 건대입구역 일대를 제외하고는 대부분 상권이 침체되어있다. 그중에서도 구의동 미가로는 가장 상황이 어렵다. 미가로는 그간 서울동부지방법원과 서울동부지방검찰청이 인접하여 법조타운으로서 기능하였으나, 지난 2017년 3월 법원과 검찰청이 이전하면서 이용객이 급격히 감소하여 상권이 쇠퇴하고 있다. 또한 지속적 인구 감소와 건축물의 안전도 측면에서도 법적 기준을 미달하여 서울시는 2019년 11월 구의역 일대와 미가로를 도시재생활성화지역으로 선정하였다.

이에 따라 광진구는 2020년 6월부터 구의도시재생지원센터를 운영 중이며 2024년 12월까지 도시재생사업을 추진할 계획이다. 김선갑 광진구청장은 "구의역 일대 중심시가지형 도시재생사업은 미가로의 지역상권을 활성화하는 것이 중심이 된다."라고 밝혔듯이 미가로 상권 활성화는 광진구가 당면한 시급한 과제이다.(구의도시재생센터 2020)

(나) 2024년에 들어설 첨단업무복합단지

구의역 인근에는 78,147㎡의 옛 KT 부지에 광진구 최대 규모의 첨단업무복합단지가 들어설 계획이다. 이곳에는 광진구 신청사뿐 아니라 호텔, 오피스텔, 공동주택, 판매 및 문화집회시설 등이 입점할 것으로 알려져 있다. 뿐만 아니라 광진구는 상업, 업무, 문화 등의 다양한 시설을 적극 유치하겠다는 의지를 밝힌 바 있다.(신인규 2021) 해당 사업은 지역 가치를 높이고 구내 일자리 창출과 유동인구 촉진에 긍정적 효과를 가져 올 것이 분명하다.

한편 999팀은 인근 미가로 상인들이 느낄 불안에 주목하였다. 미가로는 이미 그 자체로도 쇠퇴되어 가고 있는 실정이다. 이에 더해 머지않아 들어설 대규모 상권은 상인들에게 위협이 될 것이다. 따라서 999팀은 상인의 불안을 해소하며 새롭게 구축될 새 상권과 기존의 상인이 상생하는 방안을 모색하기로 하였다.

2) 외부 환경 분석

(가) 높아지는 식품의 온라인 침투율

언택트 소비 확산의 수혜로 온라인 쇼핑 업계가 고성장하고 있다. 그 가운데서도 식품 산업의 온라인 진출이 코로나 이후로 급격히 커지고 있다는 사실은 요식업을 주로 하는 소상공인과 골목상인들에게 위협이 될 것이다.(조춘한 2021) 한국농수산식품유통공사의 〈국내외 최신 농산물 유통 물류 트렌드 분석〉 보고서에 따르면 최근 온라인 식품사업이 차별화를 갖는 주요 요인으로 ①극신선·산지직송 상품 제공 ②새벽배송, 당일배송 등의 서비스 제공 ③ 유료 멤버십을 통한 고객 락인(Lock -In)을 꼽고 있다. 우리 999팀은 이 중에서도 락인 효과에 주목한다. 락인 효과란 현재 이용하는 특정 서비스나 재화가 다른 서비스와 재화의 선택을 제한하는 현상을 의미한다. 락인 효과는 구독경제를 설명함에 있어 대단히 중요한 키워드이다. 하지만 용어가 생소하여 이해를 어렵게 한다는 지적에 우리 팀은 이를 '가두리 전략'으로 대체한다.

다시 말해, 소비자가 한 번 이용한 재화나 서비스를 바꾸지 않고 지속적으로 이용하는 것이다. 기업은 멤버십 회비보다 더 많은 혜택을 제공하며 재구매를 유도한다. 최근 이들 온라인 시장은 네이버와 CJ의 전략적 제휴, 쿠팡의 OTT(Over-the-top media service)기업 인수 등 커머스와 컨텐츠의 시너지를 도모하며 더욱 커져갈 것으로 예측되고 있다.(조춘한 2021)

(나) 새로운 소비트렌드로서의 구독경제

구독경제가 새로운 경제 트렌드로 부상하고 있다. 구독경제

란 소비자가 일정 금액을 지불하고, 원하는 상품이나 서비스를 정기적으로 제공받는 경제 모델을 의미한다. 소비자는 편리함과 할인된 가격으로 반복된 구매를 하고 판매자는 이러한 재구매로 안정적인 수익을 창출하며 충성고객을 유치하는 이점을 가진다. 한국무역협회의 〈글로벌 구독경제 현황과 우리 기업의 비즈니스 전략〉 보고서에 따르면, 소비시장은 일회성 판매·소유에서 지속적 서비스·이용으로 트렌드가 바뀌면서 기업들의 구독모델 도입이 확산하고 있다고 분석한다.(심혜정 2021)

그렇다면 구독경제는 우리 삶에 어떤 모습으로 존재할까? 거창한 이름과 달리 구독경제는 그다지 우리에게 낯선 개념이 아니다. 우유, 신문 정기구독 등도 역시 구독경제의 전통적 모델에 해당한다. 이후 넷플릭스, 멜론 뮤직 등 음악, 영상 등 온라인 컨텐츠로 구독경제가 확장되어가다 최근에는 오프라인으로까지 영역이 넓어지고 있다. 샐러드, 햄버거, 빵집, 세탁소, 편의점 등에서도 구독경제가 실현되는 것이다. 앞서 언급하였던 유료 멤버십도 한 사례이다. 이러한 흐름은 주로 소셜 벤처기업을 중심으로 시작되어 대기업 프랜차이즈로 이동하고 있다.

최근 크게 주목받는 온라인 커머스 구독경제로는 월 4,900원의 멤버십 구매 시 자사 플랫폼을 통해 쇼핑 시 쇼핑금액의 5%를 적립해주며 웹툰, 영화, 음악 등의 컨텐츠 혜택을 부여하는 네이버플러스멤버십과, 월 2,900원의 멤버십으로 새벽배송, 당일배송, 무료반품 및 회원만 구매 가능한 특별 상품 제공, 온라인 OTT 컨텐츠 혜택을 제공하는 쿠팡와우 등이 있다. 한편 우리 999팀이 주목하는 것은 대기업 프랜차이즈들의 오프라인 침투 전략이다. 버거킹, 투고 샐러드, 던킨도너츠, 파리바게트, GS를 포함한 각종 편의점 등 다양한 영역에서 구독경제 서비스가 펼쳐지고 있다.

그중에서도 버거킹은 커피 구독과 햄버거 구독서비스를 제공하고 있는데, 특히 아메리카노 30잔을 보통 카페의 커피 한 잔 값인 4,900원에 제공하는 파격 서비스를 내놓았다. 이는 골목상권을 크게 위협할 소지가 있다고 판단한다. 구독경제는 고정고객을 확보해 경쟁업체로의 이탈을 줄인다는 점에서 후발주자의 진입을 어렵게 만든다. 따라서 우리 999팀은 커가는 구독경제 시장에서 소외되는 소상공인과 골목상권에 주목하여, 이들이 적시를 놓치면 대기업과의 격차가 불가역적으로 벌어질 것이라고 진단하고 있다. 구독경제 생태계 조성에는 '신뢰자본의 구축'과 일종의 '규모의 경제'가 작용하기 때문에 개별 소상공인과 자영업자들만의 역량으로는 역부족이다.

2. 구독경제 선행사례 검토

가. 선행 사례 조사

앞서 언급한 바와 같이 우리나라에도 대기업을 중심으로 구독경제 모델이 도입되고 있다. 오프라인 구독부터 온라인 콘텐츠 구독까지 다양한 사례들이 존재하고 있다. 우리는 구체적인 모델을 도입하기 전에 다양한 사례들을 조사해보았다. 구독 서비스 도입의 성공 사례로 버거킹과 베이커리 프랜차이즈 및 네이버와 쿠팡 등의 사례를 소개한다. 또, 실패사례를 살피며 구독경제 모델을 고안할 때 어떤 점을 유의해야 하는가에 대해 알아본다.

1) 버거킹 구독서비스

　버거킹은 지난 2020년 5월부터 햄버거 구독 서비스를 제공하고 있다. 한 달만 이용할 수 있는 4주 이용권은 4,900원에, 매달 정기 구독하는 정기 이용권은 4,700원에 이용할 수 있다. 햄버거를 구독하게 되면 매주 버거 한 개를 구매할 수 있는 쿠폰이 제공된다. 이는 매장에 직접 가서 이용할 수 있다. 추가적으로 버거킹은 커피구독 서비스도 제공하고 있다. 일반 커피의 한 잔 가격을 웃도는 구독료 4,900원으로 30일간 매일 커피를 제공받을 수 있어 학생과 직장인들에게는 금전적인 면에서 크게 매력적인 상품이다. 이들 상점은 여러 지역에 산재하고 있어 접근성도 뛰어난 것이 특징이다.

2) 베이커리 커피구독 경쟁

　커피는 현대인들에게 빠질 수 없는 요소 중 히니로 자리 잡았다. 하지만 커피 가격이 부담되는 것이 사실이다. 이를 바탕으로 베이커리 중심의 커피 구독서비스가 많이 출시되었다. 먼저 뚜레쥬르의 경우 30일을 기준으로 19,900원을 지불하면 하루 한 잔의 커피가 제공된다. 종류는 아메리카노로 한정되며 500원을 추가하면 라떼 메뉴로 변경할 수 있다. 파리바게트는 30일 기준 19,800원을 지불하면 하루 한 잔의 커피가 제공되고, 던킨도너츠의 경우에는 한 달 27,900원의 구독료를 산정하였으며 똑같이 30일 기준 하루 한 잔의 커피가 제공된다. 300원을 추가하면 라테 메뉴로 변경이 가능하다. 소비자 입장에서는 구독권을 기준으로 8-10잔만 마시더라도 손익분기점을 넘길 수 있다. 베이커리 별로 다른 원두를 사용하기 때문에 소비자에게 다양한 선택권을 제공하는 서비스라고 볼 수 있다.

3) 네이버 플러스

〈그림 2〉 네이버플러스멤버십 홍보 사진(출처: http://www.naver.com)

　네이버플러스 멤버십은 네이버 쇼핑에서의 혜택을 받을 수 있는 서비스이다. 쇼핑을 할 때 기본 적립이 1%라면 사용금액 20만원 이하까지는 추가적으로 4%의 적립을 받을 수 있고 20만원이 초과한다면 기존의 4%가 아니라 1%를 추가적으로 적립해준다. 또한 가족이나 친구와 함께 멤버십을 이용할 수 있는 서비스를 마련하고 있으며 최대 3명까지 가능하다. 이러한 쇼핑관련 혜택 이외에 디지털 서비스 이용권도 함께 제공하고 있다. CJ와의 전략적 제휴를 통해 CJ에서 제공하는 온라인 OTT 서비스인 티빙의 무제한 이용권, 자사 서비스인 네이버 웹툰·시리즈의 쿠폰, 네이버 시리즈온 영화 1편 무료 쿠폰, 네이버 뮤직 서비스를 이용할 수 있는 쿠폰 가운데 하나를 선택하는 서비스를 제공한다.

제2장. 프로젝트 999

4) 쿠팡 로켓와우

<그림 3> 쿠팡와우 혜택 홍보 사진 (출처: http://www.coupang.com)

쿠팡의 로켓와우클럽은 월 2,900원의 이용료로 다양한 혜택을 주는 서비스이다. 멤버십 회원만 녹점적으로 구매할 수 있는 로켓프레시 신선식품과 골드박스 상품과 같이 상품에서의 차별화를 가지는 것이 특징이다. 뿐만 아니라 오후 7시까지 주문하면 다음 날 새벽에 배송해주는 서비스와 오전 9시까지 주문하면 저녁에 도착하는 서비스 등 배송에 이점을 둔 장점을 가지고 있다. 로켓배송상품에 한하여 30일 이내 무료반품을 보장하는 등 다양한 쇼핑관련 서비스를 제공하고 있다. 온라인 쇼핑 시 보통 배송료가 2,500원씩 든다는 점을 감안하면 월 2,900원의 구독료만으로 한 달간 무료배송을 받아볼 수 있다는 점은 특히나 쿠팡 로켓와우의 가장 큰 강점이다.

5) 실패 사례와 요인분석

구독경제는 장밋빛 유토피아만을 그리지 않는다. 여러 실패

사례들도 존재한다. 이는 다음과 같다. 먼저 소개할 것은 무비패스의 사례이다. 무비패스는 미국의 오프라인 영화 구독서비스이다. 이들은 월 9.95달러의 가격으로 매일 극장에서 영화 1편을 볼 수 있는 서비스를 제공하고 있었다. 소비자 입장에서는 한 달에 한 번만 극장을 가도 손해가 아니기 때문에 '영화계의 넷플릭스'라는 호칭까지 붙으며 돌풍을 일으켰으나 서비스 제공 4개월 만에 파산신청을 한 사례이다. 비슷한 사례로는 월 2만원 수준으로 한 달간 언제든지 원하는 시간에 식사가 가능한 서비스를 제공한 중국의 훠궈 전문 식당의 사례도 있다. 이들은 무비패스와 같은 이유로 실패하였다. 원인은 다음과 같다.

(가) 낮은 구독료

사업 런칭 당시 무비패스의 예상 구독료는 약 50달러였다. 하지만 이에 비해 영화 관람 한번 값에 해당하는 9.95달러로 책정하였고 이는 구독자가 한 달에 2번 이상 영화를 보면 무비패스는 손해를 보았다. 하지만 단순하게 구독료를 높이는 것도 해결방안이라고 할 수는 없다. 네이버 플러스, 쿠팡 로켓와우가 성공할 수 있었던 이유는 저렴한 구독료에 있다. 무비패스의 실패는 구독경제 모델에서 적절한 구독료 책정이 얼마나 중요한지 보여주는 사례이다.

(나) 소비자 분석 실패

무비패스는 구독서비스를 구상할 때 매일 영화를 보러 오는 사람은 드물 것이고 새로운 영화가 항상 개봉하는 것이 아니기 때문에 구독자가 영화관을 찾는 횟수가 줄어들 것이라고 생각했다. 추가적으로 소비자가 영화를 많이 보더라도 개인이 연령,

성, 시즌에 따라서 어떤 영화를 선호하는지에 대한 데이터를 확보해 판매하려 했다. 즉 'ID 경제'를 활용한 비즈니스 모델을 계획한 것이다. 하지만 영화 마니아층이 이 존재해서 한 달에 한 가지 영화를 여러 차례 보는 구독자도 존재했고, 일부 구독자는 화장실을 이용하기 위해 영화표를 예매하는 경우도 있었다. 심지어 쓰레기를 버리려고 영화를 예매하는 구독자도 있었다. 이러한 가짜 손님 때문에 무비패스의 고객 선호 조사 데이터 자료도 신뢰성을 잃고 말았다.

(다) 구독서비스 양도 문제

중국 훠궈 전문점 같은 경우에는 멤버십을 구독자 본인만 사용한 것이 아니라 구독자의 주변인들 모두가 돌려가면서 구독서비스를 사용하였으며 시간을 따로 설정해두지 않았기 때문에 오픈시간부터 마감시간까지 앉아 있으면서 서비스를 이용하는 경우도 존재했다.

그리하여 구독서비스를 진행하는 과정에서 고려해야 할 사항들은 다음과 같다.

우선 적절한 수준의 페널티를 부여하여야 한다. '체리피커'를 통해 그 필요성을 파악할 수 있다. '체리피커'란 케이크 위에 얹은 체리만 골라 먹는 사람을 뜻하는 말로, 실제로 이벤트를 통해 기업이 주는 서비스나 혜택만 누리고, 상품이나 서비스를 적극적으로 구매하지 않거나 자신의 실속만 챙기는 소비자를 지칭한다. 소비자들은 항상 이해타산적으로 행동하고 최대한 그들에게 이익이 되도록 행동한다는 것을 고려해야 한다. 따라서 다양한 상황을 고려하여 적절한 페널티를 만드는 것도 필요하다.

두 번째는 적절한 구독료와 다양한 콘텐츠이다. 앞선 무비패스의 사례는 파격적인 구독료로 구독자를 많이 모을 수 있었지만 낮은 구독료로 인해 사업을 유지하기도 어려웠다. 하지만 무작정 높은 구독료를 채택한다면 소비자의 입장에서는 서비스를 이용하는 것이 부담일 것이다. 따라서 구독서비스는 소비자에게 맞춤 서비스를 제공함으로써 소비자들이 단순히 금액적 할인만 받는 것이 아니라 그 외의 서비스를 제공받음으로써 구독서비스를 이용할만한 요인을 만들어 주는 것도 중요하다.

　마지막으로 구독경제 서비스가 대기업을 중심으로 이루어지고 있다는 사실을 살펴봐야 한다. 앞선 사례들을 보면 대기업을 중심으로 구독경제 서비스와 모델이 도입되고 있는 것을 볼 수 있다. 지금은 초기 단계이지만 앞으로 구독경제 모델이 더 발전한다면 가격경쟁력 측면에서 대기업이 소상공인에 비해 훨씬 앞서 나갈 것으로 예상된다. 따라서 소상공인들에게도 구독경제에 대해 교육하고 소상공인들이 직접 운영해갈 수 있는 모델을 지원할 방안이 필요하다. 소상공인들이 뒤늦게 구독경제 시장에 진입한다면 경쟁력을 가지기 어렵다. 따라서 이러한 현실에서 현실적인 방안으로는 공공기관이 중심이 되어 대기업의 구독경제 모델과 차별화된 소상공인들의 구독경제 모델에 대한 지원을 하는 것이다. 구독경제 모델에서 공공기관이 할 수 있는 역할에 대한 진지한 고민이 필요하다.

3. 정책제안 및 검토

가. 정책 제안 개요

　미가로 방문객을 대상으로 구의도시재생센터에서 주관한 설문조사에 따르면 미가로의 방문목적은 '외식'으로 밝혀졌다. 얼마나 자주 방문하느냐는 설문에 대해서는 전체 응답자의 41%를 차지하는 응답자가 '거의 방문하지 않는다'고 답하였고 '한 달에 1~2회'를 선택한 응답자는 20%를 차지하였으며, 전체의 15.9%의 응답자만이 '거의 매일 방문한다'고 밝혔다. 또한 방문한 상점에 대한 정보를 어디서 얻었냐는 질문에 도합 71%의 응답자가 지인추천과 SNS을 통해 방문한다고 답변하였으며 방문객의 71%는 재방문 의사가 있다고 밝혔다(구의도시재생센터 2020).

앞선 설문조사 내용을 종합해보면 외식이 주된 방문 요인이고 재방문 의사는 있지만 그것이 실제 행동으로 이어지지는 못하고 있다는 점이 핵심이다. 구매자가 상품 그 자체로 충분한 매력을 느끼지 못한다면 판매자는 가격을 조정하거나 홍보를 통해 구매를 촉진해야 한다. 하지만 이것은 상인 개개인의 노력으로 극복하기 어려운 문제인 만큼 집단적 차원의 노력과 혁신이 필요하다고 판단하였다.

해결책으로 가장 먼저 '미가로 테마 조성'을 고려하였다. 현재 미가로에는 상권을 하나로 아우르는 단일 테마가 부재하기 때문에 미가로 특성을 고려한 테마를 구축해 외부 유입을 극대화하여 상권 활성화를 촉진할 필요가 있다고 보았다. 하지만 현장조사 결과 미가로에는 아구찜, 회, 곱창 등을 메뉴로 하는 대규모 회식 위주의 음식점이 분포하고 있고 각종 유흥업소들이 대로변에 흔히 자리하고 있었다. 이 같은 이유로 건대 맛의 거리나 성수 카페거리와 같은 테마 조성이 어려워 외부 유입을 도모하기보다는 내부 유출을 막는 것을 최우선 과제로 설정하였다. 내수를 단단히 하여 그다음 과제로서 점진적으로 외부 유입을 이끌어야 한다는 것을 골자로 한다.

이에 우리 999팀은 앞서 언급한 모든 문제를 총망라하는 해결방법으로 〈미가로형 구독경제〉를 제안한다. 구독경제가 가지는 가두리 효과를 실현하기 위해 미가로를 구독하는 것이다. 지역형 유료 멤버십인 미가로 멤버십을 발급하여 인근 주민들과 미가로를 연계하며 상권 활성화와 지역공동체 회복의 초석을 다질 수 있다. 멤버십 가입 상인들에게는 수익의 안정성과 예측가능성을 제공하고 멤버십 구독자인 소비자는 할인된 가격을 누림으로써 상호호혜를 이끌어낼 수 있다는 장점이 있다.

 그 결과 미가로의 내수 진작과 상인 및 주민의 연계로 골목상권의 활력을 찾으며 궁극적으로는 경쟁력 회복이 가능하리라 기대한다. 이는 앞서 언급하였던 2024년 자리 잡을 첨단업무복합단지에 대한 상인의 불안을 해소하는 데에도 일조할 것이다.

〈그림 4〉 락인(LOCK-in, 가두리) 전략 설명 도식화

제2장. 프로젝트 999

〈그림 5〉 지역형 멤버십 구독경제 홍보 사진

　미가로형 구독경제 구축은 사회적 가치도 활성화할 것이다. 구의도시재생센터와의 인터뷰 과정에서 '구의 1동은 광진구 내 타 지역에 비해 지역공동체가 적고 그마저도 활동성이 떨어진다.'라는 사실을 알게 되었다. 그리고 특히 상가번영회가 존재함에도 불구하고 응집력이 크지 않아 젊은 상인들의 참여율이 저조하고 각자도생하고 있다는 사실을 알게 되었다. 이에 대한 해결책으로서 미가로 멤버십의 생태계 구축은 개별 상인들을 '같은 이해를 공유하는 공동체'로 인식하도록 할 수 있다. 더 나아가 소비자와 상인 간의 '단골'이라는 유대감과 심리적 연계까지 이어지기를 기대하고 있다.
　플랫폼 구축은 공공부문이 한다. 최근 민간배달앱의 시장독점에 반응하여 공공배달앱을 출시하였듯, 구독경제 시장 역시 디지털 SOC(사회적간접자본)의 측면에서 접근하여 공공의 지원이 필요하다. 다만 지속가능한 사업이 되기 위해서는 공공의 역할은 플랫폼 구축에 제한되어야 하며 상인이 적극적으로 주도하여야 한다.

나. 최종 사업 모델

우리 999팀은 따라서 멤버십형 구독서비스를 핵심 모델로 선정하여 미가로의 현실에 맞게 구체화하였다. 구체적인 모델은 다음과 같다.

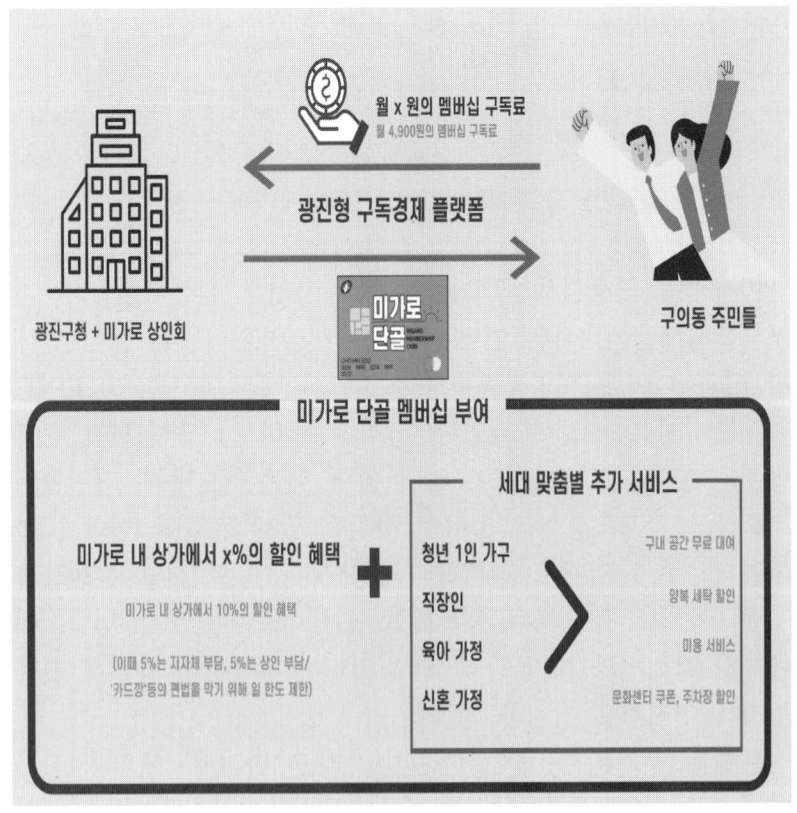

<그림 6> 사업 모델 도식화

1) 월마다 일정 금액을 내면 미가로의 단골(멤버십) 자격을 부여한다.

이때 제안된 일정 금액으로 4,900원을 최종 제시하였다. 경제적으로 타당한 방법론을 통해서 내려진 결론은 아니다. 당초 30,000원이라는 금액을 구상하였으나 시민들이 월마다 부담하기에는 과한 금액이라는 피드백을 참고하여, 네이버와 쿠팡 등에서 월 멤버십 서비스의 가격으로 책정된 5,000원 내외의 금액으로 수정하였다. "커피 한 잔"과 맞먹는 가격이기 때문에 소비자 입장에서 크게 부담스럽지 않은 금액이 될 것이라 판단한다.

2) 미가로의 단골이 되면 미가로 내의 프렌차이즈를 제외한 상점들에서 일정한 할인혜택을 제공한다. 이때 할인분 부담은 지자체와 상인이 자율적으로 나누어 분담한다.

단골(멤버십 회원)이 되면 미가로의 작은 음식점과 카페 등에서 10%의 할인을 받을 수 있다. 지역형 구독 멤버십과 비슷한 형태의 지역 상품권 및 지역 화폐를 비롯한 지역형 할인 서비스의 할인율이 대부분 10% 내외로 정해져 있다는 것을 고려하여 소비자에게 거부감 없이 수요를 이끌어 낼 수 있으리라 기대하여 10%로 할인율을 고정하게 되었다.

이때 할인율의 10% 가운데 절반인 5% 가량은 상인들이 부담하고 남은 5%는 지자체에서 부담하는 것으로 설계하였다. 후술하겠지만 미가로 상인연합회 지도부와의 면담과정에서 5% 정도의 금액은 미가로의 혁신을 위해 상인들도 손실을 감수할 수 있다는 의지를 확인했다. 지자체 부담액의 경우 역시 후술하겠지만 광진구청 지역경제과에 서면 문의 결과 현행 광진구가 진행하는 '지역 상권 및 특화 산업 활성화 공모'에 신청하는 방법으로 보조금 지원이 가능하다는 검토의견을 받았다. 999팀은 구청의 예산뿐만 아니라 서울시나 행정부 차원의 지원도 이어지기를 기대하고 있다.

3) 오프라인 소비의 특성을 고려하여 단시간 안에 추가적인 소비를 할 경우 가중된 할인율 적용. 한편 할인편법을 막기 위하여 최대 할인 한도를 둔다. 지역화폐에서 이미 도입된 카드수수료 면제도 도입을 검토할 수 있다.

가중된 할인율을 적용함으로써 소비를 더욱 촉진하고자 하는 방법도 있다. 예를 들어 음식점에서 점심을 먹고 바로 옆에 카페를 방문할 경우, 카페에서는 15%의 할인율을 제공하는 것이다. 우리 999팀이 제안하는 미가로 단골 멤버십의 사업 초기 단계의 연계할인은 단순한 수준이지만, 사업의 규모가 커질 경우 맞춤별 할인-소비 서비스인 큐레이팅 서비스를 적극 도입하는 것을 궁극적인 목표로 삼고 있다.

이때 하루 할인 한도를 설정할 필요도 있다. 할인한도의 설정이 필요한 이유는 지역화폐 운영에서 발생한 소위 카드깡 등이 지역 멤버십에서도 나타날 가능성이 크다는 지적이 있기 때문이다.

4) 단순한 소비에서만 할인을 제공하는 것이 아닌, 세대별, 직군별 맞춤형 서비스 또한 제공한다.

999팀이 구상하는 미가로 단골멤버십은 단순히 식당과 카페에서의 할인뿐만 아니라 멤버십의 회원을 대상으로 부가 서비스를 함께 제공하여 소비자 효용을 높인다. 이것은 네이버 플러스의 모델을 참조했는데, 네이버 플러스는 가입자에게 매달 1편의 영화, 또는 웹툰 이용권, OTT 이용권 중에서 택일하여 추가 서비스를 제공한다. 주목할 만한 것은 최근 확대되는 온라인 OTT 시장의 수요를 반영하여 서비스를 다각화하는 전략을 펼쳤다는 점이다. 이처럼 미가로 멤버십도 가입자에게 맞는 부가적 서비스를 제공하고자 한다.

예를 들어 청년 1인 가구에게는 공유시설 무료 이용권을 제공한다거나, 직장인에게는 미가로 내 세탁소와 연계하여 세탁 서비스의 혜택을, 육아 가정에게는 미가로 내 미용시설의 할인권을 제공하며 기타 일반 가정에게는 구청의 문화센터 이용권의 혜택이나 구내 공영주차장의 무료이용을 제공하는 등의 방식을 고안해보았다. 이는 상권 활성화 뿐 아니라 지역 내 문화서비스 향상, 복지 증진에도 기여할 수 있는 다각적 연계가 가능하다. 물론 사업을 실행하기 위해서 구체적으로는 소비자의 수요를 반영해야 할 뿐만 아니라 상인들과 협의도 반드시 필요하다. 주목할 만한 것은 맨 마지막에 언급된 구내 공영주차장 이용권의 경우, 미가로 상가번영회 회장과의 면담 과정에서 상인이 직접 고안한 아이디어라는 점이다. 상인들의 주도적·적극적 참여로 다양한 서비스가 창출될 수 있다고 판단한다. 확장 가능성은 무궁하다.

5) '미가로 단골 카드'를 통해서 지역 정체성을 부여하고, 가입자에게 소속감을 준다. 카드 디자인은 아래를 참고하면 된다.

미가로가 테마로서의 지역 정체성이 부족하다는 문제의식에 착안하여 고안한 모델이다. 가입자에게 미가로 카드를 발급하여 미가로는 멤버십형 구독서비스를 실현하는 창조적 경제활동의 장이라는 이미지를 심어준다. 이로써 정체되어 있던 지역의 정체성에 신선함을 부여해줄 것이라고 기대한다.

<그림 7> 미가로 단골 카드 디자인 예시

　한편 가입자 입장에서도, 미가로 멤버십의 회원이라는 소속감을 느낄 수 있을 것이라고 기대한다. 미가로 카드 디자인은 미가로 맛의 거리 입구에 있는 미가로 간판에서 따왔다. 빨간 계열 바탕에 노란색과 흰색을 첨가한 디자인이다. 신용카드와 유사하게 IC 카드가 삽입되어 있는데, 미가로 카드를 단순한 디자인만 가미한 카드로 만들 것인가, 아니면 은행과의 협업을 통해 결제가 가능한 체크카드 형식으로 만들 것인가는 정책 결정자의 결단에 달려있다. 따라서 IC카드 디자인은 잠정적이다.

4. 타 모델과의 비교 및 평가

가. 타 모델과의 비교

1) 시장이반찬 협동조합

〈그림 8〉 시장이 반찬 협동조합 마크
(출처: 네이버 블로그 https://blog.naver.com/seolwon72/222329295781)

'시장이 반찬 협동조합'은 강동구 고분다리 시장의 여섯 상인이 모여 구성한 협동조합이다. 정육점, 떡집, 두부가게 등이 함께 도시락을 구성해 판매한다. 해당 협동조합은 시장에서 구독서비스를 제공하며 시장의 혁신 사례이자 사회적 경제 모범 사례로 주목을 받고 있다. 이에 우리 999팀은 '시장이 반찬 협동조합'의 조합장과 유선상으로 2021년 4월 29일 인터뷰를 진행하였다. 조합장에 따르면 각 상인들이 본 장사를 하면서 생기는 잉여 반찬들을 모아 여러 가지 메뉴가 결합된 도시락을 만들고 이 도시락을 취약계층에게 전달하는 것이 기본 사업 모델이라고 밝혔다. 구독서비스에 대한 설명을 부탁하자, 기본적으로 취약계층에게 제공하는 것을 원칙으로 하지만 인근 가게나 사업장에서 해당 도시락의 구독을 원할 경우 금액을 받고 월별로 도시락을 제공하는 서비스를 추가적으로 제공하는 것이라 밝혔다. 이때 첫 세끼 정도는 고객에게 샘플차원에서 무료로 제공하여 구독서비스를 이용할 것인지에 관한 결정을 하게 한다는 것이 인상적이었다. 지역 시장 상인이 협동조합을 구성하여 구독서비스를 제공한다는 점에 착안하여 우리 999팀 역시 프로젝트 초기에는 협동조합형 구독서비스를 고안하게 되었었다. 구체적으로 설명하자면 협동조합을 구성하여 각 상인들의 상품을 모아 하나의 상품 조합을 만들어 판매하는 전략을 구상한 것이다. 이 과정에서 구독경제를 가미하여 미가로 경제에 새로운 활기를 불어넣고자 하였다.

한편, 추후 지역 구독형 서비스로 모델을 변경하게 되면서 본 모델과 거리가 멀어졌지만 그 후에도 세끼 무료제공 서비스 아이디어는 장기간 거래를 목표로 하는 구독서비스의 기본으로서 차후 모델의 부가서비스를 고안하는 데에 기여하였다.

2) 구의도시재생지원센터와 광진사회적경제네트워크

〈그림 9〉 구의도시재생지원센터 면담

　앞서 언급한 강동구 고분다리 시장의 사례뿐만 아니라 울산 제과점 협동조합의 사례 등을 참고하며 미가로에도 협동조합을 구성해 구독경제서비스를 도입할 방안을 강구하였었다. 협동조합은 사업체를 공동으로 소유하면서도 민주적으로 운영하여 공통의 사회적, 경제적, 그리고 문화적 필요와 욕구를 충족시키는 자발적 조직이다. 본 팀은 이러한 효과를 창출하고자 협동조합의 설립을 미가로 상권회복의 주요 전략으로 고려하였다. 한편, 2021년 5월 4일 구의도시재생센터와의 면담 과정에서 미가로 상권 환경에는 협동조합 설립이 부적절하다는 의견을 전달받았다. 협동조합을 설립하는 절차와 과정이 매우 까다로울 뿐만 아니라 미가로의 경제규모에서는 개별 상인들이 하나의 경제공동체가 되어 사업을 공동으로 소유하고 운영하기에 무리라는 것이었다.

　이러한 지적 이후 협동조합의 설립과정과 상인들의 경제 네트워크 조직에 관해 자문을 구하고자 광진사회적경제네트워크를 찾았다. 2021년 5월 18일 화상회의를 통해 면담을 진행하였다. 협동조합 설립은 까다로울 수 있겠으나 구독경제모델은 호혜적 경제 질서로 상인과 지역민이 상생할 수 있는 경제 모델이라는 호평과 함께 협동조합이 가지는 사회적 의미와 공동체적 가치를 고려하면 상당히 좋은 발상이라는 의견을 전하였다.

999팀은 검토의견들을 종합하여, 굳이 협동조합을 설립하지 않고도 구독경제모델을 미가로에 뿌리내릴 방법에 대해 고민하게 되었다. 그리고 그 결과로 미가로의 상점을 구독하는 것에서 미가로 거리 전체를 구독할 방안으로 아이디어를 수정하였다.

나. 전문가 및 이해관계자의 의견

1) 전문가 의견

(가) 전호겸(서울벤처대학원대학교 교수, 구독경제전략연구센터장)

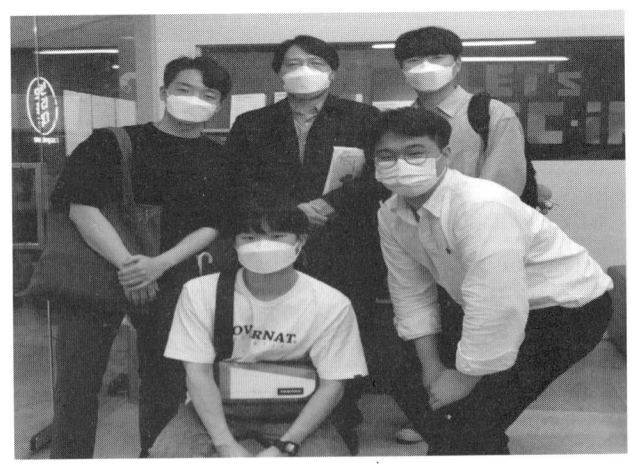

〈그림 10〉 전호겸 교수 면담

현재 국내 구독경제에 관하여 최고권위자라고 손꼽히며 학계와 정계에 자문을 하고 있는 전호겸 교수를 찾았다. 2021년 5월 31일 진행된 면담을 통해 전호겸 교수는 미가로 단골 멤버십이 가지는 따뜻함에 주목하여 긍정적인 평가를 해주었다. 구독경제 시장의 팽창을 직면한 상황 속 소상공인은 이에 대한 대처가 어렵다며 공공이 플랫폼을 마련해야 함을 강조하였다. 중요한 것은 공공의 역할은 생태계 조성에서 그쳐야 한다는 것이었다. 자영업자와 소상공인이 직접 운영해야만 서비스가 지속가능하다고 조언하였다. 뿐만 아니라 미가로의 현황을 설명하자 소상공인 구독경제 생태계의 필요성에도 불구하고 전국에 전례가 없어 안타까움이 컸는데, 미가로가 시기나 규모 면에서 지역 멤버십형 구독서비스의 실험의 장으로 적소라며 시범사업 추진을 기대한다고 크게 관심 가졌다. 초기에는 비용의 문제로 어렵겠지만 장기적으로는 멤버십을 통한 거래 내역을 전산화하여 빅데이터로 관리함으로써 '최적의 상품연계', '고객 맞춤형 서비스'에 까지 이르러야 한다고 조언을 아끼지 않았다.

(나) 남운선 경기도의원(고양시)

〈그림 11〉 남운선 의원 면담

❖ 청년의 지역참여와 사회혁신 ❖

　　남운선 경기도의원은 전국 최초로 소상공인의 구독경제 생태계를 조성·지원하기 위한 법제적 노력을 기울였다. 경기도 의회에서 소상공인 지원을 위한 구독경제활성화지원조례를 대표 발의하였다. 2021년 5월 20일자로 제정된 경기도 조례 제7034호의 주요 내용은 다음과 같다.

경기도 구독경제 활성화 지원 조례

(제정) 2021-05-20 조례 제 7034호

제1조(목적) 이 조례는 경기도의 구독경제 활성화 기반을 구축하여 중소기업과 소상공인의 매출증대 및 경제 환경 변화 대응력을 향상시켜 지역경제 활성화에 이바지함을 목적으로 한다.

제4조(기본계획 수립 등) ① 경기도지사(이하 "도지사"라 한다)는 구독경제 활성화를 위하여 다음 각 호의 사항이 포함된 구독경제 활성화 기본계획(이하 "기본계획"이라 한다)을 수립·시행하여야 한다.
1. 구독경제 관련 현황·여건 및 전망
2. 구독경제 활성화 정책의 방향 및 목표
3. 구독경제 활성화 분야별 추진과제 및 추진방법에 관한 사항
4. 구독경제 활성화를 위한 제도개선에 관한 사항
5. 구독경제 활성화 관련 사업 추진을 위한 재원 조달 방안
6. 그 밖에 도지사가 구독경제 활성화를 위하여 필요하다고 인정하는 사항

② 도지사는 기본계획 추진을 위하여 매년 구독경제 활성화 시행계획(이하 "시행계획"이라 한다)을 수립·시행하여야 한다.

　　우리 999팀은 미가로 단골 멤버십의 정책적 의미를 찾기 위해 남운선 의원에 면담을 구했다. 2021년 6월 2일 진행된 면담

과정에서 남운선 의원은 본 모델에 대하여 '그 지역의 돈이 그 지역에서 돌게 하는 것이 핵심'이라며 지역경제 활성화와 따뜻한 공동체 형성이라는 두 마리 토끼를 잡을 수 있겠다고 평가하였다. 대기업 프랜차이즈 위주의 구독경제 생태계를 디지털 SOC의 관점에서 공공적으로 접근할 필요가 있다고 강조하였다. 경기도에서는 앞으로 돌봄서비스를 중심으로 구독서비스를 펼쳐갈 것이라며, 구독경제를 경제적 의미뿐만 아니라 사회적 가치를 중심으로도 접근해볼 것을 조언하였다. 아울러 행정 집행의 법적 기초인 조례 제정의 필요성도 함께 강조하며 광진구에서도 구독경제 생태계가 조성되기를 기대하겠는 의견을 전하였다.

2) 국민권익위원회 설문조사 내용

'지역형 구독멤버십'에 대한 시민들의 의견을 구하기 위해 '국민권익위원회 국민생각함'을 통하여 설문조사를 실시했다. 총 84명이 참가한 설문조사에서 구독서비스를 이용한 경험이 있다고 응답한 사람은 65명으로 77.38%를 차지했다. 넷플릭스, 왓챠 등의 스트리밍 서비스에 대한 구독 경험이 가장 많은 비율을 차지했으며 그 뒤로는 멜론, 지니 등의 음악 스트리밍 서비스가 뒤를 이었다. 이러한 구독서비스를 이용하는 이유에 대해 묻는 문항에는 소비생활의 편리함, 이용금액 할인이 주요한 이유라고 답하였다.

구독서비스의 이용 편의성과 효용성을 높이기 위한 방안을 묻는 질문에는 보다 높은 할인율 적용에 응답한 사람이 33명, 39%를 차지하면서 소비자들의 구독경제 서비스를 선택하는 주된 요인은 금액적 할인이라는 것을 파악할 수 있었다. 또한 구독 가능한 상품 종류의 다양화도 33%를 차지하면서 상품 혹은 상가의 다양성도 중요한 요소라는 것을 파악할 수 있었다. 특히 '자주 찾는 동네 음식점과 카페 등에서 할인된 가격으로 정기이용권을 판매한다면 구매할 의향이 있으신가요?'라는 문항에는 69명의 응답자가 구매할 의향이 있다고 답하였고 이는 82%에 해당하는 수치이다. 주관식 문항에서는 '마을을 활성화시킬 수 있는 서비스가 될 것 같다.', '지역 소상공인, 소비자 모두 윈윈할 수 있을 것 같다.'라는 평가가 있었으며 '다양한 상점들을 멤버십에 포함시켜 한다.', '인센티브 강화 및 지속적인 고객 관리 시스템 구축이 필요하다.', '지역형 구독서비스만이 가질 수 있는 강점(지역 전통시장과의 연계 등)을 활용하여 특색있게 구성하여 다시 찾아올 수 있는 동기부여를 만들어야 한다.'와 같은 다양한 의견도 있었다.

위의 설문조사를 바탕으로 본 '지역형 구독멤버십'에 대한 시민들의 평가는 긍정적이라고 볼 수 있다. 특히 소비활동이 활발하게 일어나는 거주 지역 내에서 일정한 금액을 내고 할인율과 다양한 혜택을 제공받을 수 있다는 점이 시민들의 긍정적 평가에 큰 영향을 미쳤다고 생각한다. 적극적인 홍보와 지속적인 관리, 감독이 이루어진다면 충분한 실현 가능성이 있는 정책이라는 것을 다시 한번 확인할 수 있었다. 또한 이번 설문조사를 통해 우리 조가 제안한 모델이 궁극적으로 발전해 가야 할 방향에 대해서도 많은 통찰을 얻을 수 있었다. 경제 모델로서 지역을 활성화할 주목적뿐만이 아니라 '마을 공동체'를 회복할 수 있는 방안으로써의 확장가능성도 함께 있다는 것을 다시금 생각해보는 기회가 되었다. 그렇게 되기 위해서는 '지역형 구독멤버십'이 금액적 할인에 그치는 것이 아니라 생활에 도움이 되는 서비스, 즉 우리 지역을 살기 좋은 환경을 만들 수 있는데 기여하는 방향으로 나아가야 한다.

3) 광진구청

「청년☆광진 같이 이룸」 정책제안 검토의견서

☐ **제안개요**
  ○ 《미가로 상권활성화를 위한 협동조합 구성 및 구독서비스 제공》
    미가로 상권 활성화를 위해 외부의 소비자 유입보다 기존 소비자 이탈 방지에 초점

☐ **우리구 현황**
  ○ 매년 관내 상인회 등을 대상으로 경쟁력과 특색을 갖춘 상권 육성을 위한 "지역 상권 및 특화 산업 활성화 공모" 사업 운영
    - 지원대상 : 일정지역 상권 내 형성된 상인회 및 연합회
    - 2021년 지원실적 : 5개 사업 50,000천원 지원(자부담 10% 이상)

☐ **검토결과**
  ○ 일정 지역 상권 내 형성된 상인회 및 연합회 공모 신청 가능
    - 미가로 상인회가 주체가 되어 본 정책제안 내용을 공모사업으로 보조금 지원 가능
  ○ 사업이 시행되면 도시재생 연계사업으로 활용가능

☐ **보완(수정) 필요사항**
  ○ 없음

| 작성자 | 지역경제과장 : 이력익 (☎450-7310) | 팀장 : 윤미정 (☎7311) | 팀당 : 김민결 (☎7314) |

〈그림 12〉 광진구청 지역경제과 검토의견서 갈무리

본 팀은 광진구청 지역경제과에 해당 정책제안의 사업 개요와 사업 모델, 기타 이론적 필요성과 사례 조사 결과의 내용을 담은 보고서를 제출하여 검토를 요청하였다. 광진구청 지역경제과는 검토의견서를 통해 해당 제안의 기존 소비자 이탈 방지 측면을 핵심으로 파악했으며 특히 매년 관내 상인회 등을 대상

으로 상권 진흥을 위해 운영하던 기존의 "지역 상권 및 특화 산업 활성화 공모" 사업만을 활용하더라도 보조금 지원이 가능함을 확인하였다. 이에 더해 사업이 시행된다면 추후 도시재생 연계사업으로 확장 가능성이 있음을 확인해주었다.

4) 미가로 상가번영회

〈그림 13〉 미가로 상가번영회와의 면담

   2021년 6월 4일 미가로 상가번영회와의 만남에서 상가번영회는 본 팀의 정책제안에 대해 직접적이고 실질적으로 보탬이 될 도시재생사업이라고 평가하였다. 특히 그간 도시재생과 관련한 논의들이 우수성에도 불구하고 현실화되지 못해온 것들이 많다며 본 팀의 정책 제안이 작은 규모로라도 꼭 시행되기를 바란다는 입장을 밝혔다.

   상가번영회 측에서는 적극적으로 의견을 제시하기도 하였다. 앞서 언급하였듯 멤버십 플랫폼이 구축된 이후 상가번영회 측에서 개별 5% 정도의 할인을 부담할 수 있다며 긍정적 입장을 내보였다. 특히 부가서비스와 관련하여서 큰 흥미를 보였는데,

멤버십 회원들에게는 현재 추진 중인 미가로 인근 주차장을 이용하는 경우 혜택을 줄 것을 고려해보겠다고 제안하기도 하였다. 더불어 구청이 생태계를 구축해주고 최소한의 지원을 보태준다면 지자체의 회계감사를 받으며 상가번영회 측에서 주도적으로 운영해나가겠다는 의지를 보였던 것이 인상적이었다.

5. 결론 : 기대효과

'미가로 단골 카드'를 이용한 멤버십 형태의 구독경제를 광진구에서 진행할 경우 예상되는 기대효과는 다음과 같다.

첫째, 구독경제가 가지는 가두리 효과(Lock-In)를 통해 미가로 상권을 활성화할 수 있다. 미가로는 외부 소비층의 유입보다는 지역 내부의 고정 소비층을 유지하는 것이 더욱 유효한 성장전략이므로 멤버십을 통한 고정 소비층을 확보하는 것이 중요하다. 미가로와 가까운 거리에 건대 거리, 성수 거리, 세종대 거리 등 강력한 상권이 위치하고 있기 때문이다. 이들에 대적할 만한 매력이나 인센티브를 갖추고 있지 않다면 이들에게 잠식당하는 것은 시간문제이다. 미가로 멤버십은 할인율이라는 인센티브를 통해 소비자의 유출을 막고 고정 소비층, 즉 단골을 유치시킬 중요한 정책 모델이다. 이를 통해 미가로 상인들은 고정수입을 올리게 되고 상권 전체에 활력이 돌기를 기대한다.

둘째, 소상공인들에게 대기업의 구독경제 전략에 대항할 수 있는 플랫폼과 자생력을 만들어낼 수 있다. 구독경제 시장은 점차 성장하고 있다. 대기업들 역시 앞서 언급한 락인 효과에 주목하여 온·오프라인의 다양한 영역에서 구독서비스를 제공하고 있다. 만약 대기업들이 지금과 같은 형태로 규모의 경제를 활용한 확장 전략을 펼치게 될 경우 규모의 경제가 전무한 소상공인들은 불리한 위치에서 시장에 뒤처질 수밖에 없다. 미가로 멤버십은 그런 점에서 지자체와 지역 네트워크가 협업하여 강력한 생태계 구축하여 소상공인들이 구독경제 시장에 재빠르게 적응할 수 있도록 도움을 줄 것이다.

셋째, 단골문화의 확산을 통해 사회적 자본을 구축할 수 있다. 공동체가 파편화되어가고 있는 현대사회의 고질적인 문제와 더불어, 코로나19로 인해 대면 접촉이 줄어들면서 생겨나는 '코로나 블루' 등의 문제를 극복하기 위해 사회적 유대관계의 복구가 절실히 필요하다. 1인 가구가 많은 구의역과 미가로 일대의 경우 특히나 마을 공동체의 복구가 중요하게 작용할 수밖에 없다. 미가로 멤버십을 통해 상인과 소비자들이 지속적인 소통을 이어가게 될 경우 미가로는 단순한 '먹자골목'을 넘어서는 색다른 문화 공간으로 탈바꿈하게 될 것이다.

넷째, 미가로에 정체성을 부여하여 지역의 매력을 제고시킬 수 있다. 이는 지역 주민들에게 미가로 주민이라는 자부심으로 이어질 수 있다. 현대사회에서 거주지가 만들어내는 사람에 대한 인상은 무시할 수 없을 정도로 크다. 그러나 미가로는 낮은 인지도와 밀집된 유흥가 때문에, 지역 주민들이 스스로 자부심을 가지고 있다고 말하기 어렵다. 미가로에 지역 구독 서비스를 도입하여 혁신에 성공한다면 강력한 매력을 가진 지역으로 재탄생할 수 있을 것이다. 이러한 이미지 변신은 지역 주민뿐만 아니라 주위 인프라 투자 확대 또한 기대할 수 있다.

참고문헌

구의도시재생센터. 2020. "구의역일대도시재생소식지", 8월호

구의도시재생센터. 2020. "구의역일대도시재생소식지", 12월호

신인규. 2021. "광진구, 구의역 일대 KT부지 개발 본격화." 『한국경제TV』

심혜정. 2021. "글로벌 구독경제 현황과 우리 기업의 비즈니스 전략." 한국무역협회 『Trade Focus』, 6호

전호겸. 2021. 『구독경제 소유의 종말』. 베가북스

전호겸. 2021. "개업 초기 문전성시 훠거 식당 한 달만에 폭망, 왜?" 『중앙일보』

전호겸. 2021. "소상공인과 자영업자 위기의 돌파구, 구독경제." 『매일경제』.

전호겸. 2021. "왜 구독경제 세상이 오는가? (1) 도시화 그리고 고령화." 『매일경제』

조춘한. 2021. "국내외 최신 농산물 유통 물류 트렌드 분석 연구." 한국농수산식품유통공사 외부연구용역보고서: 코카리테일인사이트

▲ 도움을 주신 분들

강동구, '시장이 반찬' 협동조합

미가로 상가번영회

전호겸 서울벤처대학원대학교 교수

남운선 경기도의원

광진사회적경제네트워크 박용수 위원장

구의도시재생센터 김민서, 유광철 코디네이터

광진구청 지역경제과

국민권익위원회 원지은 주무관

건국대학교 정치외교학과 이현출 교수

건국대학교 정치외교학과 장보원 교수

제3장. 친-구의 리액트

제3장 친-구의 리액트(REcyclable, ECo-friendly, Trash-free) : 재활용 가능하고, 친환경적이며, 쓰레기 없는 구의 도시 재생

❖ 오채나·정수진·류예서·정지현

요 약

전 세계적으로 환경에 대한 관심이 급증하면서 환경오염의 주원인으로 일회용품의 사용이 지목되지만, 한국은 환경보호를 위한 제도적 장치와 정책은 미비한 실정이다. 이러한 문제점에 착안하여, 환경보호의 적극 실현과 구의역 도시 재생을 결합하여, 환경친화적인 이미지로 구의를 새롭게 브랜딩하였다.

〈친-구의 리액트〉 프로젝트의 다회용기 사업은 일회용품의 사용이 많은 식당 및 카페 등에서 일회용품 대신 다회용기를 사용하도록 하는 것이다. 자치구 차원에서 지역 내의 식당 및 카페와 다회용기 렌탈 서비스 업체를 연계하여 이뤄진다.

본문에서는 사업의 실효성과 다회용기 사업의 구조, 연계 대상 업체 설명 등과 같은 구체적 진행 방향을 제시하였다. 더불어 다회용기 사업의 활성화를 위하여 장기적인 목표인 친환경 거리조성 방안을 제시하였으며, 2025년까지의 연도별 구의의 도시재생 계획을 구상하여 사회적 가치를 적극 실현하는 실효성 있는 도시재생의 방안을 모색하였다.

❖ 청년의 지역참여와 사회혁신 ❖

1. 서론: 문제제기

전 세계적으로 일회용품 쓰레기 문제가 심각하다. 한국 또한 이 문제에서 자유롭지 못하다. 한국은 2019년 기준 1인당 플라스틱 쓰레기 발생량이 전 세계에서 호주와 미국 다음으로 3위를 차지하고 있다. 환경처 조사에 의하면 우리나라 국민 한 사람이 약 70년을 살면서 배출하는 생활 쓰레기는 무려 55톤에 이른다. 또 2016년 기준 플라스틱 폐기물 발생량은 10.1 백만 톤으로, 생활폐기물 중 플라스틱 폐기물의 양이 5.2백만 톤으로 약 50%를 차지한다.

광진구는 지역 내 건국대, 세종대, 장로신학대학교 총 3개의 대학교가 있어 교환학생과 유학생의 비율이 높고, 유동인구가 많아 쓰레기 무단투기 적발 건수가 전체 적발 건수에서 차지하는 비율이 높다. 또 광진구는 서울에서 관악구, 중구, 종로구에 뒤이어 4번째로 1인 가구가 많은 지역으로 간편식과 배달 음식을 선호하는 1인 가구의 특성상 플라스틱 및 일회용품 쓰레기 배출이 많다.

위의 배경들과 같은 일회용품 쓰레기 문제를 비롯한 각종 환경 문제에 대하여 전 세계적으로 시민의식이 제고됨에 따라 다양한 환경 정책 및 캠페인이 시행되고 있다. 나아가 시민들은 소비자로서 친환경적인 소비를 추구하고, 환경 이슈에 점차 민감하게 반응하고 있다. 그에 따라 기업의 ESG경영과 친환경적 소비는 트렌드화 되어가고 있으며, 특히 2030세대가 주축이 되고 있다.

이러한 상황을 바탕으로, 광진구청 홈페이지 내의 환경 관련 정책과 주민 민원을 살펴보았다. 광진구청 홈페이지에서는 환경/청소 탭을 따로 마련하여 환경문제에 관련된 내용을 소개하고 있으나, 관련된 적극적인 정책은 미비한 실정이었다. 결국,

환경에 대한 인식이 높아지고, 그 중요성을 강조하는 시민들의 목소리는 나날이 높아지는 가운데, 이를 뒷받침할 제도적 장치나 정책은 턱없이 부족하다는 문제점을 포착하였다. 이에 따라 우리 조는 위의 문제 개선과 구의역 도시 재생을 결합하여, 환경친화적인 이미지로 구의를 새롭게 브랜딩화하는 것에 초점을 맞추었다.

2. 이론적 배경

가. 선행연구 검토

1) 성북구 마을만들기 공모사업 '용기내챌린지'

최근 전국적으로 유행했던 '용기내 챌린지'는 성북구 마을 만들기 공모사업에 선정된 '늘좋은' 팀과 성북구민들이 주축이 되어, 지구를 생각하는 대안생활 실천 모임 '나를 돌봄 서로 돌봄, 봄봄'과 함께 진행하는 프로젝트였다. '용기내#'의 '#'에는 해시태그와 가게의 두 가지 뜻을 담았으며, 용기를 내어 용기를 가져가서 음식을 포장할 때 담아 오자는 취지의 프로젝트라고 한다. 프로젝트의 확대를 위해 회원들은 평소에 사용하는 가게를 방문하여 취지를 설명하고, 동참하고자 하는 가게에 포스터를 부착하는 방식을 이용했다.

이에 따른 가게마다 반응은 상이했는데, 용기를 줄이면 가게 입장에서 비용 절감이 되니 반기는 사장님도 있지만, 전용 용기가 아니면 음식의 양을 가늠하기 힘들고, 담는데 시간이 더 걸린다는 이유로 부정적 반응을 보이는 가게도 있는 것이 현장의 상황이다. 어느 쪽도 충분히 이해할 수 있어서, 최소한의 노력으로라도 동참해 주기를 부탁했다고 한다. '용기내챌린지'의 유행은 전국민적으로 관심을 이끌어내고, SNS 활용을 통해 환경 운동을 유행시켰다는 점에서 큰 의의가 있으나 모든 번거로움을 시민이 감수해야 하며, 환경적 책임이 시민에게 전가된다는 한계점을 지녔다. 이러한 검토를 바탕으로 더 나은 방식을 이끌어내고자 한다.

2) 락앤락의 친환경 카페

락앤락은 서울 송파구에 라이프스타일 매장 '플레이스엘엘'을 런칭하여 텀블러와 커피를 세트로 구성하여 판매하는 친환경 카페를 선보이고 있다. 락앤락의 텀블러에 커피를 담아 합리적인 가격에 제공하여 매장 이용 고객은 물론 테이크아웃 고객 또한 일회용품을 이용하지 않는다. 커피를 마신 후에는 카페 내에 마련된 세척존에서 텀블러를 세척할 수 있다. 또한, 플레이스엘엘은 판매하는 잡곡을 잡곡 보관 전용 용기 인터락에 담아 판매하여 포장재를 줄이는 활동도 벌이고 있으며, 오래된 플라스틱 밀폐용기를 가져오면 전문 수거업체에 전달하여 재활용하는 '바꾸세요' 캠페인을 진행하고 있다.

나. 외국 사례 검토

1) 독일 '빈 용기 반환보증금 제도'

다회용기렌탈 서비스와 유사한 제도를 활발하게 운영하고 있는 대표적인 나라에는 독일이 있다. 독일은 2004년부터 빈 용기 반환보증금 제도를 시행하고 있다. 빈용기반환보증금 체계는 용기의 재활용 가능 횟수에 따라 1회만 재활용되는 용기와 그 이상 재활용되는 용기로 구별되어 운영 중이다. 다회 재활용 용기는 최대 50번까지 재활용 가능하다. 두 가지 용기 모두 그 회수율을 높이기 위해 빈용기 반환보증금이 부과되고 있다. 용기 반환은 해당 음료수 판매점에서 가능하며, 로고를 인식하는 무인회수기에서 회수 가능하다. 또 그간 맥주나 물과 같은 큰 제품군에 대한 반환보증금이 대략 통일되게 책정되어 왔으며, 일반적으로 용량에 관계없이 맥주병은 8센트, 물과 청량음료, 주스병 등은 15센트, 와인은 2~5센트, 꿀을 담는 용기는 최고 50센트의 반환보증금 부과한다. 이 제도에서 최종소비자에게 음료수를 판매하는 제조업체 또는 유통업체는 포장용기를 무료수거하고 1회용 재활용 용기 반환보증금 시스템인 DPG에 가입하여 준수하여야 하는 의무를 규정, 재질별로 최소 재활용률도 규정한다. 2006년 5월 1일부터 1회 재활용 용기 반환 시스템인 DPG(DeutschePfandsystemGmbH)에 따라 반환보증금이 관리되고 있으며, 최종소비자는 DPG 로고가 찍힌 공병의 경우 구매처에 상관없이 어느 곳에서나 반납 가능하다.

2016년 기준 공병 회수율은 무려 98.5%이며, 모든 소매점에서 무인회수기 설치가 의무는 아니며 소규모 소매상의 경우 사람이 직접 반납받아 처리한다. 반환보증금은 DPG 시스템 내에서 제조 업체와 판매업자 어느 누구도 손해 보는 일이 없이 전체 시스템 내에서 분배되도록 운용 중이다. 유럽은 현금 사용률이 높고, 환경에 대한 인식이 상대적으로 더 높다는 측면을 고려하면서, 독일의 제도를 차용한다면 긍정적 효과를 얻을 수 있을 것이라고 기대한다.

2) 영국 컵클럽(Cubclub)

영국의 스타트업 기업인 컵클럽은 대학 축제, 카페, 각종 기업, 공항 등 일회용 컵의 사용 비율이 높은 곳들과 계약을 맺어 운영된다. 다회용 컵을 해당 장소에 제공하고 사용한 컵의 수거 및 세척까지 담당한다. 다회용 컵의 반납 방식은 매장이 아닌 시내에 설치된 다회용 컵 전용 수거함을 이용하는 것이다. 이를 통해 테이크아웃 고객의 편의성을 제고하였으며, 컵에 위치추적 장치인 RFID를 부착하여 분실위험을 줄인 것이 특징이다.

3. 광진구의 실태와 문제점

가. 광진 아이디어 뱅크

지난 2월 5일, 광진 아이디어 뱅크에 한 구민이 친환경 '제로웨이스트 카페' 운영에 대한 제안을 등록했다. 코로나19와 상권이 밀집한 광진구의 특성상 급증한 일회용품 사용에 대한 심각성을 인식하고, 이에 대한 해결책으로 개인컵을 사용한 소비자에게는 일정한 인센티브를 주는 방식을 제안하는 내용이었다. 이에 대해 광진구 청소과는 제안의 배경과 취지를 공감하고, 재활용을 위해 필요한 사업이라 생각되어 긍정적으로 검토 중에 있다고 밝혔다.
하지만 인센티브를 제공하는 제로웨이스트 카페 운영은 구민과 사업장의 참여가 절대적으로 필요한 일이며, 이를 위한 사업장 조사, 참여 사업장에 대한 충분한 인센티브 관리 등 고려해야 할 여건이 많은 사업이므로, 다각적인 검토가 필요하다는 유보적 답변을 내놓았다. 이처럼 자치구 차원에서도 광진구의 일회용품 문제의 심각성에 공감하고 있었지만, 그 실현 과정에 있어서 단계적인 절차와 어려움이 있는 상황임을 알 수 있었다. 따라서 우리 조는 이러한 절차적 어려움을 해소하는 방향으로 문제개선책을 마련해야 함을 확인할 수 있었다.

나. 구의 미가로 현장조사 결과

　우리 조는 구의 미가로 일대의 환경과 사업장 분포 현황을 파악하기 위해 현장조사를 실시하였다. 현장탐사로 발견한 미가로의 가장 큰 문제점은 거리의 특색이 부족하다는 점이었다. 타 지역의 유명 거리들은, 각자 자신들만의 이미지로 그 지역을 대표하며 경제적 가치를 얻고 있다. 하지만 미가로의 경우에는, 거리를 대표할만한 이미지나 스토리 자체가 부족한 상황이다. 마찬가지로, 미가로 상권이 주요 타겟으로 삼는 소비자 연령층 역시 불분명하다. 구의역 인근과 매우 인접한 건대입구역의 경우에는, 20-30대의 젊은 인구를 주요 타겟으로, 수많은 유동인구를 자랑하는 서울 대표 '핫플레이스'이다. 건대입구역의 상황과 정반대로, 단 한 정거장 차이인 구의역에는 유독 침체된 상권이 문제가 되고 있는데, 이는 부족한 거리 특색에서 기인한 문제임을 알 수 있다.

　또한 미가로 일대는 거리에 즐비한 일회용품 쓰레기를 곳곳에서 찾아볼 수 있어 긍정적인 도시 이미지를 주기에 어려운 환경이었다. 미가로 거리로 진입하는 과정에서도, 정돈되지 않은 전선줄과 거리, 비교적 낙후된 상업지구 풍경을 가장 먼저 확인할 수 있었다. 현장조사를 통해, 녹지가 부족하고 쓰레기 문제를 겪고 있는 미가로 거리에 차별화되고 독특한 개성을 살려 이를 통한 이미지 제고 및 변모로 도시재생의 효과를 창출해야 할 필요성을 느낄 수 있었다.

다. 국민 생각함 설문결과

　현장 조사를 마치고, 이러한 정책적 의의를 확인하고자 시민들의 인식 조사를 위해 국민 생각함 설문을 등록하였다. 지난 5월 18일에 등록하여 6월 10일까지 실시한 설문조사에는 총 90

명의 시민들이 참여하여 유의미한 결과를 도출할 수 있었다. 각 설문 문항과 결과는 다음 표로 확인할 수 있다.

질문1) '제로웨이스트'에 대해 평소 얼마나 알고 계십니까?

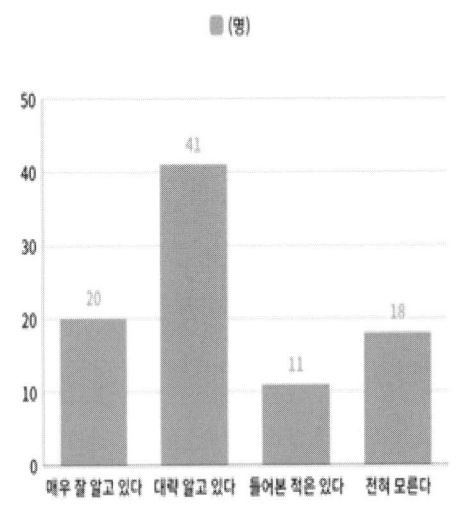

제로웨이스트는 모든 제품이 재사용 될 수 있도록 장려하며, 폐기물을 방지하는 데 초점을 둔 원칙을 의미한다. 제품의 흐름을 크게 바꾸어 궁극적으로는 낭비가 없는 사회를 목표로 한다. 제로웨이스트에 대한 기본적인 인식을 묻는 항목에서 전체의 약 65%는 매우 잘 알고 있거나 대략 알고 있다고 답함으로써, 제로웨이스트에 관한 높은 인지도를 확인할 수 있었다.

질문2) 지역사회에서 주민들이 참여할 수 있는 제로웨이스트 사업을 추진하는 것에 대해 어떻게 생각하십니까?

제3장. 친-구의 리액트

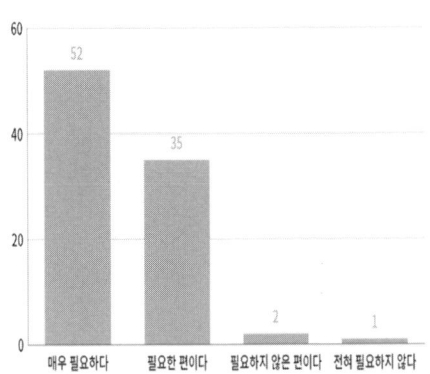

　지역사회에서 제로웨이스트 가치에 동참하는 사업의 필요성을 묻는 항목에 대해, 전체의 96%가 넘는 답변자가 '매우 필요하다', 혹은 '필요한 편이다'고 답했다. 이를 통해, 제로웨이스트 가치의 필요성은 지역사회에서 충분히 공유되고 있으며, 이러한 요구를 뒷받침할 정책적 마련도 필요하다는 것을 확인할 수 있었다.

질문3) 환경을 생각하는 '제로웨이스트' 사업장이 생긴다면 이용하실 의향이 있으십니까?

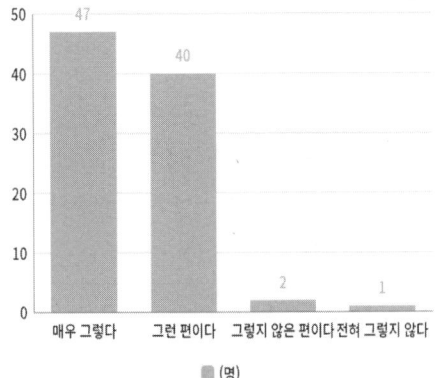

❖ 청년의 지역참여와 사회혁신 ❖

　설문 참여자 전체의 약 96%가 제로웨이스트 사업장이 생긴다면 이용할 의향이 있다는 긍정적인 답변을 보였다. 제로웨이스트의 필요성에 대한 인식이 충분히 공유되고 있을 뿐만 아니라, 직접적인 참여로까지 이어질 수 있음을 기대할 수 있었다.

질문4) '제로웨이스트' 사업이 가장 먼저 도입되어야 할 사업장은 어디라고 생각하십니까?

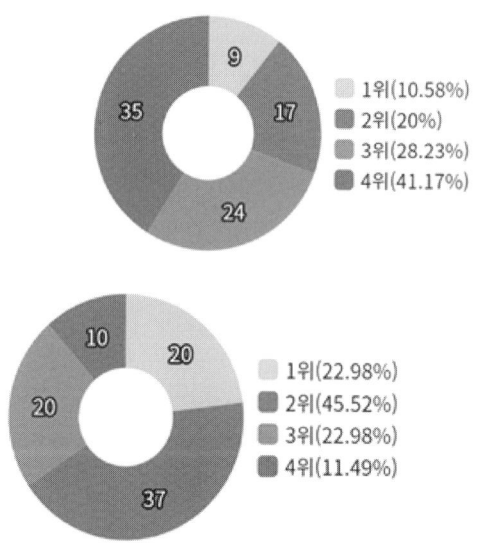

(1위 배달음식점, 2위 카페, 3위 슈퍼 및 대형마트, 4위 일반음식점)

　설문조사 결과, 제로웨이스트 가치가 가장 먼저 도입되어야 할 업종은 배달전문점, 카페(테이크아웃 포함), 슈퍼 및 대형마트, 일반음식점 순으로 나타났다. 설문 답변자들은 현대 사회에서 성행하는 배달 문화와 카페 산업의 플라스틱 쓰레기 문제의 심각성을 인지하고 있었고, 더 나아가 이러한 업종에서부터 제로웨이스트 가치를 실현해야 한다는 결과를 도출할 수 있었다.

질문5) 제로웨이스트 사업에 참여하는 주민들에게는 어떤 인센티브가 가장 필요할까요?

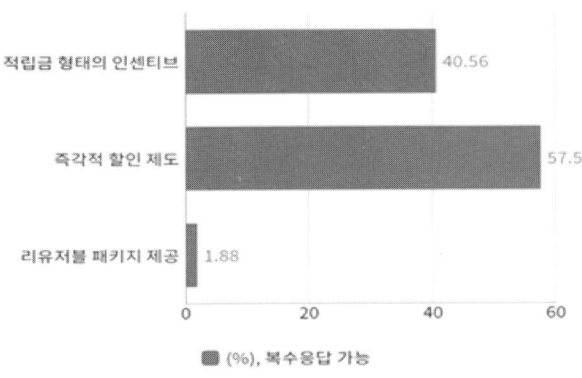

제로웨이스트에 동참할 경우, 사업장에서 즉각적인 할인을 제공하는 것에 대한 선호가 가장 높게 나타났다. 뒤이어 적립금 형태의 인센티브가 선호되었으며, 리유저블 패키지를 사은품으로 제공하는 것에 대한 선호는 가장 낮게 나타났다.

질문6) 제로웨이스트 사업장에서 어떤 프로그램을 운영하는 것이 가장 효과적일까요?

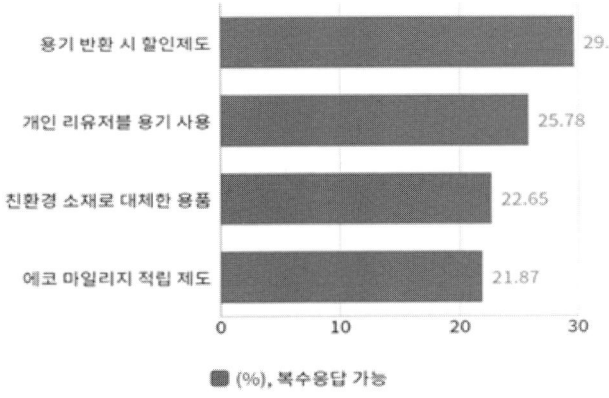

제로웨이스트 사업장에서 추진할 수 있는 제도 4가지를 제시한 결과, 전반적으로 고른 선호를 보였다. 위 설문결과를 통해 '제로웨이스트'에 대한 시민들의 의식과 그 필요성은 사회에서 충분히 공유되고 있고, 이를 뒷받침할 정책적 제안과 제도의 마련이 시급한 시점임을 다시 한번 확인할 수 있었다. 지역에서의 제로웨이스트 도입은 시의성이 충분한 문제이며, 시민들은 이에 적극적으로 동참할 것이라는 유의미한 답변도 얻을 수 있었다. 또한, 그 도입이 시급한 사업장은 '카페' 및 '배달 전문점'이라는 것과, 이에 대한 프로그램 및 인센티브 제도에 대한 결과를 기반으로 구체적인 사업의 방향성을 설정할 수 있었다.

라. 구의와 환경: '친-구의 리액트'

몇 차례의 현장조사, 구의 도시재생센터 방문, 정현정 건축가 선생님 자문, 트래쉬버스터즈 본사 인터뷰와 국민생각함 설문조사 결과들을 기반으로, 다회용기 사업과 환경 거리 조성이라는 두 가지의 정책 방향성을 확정지을 수 있었다. 정책 지향점을 설정하면서, 제로웨이스트 가치와 구의에 특화된 도시 재생의 특색이 모두 드러나는 네이밍 설정이 필요하다는 의견을 모을 수 있었다. 그렇게 팀 이름이자 정책의 이름으로 탄생한 것이 '친-구의 리액트'라는 명칭이다.

우선, 'recyclable(재활용 가능한), eco-friendly(친환경적인), trash-free(쓰레기 없는)' 이 단어들을 통해 환경적 가치를 강조하고자 하였다. 따라서 각각의 앞 글자들을 따서 '리액트(행동하다)' re-ect(react)라고 줄여 제로웨이스트와 같은 환경적 프로젝트를 구상하는 방향성을 함축하였다. 구의를 주 무대로 이루어지는 정책인 만큼, 지역적인 의미를 추가하기 위해 '리액트' 앞에는 '친-구의'라는 단어를 붙여 완성하였다. 지난 5월 방문했던 구의 도시재생센터에서, 구의에서 진행하는 사업들에 '친-구의'

라는 명칭을 자주 사용하는 것을 발견하였다. 이는 친구라는 의미도 되면서, 구의에 친화적임을 뜻하는 이중적인 뜻을 담고 있다. 여기에서 착안하여 '친-구의 리액트'라는 프로젝트 이름을 확정하였다. '친-구의 리액트'가 추구하는 정책들은 다음 장에서 확인할 수 있다.

4. 정책 제안: 다회용기

가. 정책 대안의 개요

본 연구에서는 앞서 살펴본 문제와 그 원인을 개선하기 위해 '다회용기 사업' 도입을 핵심적인 정책 대안으로 소개한다. '친-구의 리액트'가 주된 정책으로 제안하는 것은 바로 이 '다회용기' 사업이다. 다회용기 사업은 일회용품 대신 다회용기를 사용하도록 하는 것으로, 일회용품의 사용이 매우 많은 식당 및 카페 등에서 진행하여 친환경적인 구의를 만드는 것을 목적으로 한다. 우리는 카페를 이용할 때, 카페 내에서 취식하거나 또는 포장하여 음료와 음식을 가지고 나갈 때도 일회용품이 사용되는 경우가 다수이다. 이 외에도 배달 음식을 시키거나 식당에서 음식을 포장할 때도 많은 일회용품이 발생한다. 이때 발생한 일회용품은 구의 일회용품 쓰레기 배출의 주요 원인이다. 다회용기 사업은 이러한 문제들에 대한 해결방안이다.

다회용기 사업은 기존에 널리 알려진 '텀블러 사용하기'나 '용기내 챌린지'와 비슷한 목적 추구의 사업이지만, 소비자가 직접 다회용기를 준비하는 것이 아니라 사업자가 제공한다는 측면에서 큰 의의가 있다. 이미 스타벅스, KT광화문지사, 보틀팩토리와 같은 기업 및 가게에서는 리유저블 컵 보증금 제도나 다회용 컵 렌탈 서비스를 도입하고 있으나, 그 범위가 아직은 한정적이라는 한계가 있다.

따라서, '친-구의 리액트'에서 다회용기 사업은 자치구 차원에서 지역 내의 식당 및 카페와 다회용기렌탈 서비스 업체를 연계하여 진행한다. 기존에 자영업자와 업체가 개별적으로 접촉해야만 했던 한계점을 극복하고, 자치구가 중간자 역할을 하여 지역 전체의 다회용기 이용 활성화를 추진하는 것이다. 자치구 차원에서 구의 지역 내에 다회용기 무인 반납기, 일회용 쓰레기 감소를 가시적으로 보여주는 전광판, 홍보 이벤트 등을 설치 및 실행함으로써 주민 참여를 북돋을 수 있다. 또한, 다회용기 렌탈 서비스 업체와의 사업 연계를 통해, 구청 차원에서 하기 어려운 다회용기 수거, 세척과 같은 전반적 순환 과정을 기업에서 관리하여 환경 기업 육성에도 기여할 수 있다.

나. 정책대안의 주요 쟁점

1) 다회용기 사업 구조

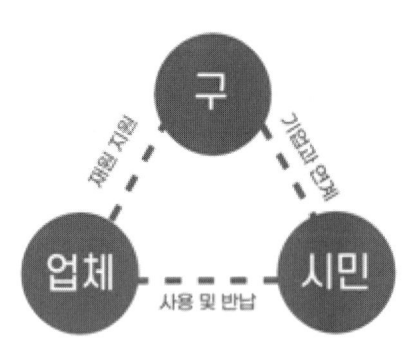

〈그림 1〉 구-업체-시민이 협업하는 구조

제3장. 친-구의 리액트

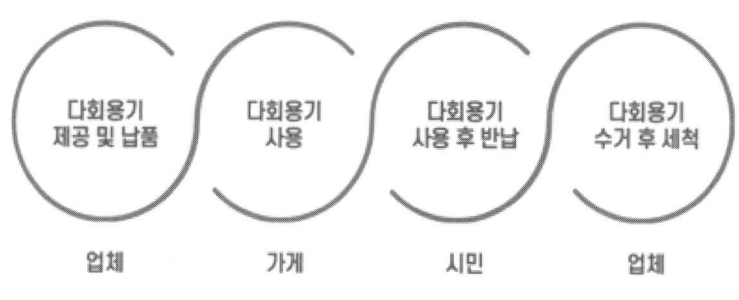

〈그림 2〉 다회용기 사업 순환 시스템

　다회용기 사업 구조의 중요 요소는 광진구, 기업, 그리고 시민이다. 해당 사업이 제공자나 이용자 모두의 측면에서 간결하고 편리한 일련의 시스템 구축을 위해서는 세 요소의 지원과 협업은 필수적이다. 자치구의 역할은 사업의 홍보와 마케팅, 기업과 가게 모집 및 연계, 자원 지원이다. 우선적으로 적극적인 사업의 홍보와 마케팅을 하여 정책을 기업들과 시민들에게 알려야 한다. 홍보가 이루어진 후 사업에 참여할 기업과 가게들을 모집하여 연결해주고, 만약에 모집 단계에서 인원이 부족하다면 '얼리버드 혜택'과 같은 먼저 참여하는 가게에 보상을 주는 등 유인책을 사용하면 될 것이다. 마지막으로 다회용기 사업은 자원이 필수적일 것이며, 적은 금액은 결코 아닐 것이다. 따라서 지자체에서 지원해주는 지원의 필요성이 존재한다.
　기업의 역할은 다회용기 사업에서 필수적인 용기 제공과 수거, 세척을 담당하는 것이다. 해당 과정들은 구청 차원에서 재정적으로도 접근하기 어려우며, 실현하기 어려운 부분이다. 하지만 관련 개발 비용들은 용기 제작과 세척 공장 설립이 되어 있는 기업과 함께 진행하게 된다면 절약 가능할 것이다. 또한 전체적인 서비스에 대한 전반적 관리도 필요하기에 기업이 맡아서 진행한다. 연계할 기업 선정은 공정성을 위해 구청 차원에서 입찰 방식으로 진행하여 선정한다.

시민의 역할은 다회용기 사업에 참여하는 것이다. 시민의 참여가 정책의 실효성에 긍정적인 영향을 준다고 생각했기에, 다회용기 사업에 있어서 시민의 참여는 필수적이다. 다회용기 사업에 참여 의지가 있는 시민들은 구청에서 다회용기 사업을 모집할 때 지원을 하면 된다. 지원 후에 구청은 다회용기를 납품해줄 기업과 연결을 해줄 것이다. 가게들은 해당 용기로 가게를 운영하며, 방문하는 손님들에게 다회용기 사용을 권장하며 사업을 실행해나가면 된다.

다회용기 사업은 구의역 일대에서 제휴를 맺은 가게들. 사용 및 반납하는 시민들, 수거 후 세척과 납품을 맡은 기업의 순환구조이다. 다회용기 사업은 시범 사업장으로 카페를 선정하여, 선제적 도입 후 장기적으로는 배달전문점 또는 음식점, 슈퍼와 같이 참여 사업장의 확장을 계획했다. 다회용기의 순환이 중심이 되는 사업이기 때문에, 용기의 분실 또는 반납되지 않을 리스크에 대응하기 위해 보증금 제도를 도입했다. 보증금 제도는 다회용기 사용 시 보증금을 내고, 반납 시 돌려받으면 되는 구조이다. 보증금이 있어도 금액이 너무 낮으면 반납하지 않을 가능성도 있기 때문에 없어졌을 때의 리스크를 고려하여 1,200~1,500원 정도로 구성했다. 아직 한국에서는 비교적 생소한 개념이기 때문에 제휴 카페에서 편리하게 반납하기 위해서 보증금을 어떻게 해결할 것인가에 대한 논의도 필수적이었다. 기계를 만들면 그 투입 비용도 막대하지만, 소비자들 입장에서도 불편할 수밖에 없다.

트래쉬버스터즈는 우리가 버스를 탈 때 교통 카드를 사용하고, 또는 코로나로 인해 매장 방문 시 큐알을 사용하듯 카드나 큐알을 이용한 원활한 순환이 가능한 방안을 구상하고 있다. 따라서 이 정책 도입 시, 보증금 제도를 지역 특성에 부합하면서도 원활하게 진행할 수 있는 방안을 도입될 구청에서 연구해야 할 필요가 있다.

장기적으로는 현재 '트래쉬버스터즈'라는 다회용기렌탈 서비스 업체가 서울시와 하반기 상용을 목표로 함께 구상 중인 '시티 컵 캠페인'처럼 구의역 일대에 전체적으로 확장하여, 거리에 반납함을 설치하고 구의역 일대에서는 보증금 없이 자유롭게 다회용기 반납이 이루어질 수 있는 사업의 확장을 기대하고 있다.

추가로 건국대학교 내의 다회용기 사업 도입을 제안한다. 트래쉬버스터즈는 전에 서울대와 함께 다회용기 사업을 진행한 바 있으며, 대학과 협업하여 대학가 중심으로 사업을 펼칠 계획도 구상하고 있다. 자문을 위해 방문했을 때, 학생이 주도하여 자교를 중심으로 다회용기 사업을 건국대 내에서 진행하는 방법도 추천을 받았다. 건국대에서 학교 내에 있는 카페에 다회용기 사업을 도입하여 시범사업을 시행하고, 광진구 내에 있는 타 대학교들과도 협업을 맺어 확대 시행한다면, 건국대학교가 광진의 친환경 움직임을 선도하는 역할을 이뤄낼 수 있을 것이다. 이를 통해, 건국대는 친환경적인 이미지를 구축할 수 있으며, 더 나아가 다른 대학들에 친환경 사업을 도입시킨 선두 모델의 역할을 하는 것에 대한 이점이 존재한다.

2) 연계 대상 업체

가) 트래쉬버스터즈[1]

다회용기 사업을 구상 또는 실행하고 있는 업체로 트래쉬버스터즈가 있다. 트래쉬버스터즈는 일회용품 쓰레기를 줄이기 위한 혁신적인 솔루션 서비스를 제공한다. 일회용품을 대체할 수 있는 다회용 식기를 대여하고, 세척 및 분리수거 등 행사

---

1) 트래쉬 버스터즈 http://trashbusters.kr "일회용품 대체 서비스, 트래쉬버스터즈"

현장의 쓰레기 문제를 통합적으로 관리한다. 축제장 이외에도 컨퍼런스 등의 소규모 실내 행사를 위한 플랜은 물론, 배달 음식, 영화관, 경기장 등 일회용품을 사용하는 곳이라면 어디든지 트래쉬버스터즈와 함께할 수 있다. 또한, 트래쉬버스터즈는 현수막이나 배너 등 축제, 행사장에서 사용되는 모든 일회용 물품의 대체재를 연구, 개발하는 데에 힘쓰고, 쓰레기 문제와 관련된 다양한 이벤트와 캠페인을 통해 대안적인 환경 운동을 만들어 나가고 있다.

나) 디에스클린[2]

디에스클린은 '친환경 다회용기 문화의 선도자'라는 비전 아래 장례식장, 지자체 등 행사 때마다 일회용품을 다량 사용하던 업체에 다회용기를 대여하는 서비스를 통해 환경보호라는 사회적 가치를 실현하고 있다. 디에스클린은 고객사의 피드백을 반영하여 다회용기 대여 세트를 접시, 컵, 수저로 구성하고 있다. 세척의 경우 전문 설비로 애벌 세척, 초음파 세척, 컨베이어 세척 및 소독, 터널식 고압 세척 및 건조, 자외선 소독 및 건조 총 5단계 후 추가 검수를 통해 위생 상태를 한 번 더 체크한다. 모든 과정에 세척 교육을 받은 직원들을 투입해 높은 청결도를 유지하고 있다. 여기에다 수거와 배송 업무까지 도맡아 하고 있다. 코로나 19로 각종 행사가 줄어들고 있지만, '다회용 컵 렌탈 및 판매', '배달 용기의 다회용기화' 등 환경 규제 대응형 신규사업도 적극적으로 추진 중이다. 그 결과 지난해 9월 환경형 예비사회적기업에 지정되었고, 이어 11월에는 경기환경대상에서 기업 부문을 수상하기도 했다. 디에스클린은 올해 6월 환경부 지정 환경형 예비사회적기업 실사를 받았고, 이

---

[2] https://www.hankookilbo.com/News/Read/A2021032918210005236 (한국일보, 2021)
디에스 클린, "일회용품 그만"... 행사 때 다회용기 대여

어 4,000여 개 회사와 경쟁 속에서 최종 14개 기업에 선정되는 쾌거를 이뤘다.

다) 보틀팩토리[3]

보틀팩토리는 연희동의 작은 카페다. 제로웨이스트 실천을 위해 일회용품을 사용하지 않는 카페로 이미 유명하며, 2019년에는 사회혁신 분야 국제교류 전문 기관인 '씨닷'과 공유 컵 '리턴미(Returnme)'을 개발·출시했다. 카페나 행사장에서 일회용 컵 대신 시민들에게 기부받은 텀블러를 대여해 왔지만, 수량이 많아지면서 다른 모양의 텀블러 보관과 운반, 텀블러와 뚜껑 맞추는 등 운영에 불편함을 해결하기 위해 공유 컵 리턴미와 전용 세척기를 개발, 본격적인 공유 컵 플랫폼 역할을 시작했다. [친환경 카페에서 컵 공유 플랫폼으로 진화 - 보틀팩토리, 공유 컵 '리턴미' 개발] 지난해 약 5천 명이 참가한 2019에 코페스타인 서울에서도, 800개의 공유 컵 덕분에 일회용 컵 사용이 거의 제로에 가까웠다고 기사에 소개된 바 있다.

라) 다른 지역구의 다회용기 사용 사례: 수원시의 큐피드 캠페인

'친-구의 리액트'의 선행 사례는 수원시에서 찾아볼 수 있다. 환경 도시를 지향하는 수원시는 일회용 컵 사용을 줄이기 위해 올해 2월 '수원 환경 컵 큐피드(Cupid) 사용 캠페인'을 전개했다. '큐피드(Cupid)'는 'Cup(컵)'과 'Identity(독자성)'를 조합해 만든 이름이다. 해당 캠페인은 카페에서 음료를 포장 구매할 때, 일회용 컵 대신 수원시가 제작한 다회용 텀블러(스테인리스 재질)를

---

[3] 보틀팩토리 https://futurechosun.com/archives/46417 (더나은미래, 2020)
박선하, "친환경 카페에서 컵공유 플랫폼으로 진화"... 보틀팩토리, 공유 컵 '리턴미' 개발

사용하는 것이다. 수원 환경 컵 큐피드는 '그린 디자이너' 윤호섭 국민대 명예교수가 디자인에 참여해 만들었다.

캠페인을 시작할 때 행궁동·인계동·4개 구청 주변 카페 28개소가 참여했는데, 참여 카페가 꾸준히 늘며 5월 초에는 37개소로 늘었다. 큐피드 캠페인은 수원시에서 제작하여 공급, 판매하고 있으며, 참여에 대한 질의 사항들은 수원시 청소과에서 문의를 받고 있다. 수원시는 큐피드 환경 컵 11,200개를 제작하여 5월 7일까지 4,568개의 컵을 카페에 배부했다. 캠페인 참여 카페는 '음료 포장 주문 시 단돈 1,000원을 내면 환경 살리는 데 동참이 가능하다.'라는 내용의 큐피드 홍보 배너를 하고 있다. 카페에서는 음료를 포장 구매 손님에게 환경 컵 큐피드를 안내하고, 사용을 원하는 손님에게 1,000원에 큐피드를 판매한다. 큐피드 컵을 들고, 수원 화성, 화성행궁을 방문할 시, 올해까지 무료입장을 시행하여 다회용 텀블러인 큐피드 환경 컵의 사용을 권장하고 있다.

3) 업체 인터뷰: 트래쉬버스터즈

지난 6월 4일, 우리 조는 이태원에 위치한 트래쉬버스터즈 본사에 방문하여 대표님과 인터뷰를 진행했다. 트래쉬버스터즈는 현재 서울시와도 협업하며 제로웨이스트를 선도하는 기업이다. 우리 팀이 대표를 직접 만나 다회용기의 사용 및 그 순환 과정에 대한 전반적인 정보를 얻을 수 있었던 것은 사업 구체화에 있어 의미가 큰 현장 조사였다. 인터뷰 내용은 다음과 같다.

먼저, 구의는 현재 녹지가 부족하며 상권이 침체하여 있고, 거리의 특색이 없다는 것이 가장 큰 단점이다. 따라서 구의에 다회용기반납함 등을 설치하거나 에코 거리를 조성하여 친환경적인 이미지를 도시의 특색으로 구축하여 가시적으로도 보일

제3장. 친-구의 리액트

수도 있을 것인지에 대한 질문을 드렸다. 이에 대해, 트래쉬버스터즈 대표님께 광진구와 함께 정책제안 사업을 구상하는 만큼, 다회용기 업체 연결과 지자체의 자원을 적극적으로 활용하는 것이 중요할 것이라는 조언을 얻을 수 있었다.

현재 트래쉬버스터즈는 서울시와 협업하여 올 하반기에 중구를 시작으로, '서울시티컵' 시범사업을 시행할 예정이다. 서울시티컵 진행 계획 메커니즘은 제안한 '친-구의 리액트'와 유사한 방식이다. 다회용기렌탈 서비스를 전반적, 장기적으로 중구 일대의 400개 카페에 도입할 계획이다. 또한, 우리가 구상한 '친-구의 리액트'라는 다회용기 사업이 구의역 일대에 장기적으로 도입되는 것이 실현 가능성에 대해 트래쉬버스터즈 대표에게 의견을 구했다. 우리의 정책제안은 이미 다회용기 사업을 진행하고 있는 기업들이 많으므로 너무나도 실현 가능한 일이며, 트래쉬버스터즈는 10원 단위의 장사를 하는 사람들의 관점으로서 그 지역에 더욱 많은 가게가 참여할 때, 더 많은 이익을 창출할 수 있으므로 지역 일대에 도입하는 것이 기업으로서는 더욱 환영이라는 의사를 밝혔다.

〈그림 3〉 트레쉬 버스터즈 본사 방문

<그림 4> 트레쉬 버스터즈의 다회용기

또한, 현재 KT 사내 카페들과도 협업하는 등 기업들과의 연계 사업도 추진하고 있다. 따라서, 구의역 일대에서 KT 부지 개발 사업이 진행되고 있는 것을 고려한다면 기업과의 연계한 추진 방식이 효과적인지에 대해 자문했다. 자치구 차원에서 수천만 원이 투입되는 다회용기 컵을 개발하는 과정과 그 이후의 업체 납품, 수거, 세척과 같은 일련의 과정들을 모두 담당하기에는 무리가 크기 때문에, 이러한 사업 모델을 이미 진행하고 있는 기업들과의 연계가 있다면, 사업의 실현 가능성이나 효과성이 더욱 커질 것이라는 답변을 얻을 수 있었다. 또한, 트래쉬 버스터즈는 현재 KT와도 사업을 진행하고 있고, 앞으로도 KT 전 사옥에서도 이 사업을 추진하게 될 것 같다고 밝혔다. 서울시와 협업하여 중구에서 7월부터 400개 카페를 대상으로 이 사업을 추진할 예정인데, 이 다회용기 사업 모델의 구조만 잘 갖추어져 있다면, 기업과의 연계는 어려운 부분도 아니라며 '친-구의 리액트'에 대한 의견을 전했다.

다. 사업의 실효성

 구의 도시 재생을 위한 '친-구의 리액트' 프로젝트를 준비하며 가장 중요시했던 요소는, 실효성과 지속가능성이다. 친환경적 정책은 소수의 사람만이 관심을 가지는 일 또는 참여 시 소비자가 불편을 감수해야 한다는 점과 초기 자원 확보와 시스템의 구축이 필요하다는 점에서 정책의 실효성에 대한 의문이 제기될 수 있다.

 첫째, 정책 실현을 위해 시스템을 구축하고 그에 대한 자원을 투자할 기업이 있을 것인가에 대해 의문이 들 수 있다. 하지만 현재 친환경 사업들을 추진 및 진행하고 있는 기업들은 상당수 존재한다. 대표적으로, 한화의 '친환경 에너지' 사업, 현대의 유엔 개발 계획인 '포 투모로우' 프로젝트, KT의 '제로 웨이스트 프로젝트' 사업, 트래쉬버스터즈의 '다회용기 사업' 등이 있다. '친-구의 리액트'와 가장 연관이 많은 트래쉬버스터즈 인터뷰 당시에도, 해당 정책에 대해 공감을 히며 참여에 대한 긍정적인 견해를 보였다. 자원의 투입에 대해서는, 다회용기의 순환 시스템은 해당 사업을 진행하고 있는 기업 또는 업체와의 협업으로 바탕으로 이루어지는 것이기 때문에, 새로운 용기 개발 및 세척을 위한 공장 설립 등 정책을 처음 실현할 때 드는 막대한 비용을 감축할 수 있다는 실효성이 존재한다.

 둘째, 이 정책이 실효성을 가지려면 업체뿐만이 아닌 시민들의 참여가 필수적일 것이다. 정책을 고안하면서 우리 조는, 소비자에게 돌아갈 수 있는 번거로움과 다회용기의 위생에 관한 부정적인 인식을 극복할 수 있는지에 대한 의문도 공유하였다. 다회용기 위생에 관한 부분은, 다회용기 전문 업체와의 협업을 통한 면밀한 세척 과정으로 해결 가능한 문제이고, 소비자에게 돌아갈 수 있는 번거로움에 대한 우려는 다회용기 사용 및 순환의 모든 과정을 기업이 담당한다는 '친-구의 리액트' 모델로,

그 불편함이나 부담을 최소화할 수 있다는 데에서 그 실효성을 발견할 수 있었다.

　트래쉬버스터즈와의 인터뷰, 정현정 건축가의 자문, 그리고 다회용기 도입 선례 조사를 바탕으로, 가장 중요한 출발점은 '행동'이라는 것을 알 수 있었다. 일회용품의 사용이 건강 및 환경에도 부정적인 영향을 끼친다는 기본적인 인식은 누구나 가지고 있는 것이기 때문에, 행동이 시작된다면 이 '행동'은 점차 확산할 것이다. 자치구의 선도적 역할과 그 지원 및 홍보가 구축된 시스템 속에서, 그 참여 인원이 점차 증가한다는 것은 수원시의 천사 컵 사례를 통해 충분히 증명되었다.

　결과적으로, 이미 해당 사업을 진행할 수 있는 조건이 되는 업체 또는 기업의 존재, 해당 업체와 기업의 참여 의향, 시민들의 참여 의향에서는 실효성을 충분히 확보할 수 있다. 하지만 더욱더 빠르고 원활하게 진행이 되려면 홍보와 기업 및 시민의 연결 등 자치구의 역할도 중요하다. 따라서 다회용기 사업을 중점적으로 진행할 '친-구의 리액트' 정책은 시민, 자치구, 기업의 순환 구조는 실효성을 확보하는 데에 있어 필수적이다.

〈그림 5〉 정현정 건축가 연구실 방문

제3장. 친-구의 리액트

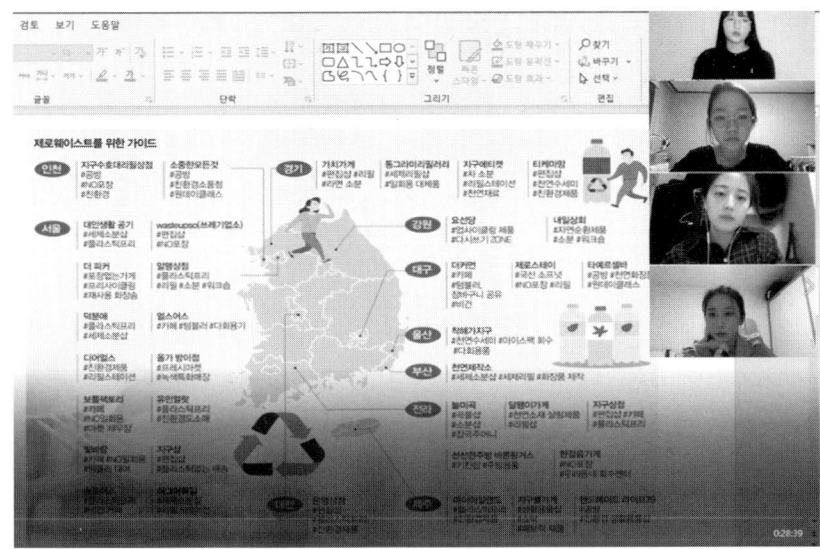

〈그림 6〉 온라인 회의 기록(0427)

라. 사업의 지속가능성

　친환경적인 정책은 화제성이 좋다는 점과 효과적인 이미지 브랜딩화가 가능하다는 장점이 있다. 하지만, 제로웨이스트와 같은 환경 운동도 단기적이며 트렌드를 따르는 것으로 생각하기 때문에, 장기적으로 지속하지 못할 것에 대한 우려도 존재한다. 하지만 환경 정책은 이름이 다를 뿐 항상 있었다는 점을 기억해야 한다. 환경 문제는 나아지지 않고 있으며, 오히려 중요해지는 시대이다. 나아가 필수로 환경을 생각해야 한다는 의미의 '필 환경'이라는 단어까지 나오며 친환경 정책의 필요성을 강조하고 있다. 수원시의 천사 컵 사례와 올 하반기 예정된 트래쉬버스터즈와 서울시의 '서울 시티 컵' 사업만 봐도 앞으로 다가오는 시대에 환경 정책은 증가하고 있으며, 중대하게 자리 잡고 있음을 알 수 있다. 또한, 두 사례 모두 일회적인 것이 아닌 장기적으로 확장할 계획임을 고려한다면 '친-구의 리액트'의 다회용기 사업은 결코 단기적인 활동이 아닌 오히려 확장형 장기 사업임을 알 수 있다.

지속가능성을 보장하기 위해 시대적인 필요성 외에도 정책의 이름을 설정하고, 원활한 사업 순환을 위한 보증금 제도를 도입했다. 먼저 '제로웨이스트구의'라는 이름은 단기적이며 트렌드에 따르는 이름이라 평가받아 장기적으로 쓰일 수 있는 이름과 구의와 더욱 연결할 수 있도록 '친-구의 리액트'라는 이름으로 바꾸었다. 더불어 다회용기 사업에 필수적인 보증금 제도를 도입하여 용기 미반납에 대한 리스크를 줄이고, 원활한 순환을 가능할 수 있도록 구상하였다.

5. '친-구의 리액트' 장기적 방향성

가. 친환경 거리 조성 개요

구의역 일대의 환경의 개선을 위하여 '다회용기'라는 주된 정책과 더불어, 추가적으로 장기적 플랜을 위한 '친환경 거리 조성'을 구상하였다. 친환경 거리조성이란 미가로 일대를 친환경적 거리의 이미지를 구축하는 것을 목표로, 구의의 거리를 친환경적으로 개선함을 의미한다. 미가로 일대의 현장조사를 한 뒤, 미가로는 다수의 식당과 카페가 분포하고 있지만, 미가로만의 특색이 존재한다고 생각하기엔 어렵고, 거리가 잘 정돈되어 있지 않으며 쓰레기가 존재한다는 것을 알게 되었다. 기존 유동인구가 많은 타 거리들은 그 거리만의 특색이 있으며, 깔끔한 외관을 자랑한다는 특징이 있다. 미가로 거리 활성화를 위하여 가장 먼저 개선해야 할 점이 이 부분임을 파악하였고, 거리의 특색과 환경개선을 위하여 이를 합친 친환경 거리를 조성하는 것을 목표로 잡게 되었다.

나. 친환경 거리 조성의 주요 쟁점

1) 친환경 거리 조성 방안

가) 친환경 거리 조성의 계획

'친구의-리액트'의 중장기적 목표는 미가로 일대의 거리를 친환경적인 거리로 인식시키는 것에 있다. 따라서, 구의의 친환경적 이미지를 살리기 위하여 2025년까지는 미가로 일대에 휴식공간인 벤치 설치, 제로웨이스트샵 오픈 등을 계획하였다. 제로웨이스트샵은 다양한 종류의 비누와 잡곡류, 세제류를 원하는 양 만큼 담아갈 수 있기 때문에, 일상 생활에서의 쓰레기를 줄이고, 폐기되는 자원들은 다시 순환시켜 재활용할 수 있다는 것이 특징이다. 현재 구의에 존재하는 제로웨이스트 샵에는 '디어에쿠(dear eco)'가 있다 현재 있는 제루웨이스트샵과 더불어 다수의 제로웨이스트 상점이 구의와 미가로 내에 생기게 된다면 구민들이 친환경에 동참하기 쉬운 환경을 조성할 수 있을 뿐만 아니라, 친환경적 이미지 구축에 효과적일 것이다.

나) 공실을 활용한 제로웨이스트 공방

친환경 이미지를 조성하기 위하여 먼저 주변 환경을 이용하여 가시적인 변화를 주는 방법이 존재한다. 대표적인 방법으로는 상가 건물을 활용하여 친환경 거리를 조성하는 방안이 있다. 구의도시재생센터의 방문으로 미가로 일대의 공실이 다수 존재함을 알게 되었고, 이와 같은 공실을 활용하여 구의역 일대의 특색을 살린 환경 관련 행사를 시행할 수 있을 것임을 발견하였다. 이 과정에서 광진구에 위치한 협동조합과도 연계하여 구의역 일대의 공실을 플라스틱을 이용한 공방이나 원데이 클래스와 같은 문화 교육 공간으로 활용하여 탈바꿈시키는 것도 좋은 방안이 될 수 있을 것이라는 아이디어를 구상하게 되었다. 현재 광진구에 있는 사회적 협동 조합 25개 중, '함께누리'는 문화-예술 연계 on-off 프로그램, 원데이 클래스, 지역네트워크 재능 나눔을 제공하고 있다.(2021년 2월 기준) 구의 미가로 일대의 공실 문제를 해결하기 위하여, 제로웨이스트 공방을 열어 폐플라스틱원데이 클래스를 진행한다면 교육적 차원에서도 그 효용성을 입증할 수 있으며 사회적 협동조합과 연계한 사업의 추진은 자치구의 발전에도 큰 도움이 될 수 있을 것이다.

다) SNS 인증을 활용한 미가로 홍보

다회용기 재사용이 구의의 친환경적 특색임을 알리기 위하여 SNS와 같은 서비스를 이용하는 방안이 존재한다. 현대 사회에서 SNS는 막대한 영향력을 펼치기 때문에, 이를 적극적으로 활용한다면 큰 효과를 얻을 수 있기 때문이다. 구체적인 사업의 진행 방향은 다음과 같다.

다회용기를 사용하고 있는 사업장에서 소비를 한 뒤, 이를 인증하는 게시물을 업로드하면, 구의 내에서 사용가능한 마일리지를 지급하는 방안이다. 여기서 중요한 사항은 이곳이 사진을 찍기에 좋은 장소가 되어야 한다는 점이다. 이를 위하여, 미가로의 환경 거리 구축의 일환으로, 미가로 내에 포토존을 조성하는 것이 젊은 세대를 유인하는 방법 중 하나가 될 수 있을 것이다. 2030의 젊은 세대는 SNS를 적극적으로 이용한 정보 검색을 기반으로 활동하는 경향이 두드러진다. 또한 많은 기업들은 홍보 수단 및 유인책으로 사진이 잘 나오는 포토존을 조성하는 전략을 펼친다. 이처럼 미가로의 외관과 시설, 음식 등에

2030세대 등 젊은 층의 '인증 심리'를 자극하는 요소를 담는 것이 현재의 사회적 추세이기에 SNS를 이용한 구의-미가로만의 마케팅은 실효가 있을 것이다.

2) 다른 지역구의 거리 조성 사례 : 경의선 책거리

경의선 책거리는 시민들에게 책을 통한 복합 문화공간을 제공하고자 조성된 거리이다. 책거리에는 다양한 주제의 책을 전시하고 판매하는 책방과 문화공간이 다수 있으며, 프로그램으로는 저자와의 만남, 북 콘서트, 강연회, 전시와 소규모 모임, 공방 체험 등이 존재한다. 경의선 책거리 산책로를 따라 자생적으로 독립서점과 1인 출판사 등이 생겨나게 되었다. 구에서는 인근 상권을 잇는 상생 시스템을 지원하였고 이러한 지역적 특성이 반영된 경의선 책거리에는 여러 맛집과 미술관 등이 함께 관광단지를 형성하여 많은 인구 유입이 이뤄지고 있다.

3) 거리 조성 정책의 효과성

환경 거리를 조성하게 될 경우 기존의 미가로가 가지지 못하였던 특색을 갖게 됨으로써 기존의 거리를 브랜딩하여 인구 유입을 불러일으킨 다른 거리들과 마찬가지로 외부 인구의 유입을 기대할 수 있을 것이라고 생각한다. 결과적으로 지역의 가치를 상대적으로 높일 수 있을 것으로 예상되어, 지역 상권 활성화에 기여할 수 있다. 친환경 거리가 명소로 자리 잡기 위해서는 체계 적인 관리 추진 체계가 필요하므로 민간과 자치구, 지자체 및 공공기관의 이해관계를 조정하면서 공공의 목적으로 가지고 자료를 수집, 관리하기 위한 정부의 노력이 필요할 것이다.

다. 연도별 계획 및 기대효과(2025)

구의를 무대로 이루어지는 도시 재생 계획은 단기적이고 일회적인 것이 아니라, 2025년까지 이어지는 중 장기적인 도시 계획이다. 따라서 거시적 관점에서의 일련의 사업들을 구상하는 것은 성공적인 구의 도시 재생을 위한 첫걸음이라고 판단할 수 있다. 환경적 가치를 선도하고, 친환경적 이미지를 구축하여 긍정적인 도시 이미지로 거듭나기 위해서, 우리 조는 다음과 같은 계획을 수립하였다.

다회용기 사용을 확대 시행하는 것은, 친환경 시대를 넘어 이제는 '필환경시대'에 접어든 만큼 그 시의성과 중요성을 인식하고 중장기적으로 실현해 나가야 하는 과제이다. 우선 2021년부터 1차적으로 '카페'에 초점을 맞춘 다회용기 사업을 시행하여 제로웨이스의 가치를 시범 도입하고, 이 제도를 정착시켜 가야 할 것이다. 구의 미가로 일대의 공실문제를 해결하기 위해 제시한 '폐 플라스틱을 활용한 공방 및 원데이 클래스' 사업 역시 추진을 시작할 것이다

2022년부터는 미가로 일대의 보행거리 정비 및 에코 거리 조성을 위한 사업에 착수해야 할 것이다. 현재 미가로의 진입로는 소비자를 이끄는 매력적 유인이 부족하다는 점에서, 미가로 진입로 및 보행거리를 우선적으로 재편해야 할 필요성이 크다. 더불어, 2024년부터는 한발짝 더 나아간 거리 조성의 일환으로, 폐플라스틱을 독창적으로 활용한 조형물, 다회용기 반납 자판기 등을 곳곳에 배치한 친환경적이면서도 통일성을 갖춘 도시 조경을 이루어야 할 것이다.

2023년부터는 카페 다회용기 정책으로 정착된 이 사업을 배달 전문점 등에도 이 모델을 확대 적용시켜 사회적 가치를 실현하는 도시 재생을 도모할 것이다. 환경적 가치에 대한 인식과 그 실천의 목소리가 높아지고 있는 현대 사회에서, 자치구

차원에서부터 이러한 환경적 변화를 선도하는 것은 그 정책적 가치가 높다. 따라서, 2025년까지 이어지는 일련의 '제로웨이스트' 계획들을 통해, 사회적 가치를 실현하는 실효성 있는 진정한 도시 재생으로 나아가야 할 것이다.

더불어 현재 성북구, 송파구와 같은 지역구뿐만 아니라 다수의 기업에서도 각종 환경 운동 및 ESG경영을 실시하고 있는데, 환경 가치에 대한 시민의 민감도와 반응성이 날로 증가함에 따라 이러한 환경 정책들에 대한 시민의 참여도 또한 지속적으로 활발해지는 추세이다. 이는 궁극적으로 '친-구의 리액트' 프로젝트가 단순히 환경 정책으로 국한되는 것이 아니라 도시재생의 효과도 누릴 수 있을 것을 시사한다.

6. 결론

먼저 '친-구의 리액트' 프로젝트에서 다회용기 사업은 카페 및 음식점에서 이용되는 플라스틱 및 일회용품 쓰레기 감소에 핵심적인 역할을 할 것이다. 더불어 환경 거리는 다회용기를 이용하는 사람들의 핫 플레이스로 자리잡으면서 다회용기 렌탈서비스 상점 이용을 확대시키고, 환경 행사 시행을 통해 구의의 친환경적 이미지를 공고히 해줄 것이다.

'친-구의 리액트'는 다회용기 렌탈서비스와 환경 거리 조성을 대표적 정책으로 시행하면서, 이를 바탕으로 환경 관련 챌린지, 환경 관련 공방, 제로웨이스트 샵 그리고 광진구 일대 에코마일리지 제도를 운영 및 시행할 계획이다. 위의 두 가지 핵심 정책을 중심으로 가지를 치듯이 다양한 환경 관련 서비스를 확장해 나아갈 수 있는 것이다.

이러한 환경 관련 정책 시행을 통해 광진구 내의 심각한 플라스틱 및 일회용품 쓰레기 문제를 해결할 수 있다. 더 나아가 이러한 정책이 구의의 환경적 이미지를 이끌어냄으로서 쓰레기 문제와 녹지 부족으로 인해 발생하는 광진구 구의 일대의 부정적인 환경적 인식을 타파하고 환경친화적인 이미지로 탈바꿈할 수 있을 것이다. 또한, 본 프로젝트는 자치구 차원의 친환경 정책을 보여주면서 국가 및 자치구 차원에서의 적극적 환경 정책이 미비했던 점과 모든 번거로움을 시민을 감수하면서 환경적 책임을 시민에게 전가하던 한계점을 극복할 수 있다. 더 나아가 '제로웨이스트'와 환경적 정책이 중요시되는 현시대 흐름에 맞는 프로젝트로서 시의적절한 행정 운영의 본보기가 될 것이라고 기대한다.

결론적으로 '친-구의 리액트'가 성공적으로 시행된다면, 이는 광진구 구의만의 특별한 친환경 정책모델이 될 것이다. 이는 한강 및 뚝섬 유원지와 가깝고 유동인구가 많으며, 2030의 거주 비율이 높다는 지역적 특성과 결합하여 광진구의 더 좋은 이미지 구축이 가능해질 것이다. 그를 통해 다양한 부수적 효과들도 기대되는데, 대표적으로 무단 투기되는 일회용품 쓰레기의 수가 감소해 처리비용이 줄어들고 거리의 미관도 좋아져 자연스레 깨끗한 거리가 조성되는 선순환이 이루어질 것이다. 또한, 환경이라는 가치에 민감한 2030세대의 소비를 촉진시키고, 환경 관련 공방 및 샵 운영 등의 특화된 활동을 통해 구의를 찾는 소비자가 증가하고, 미가로 상권의 매출 증대 효과가 기대된다.

참고문헌

곽노필. 2019. "132번 사용하는 테이크아웃 컵"『한겨레』

김병규. 2021. "플라스틱은 어떻게 브랜드의 무기가 되는가", 『미래의 창』

김연하. 2019. "커피는 텀블러·김밥은 다회용기··· "일회용 플라스틱 아웃""『서울경제』

김영준. 2015. "광진구, 주민 커뮤니티 공간 '함께누리' 개관" 『한강타임즈』

김용운. 2016. ""기찻길 옆 책산책길~"…'경의선 책거리' 가보니," 『이데일리』

나건웅. 2020. "제로웨이스트 실천 나도 한번 해볼까-고체 치약으로 양치질, 커피가루로 설거지…"『매경이코노미』

디에스 클린. 2021. ""일회용품 그만"... 행사때 다회용기 대여" 『한국일보』

박다영. 2021. "수원시 '환경 컵 큐피드 사용 캠페인' 참여 꾸준히 증가"『연합뉴스』

보틀팩토리. 2020. 『더나은미래』 https://futurechosun.com/archives/46417

정양수. 2021. "수원 환경컵 큐피트 사용 캠페인 참여카페 37개소 '인기만발'"『열린뉴스통신』

천권필. 2020. "부끄러운 한국 플라스틱 쓰레기…미·영 다음으로 많이 버린다."『중앙일보』(11월 2일)

트래쉬 버스터즈. 2020 "일회용품 대체 서비스, 트래쉬버스터즈"

에듀컨텐츠·휴피아
CH Educontents·Huepia

제4장. 상인 및 주민 참여형 앵커 시설

제4장 상인 및 주민 참여형 앵커 시설 <92% : 구의퍼센트> 도입 : 구의역 일대 소규모 상가 공실 활용을 중심으로

❖ 최재용 · 김준수 · 신민수 · 박수민 · 주소군

요 약

　　서울시 광진구 구의동은 법조타운의 이전으로 상권이 쇠퇴하며, 주거의 쾌적함이 감소되고 있다. 구의 일대가 당면한 문제는 지역 네트워크를 조성하고, 공유경제의 가치를 살리며, 지역 자원 활용을 극대화하는 방향으로 해결되어야 한다. 따라서 우리는 구의동 내 유휴시설을 활용한 앵커시설의 도입을 제안한다. 앵커시설이란 도시재생을 이끄는 주민응집시설이다.

　　우리 조는 상인과 주민이 각각 겪는 어려움을 파악하고, 이에 구의퍼센트(92%)라는 이름의 앵커시설을 구상했다. 타임뱅크와 주민협의체를 중심으로 운영방안을 고안했다. 또한 소규모 상가 공실을 활용하는 것이 앵커시설 조성의 핵심이다.

　　이렇게 조성된 앵커시설에서는 미가로의 경쟁력을 강화하며 구의 네트워크를 활성화하는 다양한 프로그램이 진행될 것이며 이에 대해 여러 제안을 했다. 지역의 수요로 조성된 앵커시설 '구의퍼센트'는 미가로의 경쟁력, 구의 일대 네트워크를 강화하며 독자적인 앵커시설 브랜드로 자리잡을 것으로 기대한다.

1. 서론

　도시재생의 바람이 이곳저곳에서 불고 있다. 산업구조나 기타 여건이 변화하면서 쇠퇴를 겪는 지역에 여러 색을 덧칠하는 도시재생, 서울특별시는 이러한 기류를 이끌어 나가는 도시이다. 쇠퇴지역의 재개발보다는 도시재생을 통해 도시의 경쟁력을 강화해 나가고 있다. 서울특별시 광진구, 그 안에서도 구의라는 동네도 2019년부터 재생사업의 대상지로 선정되었다. 구의의 입지는 상당히 애매했다. 구의 일대는 공공기관의 이전 등으로 상권 침체를 피해 가지 못했고, 그렇기에 도시재생의 대상지로 선정되었다.

　구의는 우수한 자원들을 지닌 동네이다. 경기를 비롯한 수도권에서 서울로 진입하는 교통의 허브에 위치해 있고, 인근 대학을 포함한 교육 환경도 괜찮다. 어린이대공원, 한강공원 등 여러 녹지와 자연환경을 누릴 수도 있고, 2호선을 필두로 서울 전역으로 이동하기에도 좋은 환경이 마련되어 있다. 우리 조는 대상지를 여러 차례 거닐고, 지역 주민들과 상인들, 전문가를 만나며 구의라는 공간이 어떤 식으로 바뀌어 나가면 좋을지 고민했다. 미숙한 발걸음이었으나 우리가 사는 공간을 직접 둘러보고 더 나은 곳으로 꾸려갈 방법을 모색했다.

　고민의 결과, 앵커시설을 구의에 도입하기로 했다. 앵커(Anchor)의 사전적 정의는 닻이다. 어떠한 설치물을 견고하게 정착시키기 위한 장치이다. 즉 도시재생의 마중물 역할을 수행하는 닻의 역할을 하는 공간이 앵커시설이라는 것이며, 이를 구의의 실정에 맞게 적용하는 방법을 고민하였다.

　그 고민의 결과를 이어서 이야기해보고자 한다. 먼저 구의역 일대와 미가로의 현황 및 문제점에 대해서 짚어보고, 이를 해결하기 위한 방향성을 생각해볼 것이다. 다음으로는 서울시 도시재생사업과 앵커시설에 대한 이론적인 배경을 짚어볼 것이다. 그리고 구의형 앵커시설이라는 정책 대안을 제시한다. 물리적 조성 방안과 기능적 조성 방안에 대해 이야기하고, 그 안에서 어떤 프로그램을 진행할지 제안한다. 마지막으로 브랜드로의 확장 방향성에 관해 이야기하고, 구의형 앵커시설의 한계와 기대효과를 밝히며 글을 마무리하고자 한다.

2. 이론적 배경 및 미가로 현황

가. 도시재생과 앵커시설

1) 서울시 도시재생사업의 유형

서울은 지난 반세기 동안 숨 가쁘게 달리며 효율성, 경제성, 기능성을 갖추고 세계 대도시의 경쟁력을 확보하였다. 하지만 급격한 산업화와 도시화는 상대적으로 '지속가능성'과 '삶의 질'이라는 가치를 간과하였다(서울특별시도시재생지원센터, 2019). 서울이 가진 역사성과 다양한 유, 무형의 가치를 지키며, 공동체를 후대에 물려줄 수 있는 삶의 터전을 닦는 방식으로 서울시는 '재개발'이 아닌 '도시재생'을 채택했다. '도시재생'은 지우고 새로 쓰는 도시'에서 '고쳐서 다시 쓰는 도시'를 지향했다. 부수고 다시 세움으로써 도시의 문제를 해결하는 것이 아닌, '사람'이 중심이 되어 도시가 안고 있는 문제를 종합적으로 진단해 맞춤형으로 처방하여 지역을 건강하게 만드는 것이 '서울형 도시재생'이다.

이러한 서울시 도시재생은 여러 유형으로 분류된다.

첫 번째는 경제기반형(일자리거점육성형)이다. 파급효과가 서울시 및 수도권에 미치는 철도 역세권 일대이며, 공공기관 이전적지 등 기반시설의 기능 고도화가 필요한 지역에 적용된다.

저이용, 대규모 부지로서 지역 성장동력의 잠재적 가치를 보유한 지역이고 국가·도시 차원에서 경제적 쇠퇴가 심각한 지역 대상으로 이루어진다. 서울역, 장한평 등을 꼽을 수 있다.

두 번째는 근린재생형이다. 이는 다시 중심시가지형, 일반근린형, 주거지지원형으로 분류된다. 우선 중심시가지형(생활중심지특화형)은 과거 산업·역사·문화 기능을 중심으로 성장을 견인하였으나 지금은 활력이 저하된 지역을 대상으로 이루어진다. 역사·문화 자원이 제대로 활용되지 못하여 재활성화 또는 활로모색이 필요한 지역으로 중심시가지로서의 잠재력을 갖춘 지역이 해당한다. 세운상가, 안암동, 구의역 등이 해당한다.

일반근린형(주거지재생형)은 10만~15만㎡ 내외 규모로 주거지와 골목상권이 혼재된 지역을 대상으로 주민공동체 활성화와 골목상권 활력 증진을 목표로 주민 공동체 거점 조성, 마을가게 운영, 보행환경 개선 등을 지원한다. 주거지지원형(주거지재생형)은 5만~10만㎡ 내외 규모의 저층주거밀집지역으로 원활한 주택 개량을 위한 골목길 정비 등 소규모 주택정비 기반을 마련한다. 소규모주택 정비사업 및 기초생활 인프라 공급 등으로 주거지 전반의 여건 개선을 꾀한다.

그중 구의역 일대는 중심시가지형과 일반근린형 혼합된 형태를 보인다(구의도시재생지원센터 코디네이터, 2021). 구청 주변 대로변과 미가로의 메인상권은 중심시가지형의 형태를 보인다. 시가지에서 더 안쪽으로 들어가 골목 구석구석, 주거밀집지는 일반근린형이 적용되는 모습을 보인다.

2) 앵커시설의 정의

앵커시설은 도시재생 사업에 활력을 불어넣을 만한 핵심 자족시설을 뜻한다. 앵커시설은 도시재생사업의 마중물 사업비가 들어간 지역 내 필요로 하는 시설로 운영주체(주민모임 및 단

제4장. 상인 및 주민 참여형 앵커 시설

체(비영리민간법인), 협동조합, 사회적 기업, 도시재생기업(CRC) 등)들이 공간 운영을 기획·운영할 수 있다. 지역사회 현황, 운영주체 등의 용도·기능 계획과정 등 주민 의견 수렴 및 합의 내용이 반영되는 과정을 통해 필요한 시설을 계획한다. 때문에 지역사회에 따라 앵커시설의 용도는 다양하게 나타난다.

앵커시설 조성사업은 도시재생의 거버넌스, 행정절차 등이 복합적으로 적용되는 도시재생의 대표적인 사업이다. 지역에 따라 거점 공간, 공동이용시설, 앵커시설 등 여러 가지 명칭으로 불리며, 여러 지역에서 조성되고 있다(서울시 도시재생지원센터, 2019). 앵커시설은 조성단계에서부터 운영을 고려한 계획이 필요하며, 단계별로 반드시 고려해야 하는 주요한 사항들이 있다. 하지만 도시재생의 현장에서는 지역과 참여자의 특성에 따라 앵커시설 조성과정이 다르게 나타난다. 특히, 진행 과정에서 발생하는 이슈와 문제들은 지역의 특성에 따라 적절한 해법을 찾아 다양한 방법으로 해결해가고 있다.

3) 앵커시설의 현황

마중물 사업, 협력사업으로 도시재생활성화 사업 기간 내 지어진 건물을 기준으로 서울 내에는 43개의 앵커시설이 마련되어 있다(2019 기준). 앵커시설 조성과정에 참여하는 참여주체는 크게 행정, 지역주체, 중간지원조직, 지역전문가로 나누어 볼 수 있다. 참여주체는 현장의 여건과 진행단계에 따라 다양하게 나타날 수 있는데, 이중 앵커시설 기록화의 대상이 되는 1단계 근린재생 일반형 지역에서 살펴볼 수 있는 참여주체와 주요 역할은 다음과 같다.

먼저 행정이다. 서울시 자치구들은 부지매입, 앵커시설 조성사업 용역 발주 등 행정절차의 진행을 한다. 또한 시범운영, 운영자 선정 등 운영관련 행정절차 진행한다. 운영단계를 고려한

행·재정적 운영지원 방안을 마련하고 진행과정에서 타부서, 타 기관 등과 협의를 진행한다.

다음 주체는 지역주체이다. 이는 주민 협의체, 공간 기획단, 주민 참여 감독관, 시범 운영 주체, CRC 등 다양하게 나타난다. 앵커시설은 오롯이 주민들과 지역을 위한 시설이기 때문에 이들 지역주체의 적극적인 활동이 매우 중요하다고 볼 수 있다.

다음 주체는 중간지원 조직이다. 현장지원센터가 이에 속하는데, 지역 의견 수렴 과정 기획 및 진행을 담당한다. 구의에도 구의도시재생지원센터가 있는데 이들은 2019년부터 구의역 일대 재생의 컨트롤 타워 역할을 수행하고 있다. 또한 전문 용역사를 포함한 지역 전문가도 앵커시설의 계획 및 시공에 참여하는 주체로 자리한다.

4) 해외 앵커시설 사례

해외에도 여러 갈래의 도시재생이 있었고 앵커시설의 유형도 다양하다. 영국은 일찌감치 도시화가 진행된 만큼 도시재생의 필요성도 빠르게 대두되었는데, 테이트모던 미술관이 화력발전소를 개량한 대표적 앵커시설이다. 스페인 빌바오 구겐하임 미술관은 도시 공동화 위기를 벗어나기 위해 조성되었다. 도시재생 프로젝트의 일환으로 공공 건축물과 거리 디자인에 투자를 집중했고, 매년 수백만 명의 관광객이 찾는 대표적인 유럽의 관광도시로 거듭났다. 미국 뉴욕 하이라인 파크 도시재생사업은 서울로 7017의 롤모델로 국내에 잘 알려진 사업이다. 위 사업은 시민들의 참여가 계기가 된 도시재생사업이라는 점에서 주목받게 되었다.

홍콩의 도시재생도 눈여겨보아야 한다. 급격한 인구증가와 도시 확장으로 인해 늘어난 주택수요를 충족시키기 위하여 1960~70년대에는 뉴타운 개발과 공공임대주택 건설이 활성화되었다.

제4장. 상인 및 주민 참여형 앵커 시설

이 시기에 공급된 건축물과 기반시설은 현재는 매우 노후화되어 홍콩 도심에는 50년 이상 된 노후 건축물이 약 1만 동에 이르며, 2046년까지 이 수는 2만 8천 동에 다다를 것으로 추정된다. 또한 '연필개발'(pencil development)이라 일컬어질 만큼 필지를 세분화하여 고밀로 개발하는 관행으로 인해 체계적인 도시재생의 추진이 어려운 실정이다. 이에 URA이라는 방안을 제시했고, '사람 우선, 지구 기반, 공공 참여'의 접근으로 도시재생 기반을 구현하는데 있어 정부의 도시재생 전략을 따른다.

나. 구의역 일대 미가로의 현황 및 문제점

1) 구의동 내 대상지의 개요 및 현황

구의역 일대 도시재생활성화계획 대상지는 다음과 같다. 먼저 주민과 행정의 가교역할을 지원하는 구의도시재생센터가 위치해 있다. 그리고 1995년부터 지정된 음식문화 특화거리인 미가로는 약 300여 개의 요식업 점포가 밀집된 중심가로이다. 광진구청 청사도 재생 대상지에 속한다. 그리고 구의역사 하부와 내부가 대상지에 속해 있으며, 주거지 내의 골목도 해당한다. 이러한 대상지 인근에는 첨단업무단지가 위치하여, kt와 연계한 스마트 재생사업이 추진될 계획이다.

대상지가 속해 있는 구의1동의 인구는 총 3,072명(광진구청, 2021)이다. 연령 구성은 다양한 편이다. 가장 두드러지는 연령은 20-40대이다. 이는 인근 건국대학교 등 교육 환경으로 인해 저층 주거지에 전세와 월세로 살고 있는 청년인구가 많기 때문이다. 또한 2호선을 활용하여 서울 전역으로 출퇴근을 하는 유동인구가 많다.

2) 구의동 내 대상지의 문제점

가) 구의역 일대의 상권

상가와 건물, 거리가 어려움을 겪고 있다. 상가가 직장인들의 수요로 형성되었던 만큼 특색이 부족하다. 하나의 테마가 부재하며, 이와 함께 상권 내 머무를 공간, 즉 거리에 쉴 수 있는 공간이 구획되지 않았다. 또한 상가와 주거지가 혼재되어 있어 대대적 개발이 어렵고, 코로나 19의 여파로 공실이 증가하고 있다. 2020년도 4분기의 상가 공실률은 2002년 이래로 역대 최고치를 기록했다. 소규모 상가 공실률도 6.5%로 상승 추이를 기록하고 있다(한국부동산원, 2020). 미가로도 음식문화특화거리로 소상공업이 주를 이루고 있기에 공실 증가를 피해갈 수 없었다.

나) 구의역 일대 미가로의 상인들

미가로의 상인들의 매출이 줄어들고 있다. 동부지법과 지검이 지난 2017년 3월 송파구 문정동으로 이전하면서 급격히 상권이 쇠퇴했다. 공공기관 이전, 젊은 유동 인구 부족, 그리고 코로나19로 인해 직격탄까지 맞은 상태이다. 또한 미가로 상인들은 하나의 네트워크가 조밀하게 조직되어 있지 않아 문제 해결이 어렵다. 3조는 미가로 내 상점 다수에 방문해 상인회가 조직되어 있는지, 그리고 참여하고 있는지를 심층 인터뷰하였고, 대부분 존재를 모르며 활동하고 있지 않다고 언급했다. 300여 개의 점포 중 미가로 상가번영회에 참여 중인 점포가 3분의 1 미만인 것으로 확인되었으며(광진구청 도시재생과), 상인회가 아닌 번영회로 남아있는 것을 통해 미가로 상가번영회가 전적으로 활성화된 것은 아닌 것을 확인했다. 이러한 네트워크는 코로나 19로 그 활동이 저조해져 가는 실정이라고 한다.

다) 구의역 일대 주민들

구의역 일대 주민들도 어려움을 겪고 있다. 이 일대에는 빌라 같은 저층 주거지가 밀집되어 있는 양상을 보이는데, 여가/문화시설이 절대적으로 부족하다. 인근 큰 상가인 건대입구 맛의거리를 보면, '청춘뜨락' 야외공연장을 포함하여 주거/상가 혼재 지역에도 공원이 다수 존재하는 것을 볼 수 있다. 2021년 4월 25일 구의역 일대 유일한 공원인 명성공원에서 현장 관찰을 진행했었고 일대에 녹지 및 휴식공간이 부족해서 시민들이 몰리는 것을 확인할 수 있었다.

<그림 1> 구의 일대 녹지답사, 명성공원

3) 문제 해결을 위한 방향성 설정

앞서 짚었던 문제점들을 토대로 우리는 해결을 위한 방향성을 다음과 같이 설정했다. 첫 번째, 지역 네트워크 조성하기이다. 네트워크 조직은 상인들과 주민들의 문제 해결을 용이하게 하며, 사회적 자본을 증진하여 경쟁력을 높인다. 주민들이 반기지 않는 재생사업은 오래가지 못할 것이기에 네트워크 조직과 수요의 반영이 필요하다.

두 번째, 지역 자원 활용 극대화하기이다. 구의역 상가 일대는 부지가 마땅하게 확보되어 있지 않다. 이런 상황 속에서 지속 가능한 재생을 위해서 주어진 것을 최대한 활용하는 것이 적합하다고 보았다. 구의역 내 주어진 공간을 최대한 활용할 수 있는 활성화 방안을 고안해보기로 하였다.

세 번째, 공유경제의 가치 살리기이다. 한정되어 있는 자원을 최대한 사용하는 방법이다. 공간 대여부터 시작하여, 지역의 요소들이 공동으로 머리를 맞대고 경제를 활성화한다면 쇠퇴해가는 구의역 일대를 살릴 수 있을 것이라고 생각했다.

마지막으로, 재정비 촉진사업의 마중물 역할을 수행하는 프로젝트를 구상하기이다. 자양1 재정비촉진지구의 사업과 더불어 KT와 서울시 차원에서 구의 미가로를 스마트한 상가로 조성할 계획이다. 추후 구상할 활성화 정책은 이러한 흐름에 박차를 가하는 마중물 프로젝트여야 할 것이다. 나아가 미가로의 음식문화특화라는 점을 고려했을 때, 이 점을 부각시키는 아이디어가 해당 아이디어의 수립을 용이하게 하는 것이 좋겠다고 생각하였다.

이러한 방향성으로 여러 가지 아이디어를 논의한 결과, 앵커시설을 도입하는 것으로 의견을 모았다. 앵커시설은 도시재생의 일선에 서는 공간이자 중추적인 공간이다. 지역 네트워크를 조성하고 지역 자원을 활용하며, 공유의 가치를 살리는 마중물 사업으로는 앵커시설이 가장 적합했기 때문이다. 이러한 앵커시설을 구의에 적용하는 것을 구상하기 이전에 이론적 배경을 먼저 짚고 넘어가고자 한다.

제4장. 상인 및 주민 참여형 앵커 시설

3. 정책 대안: 구의형 앵커시설 92%

가. 정책 개요

1) 92%란?

앵커시설의 이름은 92%이다. 이는 여러 의미를 지닌다. 첫 번째로, 완전하지는 않더라도 지금의 모습 그 자체로 행복한 구의에서의 삶을 영위하는 매체임을 의미한다. 공동체는 함께 견뎌내며 신뢰를 형성해나간다. 지금 구의는 여러 가지 어려움을 당면하고 있지만 100% 행복한 동네를 꿈꾸며 화합해나가는 과정이기에 92%(구의퍼센트)라고 이름을 붙였다.

두 번째로는 충전 상태를 의미한다. 충전이 92% 되었음을 표현하기도 한다. 주민과 상인, 방문객들이 이곳에 방문하여 새로운 활력을 충전하고, 지역 전체의 에너지를 충전한다는 의미에서 거의 채워진 92%는 나머지를 채우기 위해 부단히 노력할 것이다. 나머지 8%를 채우는 것은 오로지 구의 일대의 주민과 상인들의 몫이다. 역량 강화와 네트워크 증진의 창구가 될 것이다.

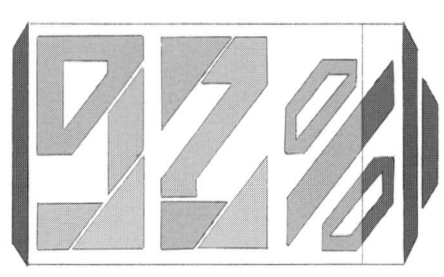

<그림 2> '구의퍼센트' 로고 예시

2) 광진구청 앵커시설 조성 계획

앵커시설이 구청에서 구상하는 도시재생의 계획과 어긋나서는 안 될 것이다. 광진구청 도시재생과 재생사업팀 송치오 주무관 및 구의도시재생지원센터 김민서, 유광철 코디네이터와 여러 차례 면담과 인터뷰를 했다. 중심시가지형 도시재생에 해당하는 구의역 일대에 할당되는 재생 사업비는 약 200억 원으로, 이를 도시재생 관련 여러 사업 부문에 사용한다고 언급하여 주셨다.

앵커시설에 대한 고려도 어느 정도 이뤄져 있음을 확인할 수 있었다. 사업 구상 자체는 하고 있으나 그 대상지 선정에서 진척이 쉽사리 되고 있지 않음을 확인했다. 비용적 측면에서는 할당할 수 있는 비용은 현실적으로 절반 이하, 그중에서도 50억 정도가 할당될 것이라고 광진구청 송치오 주무관이 언급해 주셨다. 구상한 앵커시설의 총 비용은 지원비 지출을 최대한 아끼면서도 지역 자원을 아끼는 방향으로 추진해야 한다.

3) 앵커시설에 대한 여론조사

가) 국민권익위원회 국민생각함

〈그림 3〉 국민권익위원회 설문조사 홍보 사진

제4장. 상인 및 주민 참여형 앵커 시설

 2021년 5월 17일부터 5월 31일까지 2주간 앵커시설에 대한 국민들의 의견을 알아보고자 국민생각함 설문조사를 시행했다. 총 57명이 참여하였으며 질문 구성은 다음과 같다.
 먼저 앵커시설을 알고 있는지, 앵커시설을 방문해본 경험이 있는지, 그 경로는 무엇인지, 방문한 이유는 무엇인지 물어보며 앵커시설에 대한 전반적인 인지 정도를 물어보았다. 그 다음으로는 어떤 주거 밀집지역 앵커시설과 상가 밀집지역 앵커시설을 설치했으면 좋겠는지 질문하였다. 마지막으로는 상인 대상 앵커시설에서 어떠한 교육프로그램을 운영하면 좋을지 질문하며 구성을 마쳤다.
 먼저 '앵커 시설'에 대해 알고 있는지의 질문에 매우 잘 알고 있다 7명(12.28%), 대략 알고 있다 23명(40.35%), 잘 모른다 17명(29.82%), 들어본 적이 없다 10명(17.54%)의 응답이 확인되었다. 지역에 조성된 앵커시설을 방문하거나 이용해본 적이 있는지의 질문에는 있다 17명(29.82%), 없다 40명(70.17%)을 기록했다. 앵커시설을 알고는 있지만 대부분 방문해본 경험은 없음을 알 수 있었다.
 앵커시설을 방문해본 경우 앵커시설을 방문·이용하게 된 경로를 묻는 질문에는 지나가다가 우연히 보고 궁금해서 6명(22.22%), 지자체나 지역단체의 홍보를 통해 8명(29.62%), 지인의 소개나 추천을 통해 7명(25.92%), 앵커시설 자체의 홍보를 통해 3명(11.11%), 방문객이 SNS나 인터넷상에 남긴 게시글을 통해 3명(11.11%)의 응답을 기록했다. 앵커시설을 방문해본 적이 없는 사람들의 이유를 묻는 질문에는 앵커시설이 무엇인지 몰라서 22명(33.84%), 시설에서 어떤 활동을 하는지 몰라서 19명(29.23%), 시설이 어디에 있는지 몰라서 19명(29.23%), 시설이 너무 멀리 있어서 2명(3.07%), 시설에서 제공하는 서비스 및 프로그램이 만족스럽지 않아서 3명(4.61%)를 기록했다. 방문을 해본 경우에는 다양한 경로를 통해 이루어졌고, 방문하지 않은 경우에는 앵커시설에 대한 인지 자체가 부족한 경우가 많았다.

마지막으로 동네에 주민과 상인, 방문객을 위한 앵커시설이 조성된다면 방문할 의사가 있는지를 물어보는 질문에는 있다 47명(82.45%), 없다 3명(5.26%), 잘 모르겠다 7명(12.28%)으로 대부분 방문의사가 있음을 확인했다.

나) 미가로 상인 대상 설문조사

국민생각함에서 일반 국민들을 대상으로 앵커시설에 대한 의견을 받았다면, 현장 대상자들의 목소리도 별도로 들을 필요가 있었다. 그래서 미가로의 상인들을 대상으로 설문조사를 별도로 진행했다. 상가중심지 앵커시설 조성과 관련하여, 어떤 프로그램이 이루어졌으면 좋겠는지를 조사하였다. 프로그램으로는 미가로 상가번영회 등 모임 공간, 역량 강화를 위한 교육의 공간, 공유 부엌 등 공동 작업 공간, 상인들이 함께 모여 판매하는 공동판매장 및 팝업스토어, 방문객을 대상으로 한 홍보 공간으로의 활용, 미가로 상인들을 전시하는 전시 공간 등의 항목으로 구성하였다.

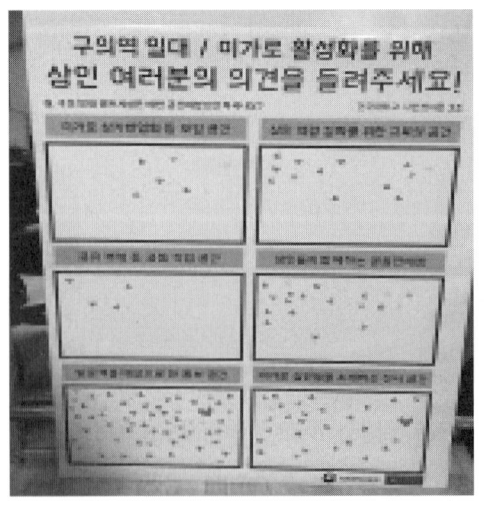

〈그림 4〉 현장 설문조사

제4장. 상인 및 주민 참여형 앵커 시설

용 도	결 과
모임 공간	6
교육공간	13
작업 공간	4
공동판매장	19
홍보 공간	61
전시 공간	24

〈표 1〉 설문조사 결과

결과는 다음과 같다. 홍보 공간으로 활용하자는 의견이 압도적으로 많았다. 전시공간과 공동판매장으로 사용하자는 의견이 그 뒤를 이었고, 교육공간도 13표로 4위를 기록했다. 모임 공간 및 작업 공간으로 활용하자는 의견은 각각 6표와 4표로 상인들에게 선호도가 낮음을 확인했다.

<그림 5> 미가로 상인 대상 설문조사

<그림 6> 미가로 대상 설문조사

나. 구체적 조성 방안

1) 운영적 조성방안

가) 주거 상가 지역별 기능 다원화 및 연동

구의는 앞서 밝혔듯 중심시가지형 도시재생유형이고, 골목 안쪽으로는 일반근린형의 형태를 보이기도 한다. 상가밀집지와 주거밀집지, 혼합지역이 다양하게 조성되어 있으므로 앵커시설의 기능을 다원화하여 조성하는 것이 효과적일 것이라고 판단하였다. 주거밀집지는 주민들을 중점으로, 상가중심지형 앵커시설은 상인과 방문객들을 주 대상으로 운영된다면 더 매끄러운 운영이 가능할 것이라고 판단했다. 기존의 지역 앵커시설을 보면 하나의 건물에 여러 가지 기능을 지닌 형태가 많은 것을 확인할 수 있다. 그러나 구의퍼센트는 대상지 내 주거/상가의 다원화로 다양한 대상을 한 맞춤형 앵커시설 프로그램을 제공하

제4장. 상인 및 주민 참여형 앵커 시설

는 것을 목표로 한다.

나) 운영 주체

앵커시설을 포함하여 도시재생사업의 가장 큰 문제점은 주민 자발성 부재로 인한 지속가능성 부재라고 전문가들은 입을 모아 말하고 있다. 구의형 앵커시설도 결국 주민들과 상인들이 운영주체로 자리잡아야만 지속적인 운영이 가능할 것이라고 판단하였다. 이는 구의도시재생지원센터에서 모집 중인 주민협의체에서 그 해답을 얻었다. 자발적으로 주민 현안을 해결하기 위해 모이는 주민협의체의 인원들을 필두로 앵커시설을 운영한다면 매끄러운 운영이 가능할 것으로 보았다. 따라서 주민협의체와 '타임뱅크'의 적용을 함께 구상하였다. 이에 대한 내용은 다음 항에서 자세히 설명하도록 한다.

다) 타임뱅크 적용

고령사회로의 빠른 이행과 함께 노인 돌봄이 중요한 사회 이슈로 대두되고 정부의 사회복지지출이 급격히 증가하고 있다. 이에 따라 현재 복지모델의 한계를 극복하기 위하여 새로운 개념에 기초한 사회복지체계를 구축하려는 다양한 시도가 진행 중이다. 이러한 세계적인 추세에 발 맞추어 등장한 개념이 바로 '타임 뱅크'이다.

타임뱅크의 사전적 정의는 남을 도운 시간을 적립하고 타인으로부터 도움받을 때 그 시간만큼 찾아 쓸 수 있는 '다자간 교환시스템'이다. 통상적인 자원봉사와 달리 타임뱅크는 정당한 교환에 기초하고 있으며, 시간 단위당 노동이 동등한 가치로 평가받고 교환되므로 시장교환과도 명확히 구분된다. 타임뱅크는 호혜, 나눔, 배려, 신뢰에 기초하여 지역공동체 내 비시장적 교환의 자발적인 선순환 창출에 기여한다.

타임뱅크는 이미 국내에서 성공적으로 실현된 사례가 있다. 첫째, 경북 구미시의 '사랑고리' 운동이 그 시발점으로 볼 수 있다. 노인이 노인을 돕는 '노노케어'라는 미래형 복지 패러다임을 잘 제시해 보여주었다는 호평을 받았으며, 2020년부터 사회적 거리두기가 일상화되면서 취약계층을 대상으로 한 식사배달 서비스 공간이 되기도 하였다. 둘째, 우리나라 또한 관악, 노원, 서대문구에서 시행하고 있는 '우리시간은행'이다. 우리시간은행은 서울시 1인 가구 상호나눔과 돌봄을 목적으로 한다. "모든 사람은 가치있다", "나를 위한 당신의 시간, 당신을 위한 나의 시간, 공동체를 살리는 우리의 시간"이라는 슬로건을 바탕으로 이루어지는 우리시간은행은 이웃끼리 품앗이 하듯이 화폐의 교환 없이, 봉사를 주고받는 모임이다. 모든 봉사시간은 시간을 단위로 기록되고 저장되며, 남녀노소 누구나 참여 가능하다.

구의형 타임뱅크 시행계획은 다음과 같다. 구의형 타임뱅크는 P2P 유형과 지역사회기반형 모델을 혼합하여 운영할 것이다. P2P(Person-to-Person) 유형은 회원 개인들 간 자발적인 교환이 이루어지는 방식을 의미한다. 공공기관은 타임뱅크 참여 회원을 모집 및 운영하며, 운영자에게 자금을 제공하고 개별 조직의 구성원을 모집한다. 노동 평등성 및 참여 개방성에 기초하여, 타임뱅크는 다른 사람을 돕는 데 기여한 사람이 우선권을 가진다는 기본적인 원칙에 기초하여 운영한다. 단, 구의동 특성상 다양한 연령대가 분포하여 있고, 1인 가구 및 노인가구 비중이 높기 때문에 도시재생센터를 통한 타임뱅크 사업 관리가 필요하다. 주요 참여자인 취약계층이나 노인은 적절한 서비스의 제공자와 수혜자를 찾기 어려울 수 있으므로 코디네이터 혹은 상근자의 도움을 받아 거래를 진행할 수 있도록 제도적 방안을 마련해야 할 것이다.

제4장. 상인 및 주민 참여형 앵커 시설

'구의형 타임뱅크' 사업의 시행 기대효과는 다음과 같다.

첫째, 다양한 연령대가 타임뱅크에 참여하는 만큼 세대 간 이해와 서로간 이익을 도모할 수 있다. 중장년층 및 노년층은 경험과 지식을 통해 청년층들의 고민거리 상담이 되어줄 수가 있고, 청년층은 키오스크 사용법, 스마트폰 앱 설명 등 이처럼 간단한 거래가 그 예시가 될 수 있다. 특정 세대끼리만 교류하고 어울리는 것을 넘어 범 세대가 함께 지역 공동체 활성화를 꾸려나가는 것이다.

둘째, '재정부담 완화'와 '지속 가능한 공동체 복지'의 실현을 위한 효과적 수단으로서 작용할 수 있을 것이다. 노인과 장애인 등의 취약계층이 수혜자나 자선의 대상만이 아닌 서비스의 제공자로의 역할을 같이 수행한다. 단순 시혜적 복지가 아닌 생산적 복지의 한 형태로서 시행한다면 복지재정 완화의 효과는 상당히 크다. 또한 스스로가 타임 뱅크 프로그램의 주체가 되어 사회적 존재감을 높일 수 있다. 이를 통해 기존에 수혜만 받던 사람들의 인식 변화를 꾀하고 참여율을 높임으로서 하나의 지속 가능한 공동체로서 발전 가능하다. 타임뱅크를 기존의 자원봉사와 같은 수혜기반 시스템과 비교했을 때 차이점이 분명하다는 것이다.

2) 물리적 조성 방안

가) 구의 대상지 내 공실 현황

구의형 앵커시설을 구상함에 있어 고안한 핵심 개념은 상가 공실, 빈 공간을 리모델링하여 앵커시설을 구축하는 것이다. 기존의 서울 앵커 시설은 대부분 새로 짓는 경우가 많았다. 구의와 같은 유형인 중심시가지 유형에 속하는 대상지에 있는 앵커시설인 세운 상가 등을 살펴보면 하나의 특색, 큰 건물과 부지를 바탕으로 새롭게 꾸려갔음을 알 수 있다. 신촌 파랑고래나

암사 상상나루래 같은 경우도 부지를 매입하고 그곳에 새롭게 건물을 신축하였음을 알 수 있다. 암사 상상나루래의 경우 총 사업비는 42.3억원이 들었는데, 그중 부지 매입에만 20.5억을 사용했음을 알 수 있다(서울시 도시재생지원센터, 2019).

코로나 19로 인해 소규모 상가 공실이 증가하고 있고, 이는 구의 일대에 깨진 유리창 효과를 불러일으킬 가능성이 크다. 이러한 상가 공실을 매입하여 리모델링 하여 앵커 시설을 조성하는 것은 경제적으로나 지역 활성화 차원에서나 얻는 이점이 많다. 이른바 매입형 앵커시설이라고 볼 수 있다. 서울역 일대의 경우 신축과 매입을 병행하였으나, 구의 일대에는 신축할만한 부지가 마땅치 않기 때문에 매입 위주의 조성이 적당할 것이라고 생각했다.

나) 부지 답사

공실 조사는 구의재생센터와 그 용역사를 통해서 파악했고, 우리 조가 별도로 추가 조사를 이어가며 현황을 파악했다. 대상지 내에는 119개의 공실이 있었는데, 그중에서도 $66m^2$ 이상의 공실은 총 70개가 있다는 것을 파악했다. 이곳들을 전부 돌아보며 공실의 현황을 파악해보고, 앵커시설로 꾸리기에 적합한 곳들을 선정해보았다.

첫 번째로, 구의역 2, 3번 출구 사이 공간이다. 측정 결과 $160m^2$ 정도의 공간이 있었기에, 미가로를 방문하는 유동 인구를 위한 공간을 충분히 조성할 수 있다. 또한 1, 4번 출구 방면에 이와 같이 작은 도서관이 마련되어 있는 것을 확인했는데, 구의역 고객안내실을 거쳐서 조사한 결과 공간만 철도공사에서 제공하고, 운영은 광진구청에서 하는 것으로 파악했다. 또한 농산물을 판매하는 상점도 있었는데, 철도공사에서 내놓은 상가를 생산자와 연결한 농수산물 코너로 활용하는 것을 볼 수 있었다. 2, 3번 출구 쪽 부지에는 역에 앉아서 쉬는 인구들, 특히

제4장. 상인 및 주민 참여형 앵커 시설

중장년층 인구들도 관찰되었다.

두 번째는 아차산로 21길에 위치한 큰바다횟집 부지이다. 미가로의 메인스트릿에 위치해있는 건물로 198㎡로 넓고 트인 1층 공간이 있어, 상인 교육 프로그램이나 공동판매장 개설과 같이 상가밀집지 앵커시설을 꾸리기에 적합한 부지라고 판단했다. 공간이 넓어 상인 응집시설로 활용할 수도 있다.

〈그림 7〉 왼쪽 첫 줄부터 시계방향으로, 구의역 내 작은도서관, 구의역사 내 공간, 구의 일대 공실 답사, 전과기구 청사

세 번째 부지는 구의로 21번지의 120㎡ 정도 되는 옷가게 공실이다. 해당 공실은 인근에 저층주거지 다수와 새한아파트, SK아파트 등도 있어, 주거밀집형 앵커시설을 조성하기에 적당할

것으로 보인다. 마지막으로 구의동 243번지의 전 과학기술부 부지이다. 현재 1, 2, 3층이 전부 창업지원센터나 의류 쇼핑몰로 쓰이고 있었다. 4층에는 3개의 넓은 방이 있는 것을 확인했고, 넓은 면적이라 다용도의 활용이 가능할 것으로 판단했다.

3) 예상 비용 추계

다음은 2021년 6월 기준 구의 대상지 내 공실 중 적합한 공실을 대상으로 추정한 예상 비용이다.

가) 큰바다횟집 부지(200㎡/198㎡(전용률99%) 1/4층)

매물특징 : 구의동 먹자골목의 메인 거리이자 최고상권, 상가중심지역. 접근성 좋음, 융자금 없음. 즉시입주 협의가능 400x30(월세x30개월)+300x65 (보편적 리모델링 비용)=약 3억 1000만원.

나) 대한해물찜 부지(198㎡/158.7㎡(전용률80%) 4/5층)

매물특징 : 구의동 미가로의 메인 거리이자 최고상권, 상가중심지역이다. 접근성 좋음, 전용 48평 평수대비 저렴한 사무실을 지닌다. 구의역 도보 2분 거리이며, 융자금없음, 즉시 입주 가능. 180x30 (월세x30개월)+300x48 (보편적 리모델링 비용)=약 2억 원.

대개 리모델링이 신축의 50~70% 수준으로 3.3㎡(1평)당 300만~400만원이다. 구의지역 건물 매입 시, 최소 20억이상, 최대 40억비용 소요된다. 매입과 비교해볼 때 위 방안은 매우 경제적이므로 초기 앵커시설 조성비용에 있어 다른 프로그램 등에 비용을 나누는 등 효율성과 경제성을 갖는다.

4. 앵커시설 내 프로그램 검토

가. 미가로 경쟁력 강화 프로그램

앵커시설의 공간 조성에 대한 아이디어를 정리했고, 나아가 해당 앵커시설에서 어떠한 프로그램들이 진행되면 좋을지 구상하고자 한다. 먼저 대상지의 상권침체를 직격으로 겪은 미가로의 경쟁력을 살릴 수 있는 경쟁력 강화프로그램을 고안해보았다. 크게 홍보와 역량강화, 공유경제로 나누어서 고안해 보았다.

나. 미가로 On And Off 마케팅 프로그램

온라인 마케팅은 저렴한 비용, 손쉬운 퍼포먼스 및 분석의 용이함, 고객과의 관계 구축의 이점 등의 장점으로 현재 대부분의 사기업, 공기업 및 공공기관 등이 광고 전략으로 사용되고 있다(유경미, 2013). 곧, 온라인 마케팅은 구의의 도시재생, 특히 상가를 중심으로 한 도시재생에 있어서도 중요한 마케팅 전략으로 활용될 수 있다. 이와 더불어 상가중심 앵커시설에서 활용할 수 있는 오프라인 프로그램으로 오프라인 마케팅의 즉시성과 강한 흥미 유발 등의 장점을 온라인 마케팅과 함께한다면 훌륭한 홍보 효과를 기대할 수 있을 것이다. 이에 우리 시민정치론 3조는 두가지의 마케팅 프로그램, 일명 On And Off 마케팅 프로그램을 구상했다.

1) On-line: 미가로-드 맵

미가로 상권의 활성화라는 목적을 달성하고 상가의 중심인 가게 사장님들의 홍보에 대한 요구를 효적으로 충족시키기 위해 다양하고 많은 종류의 미가로의 가게를 카테고리별로 구분해서 홍보할 수 있는 '미가로-드 맵'은 온라인 마케팅의 손쉬운 접근성을 적극 활용하여 페이스북, 인스타그램 등의 SNS나 다양한 온라인 홍보물에 QR코드라는 다가가기 쉬운 형식으로 미가로의 상점들을 효과적으로 소개할 수 있을 것이다.

2) Off-line : 구의를 소개합니다, AR, VR 체험공간

가) 구의를 소개합니다

우리 3조는 상가중심 앵커시설에서 '구의를 소개합니다'라는 구의역 일대 상가의 상인들을 주체로 한 전시회를 구상했다. 전시회의 경우 앞서 말한 구의역 일대 상인들을 대상으로 한 설문조사에서 짙은 홍보를 목적으로 하는 프로그램으로 진행될 것이다. 상인중심 앵커시설에서 미가로의 상인들을 주별 혹은 월별로 소개하게 된다면 앵커시설을 방문한 방문객과 상인들간의 관계 강화에 효과적일 뿐만 아니라 미가로 상가의 이미지 증진에도 큰 영향을 줄 것으로 예상된다.

〈그림 8〉 장한평자동차센터 전시 및 체험공간

나) AR, VR 체험공간

KT 부지는 사업은 구의역 일대 옛 KT 통신시설 부지 총 7만 8147㎡ 땅에 광진구 신청사 및 공동주택 1,363 가구를 비롯해

제4장. 상인 및 주민 참여형 앵커 시설

다양한 업무, 숙박, 문화시설을 건설하는 사업이다. 특히, 구의가 도시재생 활성화 지역임을 토대로 5G를 기반으로 한 첨단산업 기술을 도시재생사업에 투입하는 스마트 재생사업을 첨단업무복합개발 사업과 연계해 추진될 예정이다. AR, VR 체험 공간을 상가 중심 앵커시설에 두어 미가로를 방문한 방문객에게 보다 새로운 경험을 가능케해 KT 부지 사업의 첨단산업 기술을 홍보하는 동시에 방문객들을 자연스럽게 상가로 유입시키는 효과를 기대할 수 있다.

다. 상인 역량강화 교육 프로그램

앞서 살펴봤듯 미가로 상인을 대상으로 한 설문조사에서 대부분의 상인들은 상가에 대한, 상점에 대한 홍보를 중요시했음을 알 수 있었다. 도시재생센터와 앵커시설 자체적으로 재생하는 홍보 자료와 다양한 홍보 프로그램을 진행하는 것도 의의가 있겠지만 골목상권 활성화를 위한 자생력 증대와 스스로의 역량 강화를 위한 교육 프로그램이 필요하다. 이에 상가중심 앵커시설에서 지속적인 고객 유지 및 관리를 위해 고객 응대 교육 프로그램과 운영하고, 상인 스스로 온라인 홍보를 할 수 있게 온라인 마케팅 교육 프로그램을 운영하고자 한다. 또한, 국민권익위원회 국민생각함을 통한 설문조사에서 '상인 대상 앵커시설에서 어떤 교육 프로그램을 운영하면 좋을까요?'라는 질문에서 위생 교육의 필요성을 느낀 만큼 위생과 관련한 교육 또한 진행될 것이다. 이상의 교육 프로그램을 도입함으로써 구의동 일대 상인들에 대한 자생력과 역량을 동시에 증진시키는 효과를 기대할 수 있을 것이다.

1) 공유 경제를 통한 수익 창출 프로그램

가) 공동 팝업스토어 운영

팝업스토어(Pop-up Store)란 짧은 기간 운영하는 임시 상점으로, 건물을 지어 운영하거나 매장을 임대하여 물건 등을 판매하는 것과는 달리 판매 및 홍보에 특화된 매장이다(사영재, 2015). 미가로의 다양한 물품, 음식 등을 팝업스토어라는 공유 경제 수단으로 판매하여 스토어 자체가 미가로의 상가를 홍보하는 동시에 관련 제품을 직접 판매함으로써 판매를 통한 수익 효과를 누릴 수 있을 것이다. 한달 이내의 한정된 기간에 운영된다는 점을 이용해 미가로라는 브랜드의 화제성을 높이고 단기간 많은 방문객을 모을 수 있어 비용적 측면에서도 매우 효율적일 것이다.

미가로 공동 팝업스토어의 운영은 앞서 언급한 공실의 활용 측면에서도 탁월한 적합성을 갖는다. 코로나 19 사태로 공실이 많이 증가한 구의역 인근 상가에 팝업스토어를 오픈하게 된다면 공실 활용측면을 매장 운영기간을 유동적으로 조정할 수 있다는 특성으로 맺을 수 있을 것이다.

나) 함께하는 1일 체험 프로그램

구의역 인근 상가는 다양하고 많은 상점 및 가게가 혼재해있는 만큼 방문객이나 구의역에 거주하는 주민들이 체험할 수 있는 업종이 많다. 예를 들어 구의역 도보 1분 거리에 위치한 〈안나도예공감〉에서는 도자기 공방 원데이 클래스, 즉 1일 체험 프로그램을 실제로 진행하기도 하며 뿐만 아니라 구의역 상가내에 위치한 다양한 악세서리나 비누 공방 등이 있어 상가중심 앵커시설에서 1일 체험 프로그램을 진행하기 용이하다. 1일 체험 프로그램은 비단 방문객에 대한 홍보뿐만 아니라 구의역 주

제4장. 상인 및 주민 참여형 앵커 시설

민들에 대한 참여로 자연스럽게 그 영향력이 확대되는 효과를 불러일으킬 것으로 기대된다.

〈그림 9〉 해방촌 도시재생지원센터 체험 프로그램 답사 및 실무자 면담

라. 구의 네트워크 강화 프로그램

가) 주민 간 교류 활성화를 위한 '타임 뱅크' 도입

타임뱅크의 개념과 적용 방식에 대하여 기능적 조성 방안에서 서술하였다면, 이제 타임뱅크를 활용한 프로그램에는 무엇이 있을지 고안해보았고 이야기하고자 한다.

나) 노인 대상 멘토링 프로그램

광진구 구의동 대상지 내 노인층의 비율은 적지 않다. 광진구의 노인 현황을 살펴보면 2020년 기준 65세 이상 고령인구는 50,560명이다. 서울시 노인의 소득빈곤율은 전국 평균보다는 낮지만 그래도 다차원적인 사회서비스 복지를 요구한다(김경혜, 2014). 광진구의 노인복지는 광진구 노인복지회관을 제외하면 시스템이 조밀하게 갖추어져 있다고 보기는 어렵다. 기존의 서울시의 노인정책은 서울시를 필두로 한 지원사업이 대부분이었으며 지역연계형 사업은 찾아보기 힘들었기 때문에 실제 노인들의 효능감을 이끌어내기는 힘든 측면이 있다고 보았다. 포스트코로나 시대에 걸맞는 새로운 노인정책이 시급한 시점이다.

타임뱅크를 통해 먼저 노인들의 비대면 생활을 돕는다. 스마트폰을 활용한 무인결제, 온라인 결제 등에 노인층은 취약한 모습을 보인다. 타임뱅크로 청년층이 주축이 되어 노인층의 적응을 돕는 멘토링을 진행한다면 상호 호혜적인 관계를 구축할 수 있을 것이다. 그다음으로는 노인들의 소통을 돕는 것이다. 노인 소외 현상을 방지하기 위한 사이버 공간의 활용을 돕기 위해 타임뱅크를 적용할 수 있다. 코디네이터와 지역 청년의 적극적인 역할이 강조되는 부분이다.

다) 아동 돌봄 교실 및 지역 학습 나눔방

구의 지역의 하교 후(15시 이후) 아동들의 놀 공간을 분석해 보았고, 그 결과 아동들이 모여서 놀만한 공간이 부족함을 알 수 있었다. 공원 및 녹지가 턱없이 부족했으며 대부분 골목에서 많이 뛰어놀아 차량 등의 위험요소에 노출되어 있음을 확인하였다. 또한 지역 상인들이나 출퇴근 직장인들은 저녁 시간대가 주 업무 시간이기에 자녀를 돌보기가 힘든 실정임을 파악하였다. 이 점을 보완하기 위하여 앵커시설의 타임뱅크를 활용할 수 있다. 지역 아동들이 모여 놀 수 있는 공간, 그리고 그들에게 학습과 돌봄의 기회를 타임뱅크를 통해 제공할 수 있다.

라) 각종 하우스 케어 나눔 프로그램

구의 내 대상지는 주거밀집지가 조성되어있다. 저층 주거지를 필두로 한 밀집지에는 다양한 하우스 케어 수요가 나타난다. 벽이나 타일 등 외관 수리부터 실내 조명등이나 청소 도움,

그리고 공구의 수요가 관찰된다. 공구 대여부터 다양한 하우스 케어를 타임뱅크를 통해 도움을 주고받을 수 있다. 뿐만 아니라 생활 속 수요들 전반에 대한 호혜적 플랫폼으로 앵커시설의 타임뱅크가 자리할 것으로 예상한다.

마. 거버넌스 조성 프로그램을 통한 지역 네트워크 활성화

도시재생 사업의 협력적 거버넌스의 과정에서 공동체 활성화를 통한 주민참여 확대 및 역량강화 지원을 위해서 주민공모사업은 매우 중요하다. 그러나 구의역 일대는 도시재생 초기 진행 단계이며 주민공모 사업을 위해서는 많은 주민들이 참여함으로써 서로서로 갈등을 극복하고 신뢰하는 과정이 진행되어야 한다. 즉, 협력적 거버넌스의 결과물에 대해 비판보다는 주민이 중심이고 주민이 주도하는 도시재생사업이라는 인식을 지속적으로 심어주어야 주민 중심의 공동체가 형성이 되고 이후 단계로 나아갈 수 있다. 그래서 구의역 일대의 주민 중심 앵커시설은 '지역 네트워크 활성화' 기능을 담당할 것이다.

가) 구의브러리(Guui-brary)

앵커시설에 '구의브러리'라고 하는 작은 도서관 조성을 통해 주민 공동체 기반을 마련할 계획이다. 기존에 구의3동 도서관이 존재하기는 하나, 주거중심지역에서 멀리 떨어져 있어 주민들의 이용이 많지 않다. 우리 조는 보다 더 주민들의 삶 안에 도서관이 녹아들어가 있는 형태를 구상하였다. 구의역 지하철에 있는 빈 공간, 주민중심 앵커시설을 작은도서관으로 재구성하여 오고 가는 주민 및 유동인구의 이용을 활성화하는 방법 중 하나로 북카페, 북콘서트를 활용하는 방안을 고안했다. 단순 책을 읽고 빌리는 도서관의 형태에서 더 나아가 마을 주민들이 함께 어울려 책을 읽고 이야기를 나눌 수 있는 장소를 제공함으로써 공동체 문화를 생활 속에서 이룩하고자 한다.

나) 구의 시네마(Guui Cinema)

둘째, 앵커시설 내에 '구의 시네마'의 조성을 통해 지역 청소년 및 아동의 지속적인 참여를 이끌어낼 수 있다. 구의역 주변에는 성자초, 자양초, 구의초 등 다수의 초등학교가 존재하며, 자양하나유치원, 동인유치원 등 다수의 유아시설이 존재한다. 코로나 19로 인해 사회적 거리두기가 일상화되면서 친구들을 만나지 못한 초등생들에게 '구의 시네마'는 영화, 연극을 보며 서로 간 만남의 장소로서 활용될 수 있다. 또한 단순히 청소년들의 교류에서 끝나는 것이 아니다. 아이들의 부모님 또한 앵커시설에서 친목을 다지고 활동을 하면서 하나의 조직으로 발전할 수 있다는 것이다.

이를 통해 다양한 연령대가 주민 중심 앵커시설을 통해 조직 구성 단계로 나아갈 수 있게끔 계획하고 있다.

다) 구의 마켓(Guui Market)

셋째, 앵커시설에서 '구의 마켓' 프로그램을 통해 하나의 문화를 만들어 나아갈 수 있다. 선례로서 성북구는 2014년부터 지역 주민 누구나 참여할 수 있는 '길음뉴타운 아나바다 그린장터'를 운영하고 있다. 4월부터 10월까지 매월 셋째 주 토요일 오전 10시부터 운영된다. 이를 참고하여, 구의 마켓을 운영할 계획이다. 구의 마켓은 매분기마다 운영되며, 구의역 인근 주민이 판매자로 참여한다. 재활용 가능한 물품을 판매할 수 있을 뿐만 아니라 체험부스, 먹거리 장터, 나눔 바자회를 운영하여 주민과 지역단체가 함께 만들어가는 주민참여 문화축제를 조성할 예정이다. 봄, 여름, 가을, 겨울의 계절 특색을 활용한 체험부스를 운영하여 지역주민과 방문객의 참여를 유도할 계획이다.

5. 기대효과 및 결론

가. 기대효과

가) 구의역 주민의 네트워크 강화 및 후생 증대

'92%(구의퍼센트)'는 상가중심 앵커시설만 시행하는 것이 아니다. 주민중심 앵커시설에서 '타임뱅크' 시스템, 구의브러리, 구의시네마, 구의 마켓 등 구의역 주민들을 위한 다양한 프로그램을 시행한다면 구의역 인근의 주민들에게 포괄적인 후생을 증대시켜 구의동의 재생을 촉진시킬 것이다. 특히 타임뱅크 시스템을 구의역의 도시재생에 도입시킨다면 후생 증대라는 물리적 환경의 개선뿐만 아니라 주민의 역량을 증대시키는 도시재생의 원래 목적을 충분히 살릴 수 있어 도시재생의 정책 완성도를 효과적으로 구축할 수 있을 것이다.

나) 앵커시설을 기반으로 한 미가로 경쟁력 강화

앵커시설 구의퍼센트에서 진행되는 다양한 상인들의 프로그램은 미가로의 경쟁력을 강화할 것이다. 한식업종과 단순 유흥가가 주를 이루었던 기존 미가로 일대의 체질이 개선되는 마중물의 역할을 수행할 것으로 기대된다. 또한 상인 역량 강화의 창구 역할을 수행하면서도 주민과 상인, 방문객의 친밀도도 증진하여 활기를 띠게 될 것이다. 거점 공간이 전무했던 구의에 모일 수 있는 공간이 생기는 것으로 미가로 경쟁력 강화는 시작될 것이다.

다) 구의형 앵커시설의 브랜드화

상가중심 앵커시설에서 시행하는 다양한 프로그램이 효과적으로 시행되고 유지된다면 구의형 구의형 앵커시설인 '92%(구의퍼센트)'가 구의만의 독자적인 브랜드로 성장될 수 있을 것으로 예상된다. '구의퍼센트'가 광진구, 구의동의 독자적인 브랜드로 자리매김하여 상가를 번영하게 하고 상인과 상인, 주민과 상인간 네트워크를 촉진시킬 수 있게 될 것이고, 뿐만 아니라 '구의퍼센트'의 브랜드성으로 '구의퍼센트'와 구의동, 광진구의 외부 주체들간의 네트워크를 형성하게 되어 점차 구의형 앵커시설이 발전될 것으로 예상된다.

나. 결론

지금까지 구의역의 도시재생 사업을 성공으로 이끌 수 있는 앵커시설 정책인 우리 3조의 '92%(구의퍼센트)' 앵커시설 정책을 제안했다. 도시재생 앵커시설은 기존 사례와 연구 및 설문조사에서 나타나듯 지역의 도시재생을 성공적으로 이룩하는데 중추적인 역할을 수행한다. 도시재생은 무엇보다 해당 지역의 일반 주거주민과 상가 상인들의 소통으로 완성되는 정책인 만큼 도시의 특성을 충분히 파악한 앵커시설의 도입은 그 어떤 정책보다 선행되어야 하고 중요하다. '92%(구의퍼센트)' 앵커시설 정책이 시행된다면 단편적인 프로그램의 시행과 상가 홍보만을 목적으로 하여 도시를 재생시킨다는 목적이 아닌, 구의만의 특성, 형태를 정확히 파악하여 보다 성공적으로, 효과적으로 구의를 재생 및 발전시킨다는 목적성을 띤 만큼 앞으로도 지속적으로 상인과 주민들 간 대화와 소통을 이어나가야 할 것이다.

참고문헌

김경혜. 2014. "서울노인의 경제·사회적 결핍 실태와 노인복지 정책의 발전방향" 서울연구원 정책리포트

김정훈, 이다겸. 2018. "타임뱅크(Time Bank)를 활용한 복지서비스의 혁신" 경기연구원 이슈&진단 제310호

사영재. 2015. "팝업스토어 마케팅의 분류 및 특성에 관한 연구: 브랜드 매트릭스 모형에 따른 체험적 분류를 중심으로" 『한국브랜드디자인학회』 13-2, 157-166.

유경미. 2013. "SNS를 활용한 온라인 마케팅에 관한 연구" 영남대학교 대학원 석사학위논문

서울특별시 도시재생지원센터. 2019. "서울, 도시재생 앵커시설 이야기"

국무조정실. 2020. "생활SOC 지역참여 선도사례집"

서울특별시. 광진구 연령별 인구현황 2021 통계자료

한국부동산원. 부동산통계정보시스템 2020 통계자료

❖ 청년의 지역참여와 사회혁신 ❖

도움을 주신 분들

국민권익위원회 원지은 선생님

구의도시재생지원 센터 유광철 코디네이터님

구의도시재생지원 센터 김민서 코디네이터님

광진구청 도시재생과 재생사업팀 송치오 주무관님

장안평자동차산업종합정보센터 이형주 센터장님

해방촌도시재생지원센터 이봉길 사무국장님

해방촌도시재생지원센터 김기택 마을활동가님

제5장. 안(眼)심광진 프로젝트

안(眼)심광진 프로젝트 : QR코드 활용한 안심 귀가 모니터링

❖ 김민서 · 박규안 · 박효리 · 정유선

요 약

  광진구 구의동의 주택가는 늦은 귀가 시 인적이 드물고 어두운 사각지대가 다수 존재한다. 따라서 구의동의 주민들이 안심할 수 있는 귀갓길 조성과 치안 서비스 제공이 필요하다. 현존하는 치안 정책들의 문제를 보완하고 더 효과적인 치안을 구축하고자 "QR코드 활용한 안심 귀가 모니터링"을 정책대안으로 제안한다.
  QR 안심귀가 모니터링 프로그램은 안심이 앱에서 이용 가능한 "귀가 모니터링"을 기반으로 하며, 기존보다 서비스 접근성이 용이한 방식으로 변화시키는 데 초점을 맞추었다. 전봇대에 부착된 QR코드를 스캔하면 귀가 모니터링 서비스를 구현해 낸 사이트로 바로 연결되어 관제센터로부터 모니터링을 받을 수 있게 된다. QR코드를 활용한 안심 귀가 모니터링은 편의성과 접근성을 높였다는 점에서 기존의 치안 정책들과 차별되며, 치안 부분에서 큰 기대효과를 낳을 것으로 기대한다.

1. 서론

　우리 조는 구의동 활성화를 위한 방안을 위주로 논의하고 팀 프로젝트를 진행하였다. '구의동 활성화 방안 및 문제 개선'에 관해 팀 프로젝트를 시작하면서 본 4조는 주제를 좁혀가기 위해서 주차 공간 부족 문제, 점포 인테리어 및 환경개선 문제, 안심귀가 관련 치안 문제를 세 가지 개선방안으로 꼽았다. 첫 회의 때 광진구의 문제를 직접 보기 위하여 현장조사부터 진행하였다.
　현장조사를 진행한 결과, 첫 번째로 주차 공간 부족의 문제는 구의동에서 그리 크게 나타나지 않았다. 특히 172대의 차량이 주차 가능한 공영주차장이 구의역 근처에 위치하고 있었고, 공영주차장에서 조금 떨어진 곳에는 주민 전용 주차장이 두 곳에 있었다. 또한 골목이 조금 넓은 곳에는 지정 주차를 시행하고 있어 주차 상황이 어지럽지 않고 통행 차량 또한 주차 차량으로 인해 방해받지 않음을 확인할 수 있었다. 두 번째로 점포 인테리어 및 환경개선 문제는 미가로가 직선으로 광범위하게 자리 잡고 있으며, 상인 개개인과 조정을 해야 한다는 점에서 실현하기 어렵다고 판단하였다. 세 번째 안심귀가 관련 치안 문제는 직접 구의동에 거주해본 적 있는 조원의 경험을 통해 더욱 인식하기 쉬웠다. 인적이 드물고, 건물 사이 사각지대에서 쉽게 범죄 위협을 느낄 수 있다고 하였다. 특히 구의동의 인구 유출 문제에 있어서 이러한 치안 방안이 본질적인 해결방안이 될 수 있다고 확신하였다.
　따라서 본 4조는 '안심귀가 치안 서비스'를 주제로 선정하게 되었으며, 이를 해결할 방안을 모색하기 위해 팀 프로젝트를 진행하였다. 실제 범죄가 일어나지 않더라도 범죄가 일어날 수 있다는 불안을 완화할 수 있는 데에 초점을 맞추었고, 이에 따

제5장. 안(眼)심광진 프로젝트

라 설문조사를 진행하고 정책을 발전시켰다. 더욱 편리하고 유용한 치안 서비스의 개발을 위해 논의하고 또 논의하였다. 본 조의 프로젝트 이름은 '안(眼)심광진 프로젝트'로, 모니터링이라는 시스템을 함축하여 보여주기 위해 눈 안(眼) 자를 사용하였다.

본 보고서에서는 우선 범죄율, 범죄 가능성에 대한 심리적 불안의 요인, 그리고 현행 치안사업의 현황과 실태를 광진구뿐만 아니라 전국적으로 살펴보고, 선행연구 조사 및 논문 조사를 통하여 이론적 배경에 대해 살펴볼 것이다. 이후 기획한 '안(眼)심광진 프로젝트'를 소개하고 이의 기대효과에 대해 자세히 이야기해보고자 한다. 마지막으로 결론 부분에서는 본론의 요약 및 시범사업의 함의와 시사점에 대해 논의해보며 보고서를 마무리하고자 한다.

2. 현황 및 실태

가. 광진구 치안사업 및 그 외 치안 정책 실태

〈그림 1〉 광진구 범죄 지수(출처: 생활 안전지수)

광진구는 행정안전부의 지역 안전등급 평가 중 범죄 분야에서 15~19년까지 5년 연속 4등급 평가를 받았다. 범죄 등급 개선을 위해 "범죄예방 및 치안환경 구축 사업"을 2019년 수립하게 되었다. "범죄예방 및 치안환경 구축 사업"의 내용은 범죄예방 환경설계(CPTED)를 적용한 인프라를 광진구 내 행정동에 구축하는 것이다. CPTED는 범죄 심리를 위축시키는 디자인을 적용해 주거환경을 개선하고, 범죄를 예방하는 데 목적이 있다. 광진구 군자동의 '빛담길', '안심 거울길'과 중곡3동의 '모둠지기' 등이 그 예시이다. CPTED 사업 시행 1년 후, 2020년 지역안전등급 평가에서 한 등급 상승한 3등급을 받게 되면서, CPTED 치안사업의 효과가 바로 나타났음을 알 수 있다. 그럼에도 CPTED 사업이 가지는 한계가 존재한다. ①설치 이후 관리 부재 ②장기적 도시계획 고려 않은 설치 ③방치나 폐기로 인해 장기적 효과 기대하기 어려움 등의 문제가 나타날 수 있어 설치 조형물 관리에 대해 지속적인 관심을 보여야 한다.

광진구 외 서울시에서 진행하고 있는 치안사업의 대표적인 예로는 "안심귀가 스카우트"와 안심이 앱을 통한 "귀가 모니터링 서비스"가 있다.

나. 구의동(구의 1동) 치안 문제 파악

구의역 일대 주택가를 방문하여 치안 관련한 문제점이 무엇인지 현장조사를 통해 파악하였다. 구의역이나 마을버스 등 대중교통 하차 장소와 주거지 간 거리가 있어, 귀가 시 도보 5-10분 정도가 소요될 수 있다. 귀가 중 위험 상황 발생 시 이용 가능한 "방범 비상벨 전봇대"의 개수를 조사한 결과, 구의동 전체에 총 39개소의 비상벨 전봇대가 설치되어 있음을 알 수 있었다. 이는 약 축구장 11개당 1개소꼴로 설치된 것으로, 좁은 면적에 여러 세대가 거주하는 다세대 주택가의 경우 적은 수의 비상벨 전봇대가 가지는 실효성은 낮다고 파악하였다.

따라서 늦은 귀가 시 인적이 드물고 어두운 사각지대가 존재하는 구의동 주택가에서, 주민들이 안심할 수 있는 귀갓길 조성과 치안 서비스 제공이 필요한 상황이다.

다. 치안사업에 대한 시민의 의견

현재 시행 중인 치안사업들이 가진 한계를 극복하고 실효성 있는 대안을 마련하기 위해서는 실제 이용자가 될 시민들의 의견을 청취할 필요가 있다. 다양한 연령층의 의견을 받고자 국민 생각함과 구글폼을 활용하여 설문조사를 실시하였다. 또한, 본 프로젝트의 취지인 '구의역 일대 활성화'에 걸맞게 구의역 일대 주민들을 대상으로 현장 투표도 실시하였다.

1) 구글폼 및 국민 생각함 설문조사 결과

5월 4일부터 5월 8일까지 총 5일간 구글폼을 통해 설문조사를 실시하였고, 총 92명이 응답하였다. 이후 5월 12일부터 5월 26일까지 약 2주간 국민 생각함을 활용하여 설문조사를 실시하였으며, 총 193명이 응답하였다. 두 설문지에서 유의미한 결과를 보이는 항목들을 중점적으로 분석해보았다.

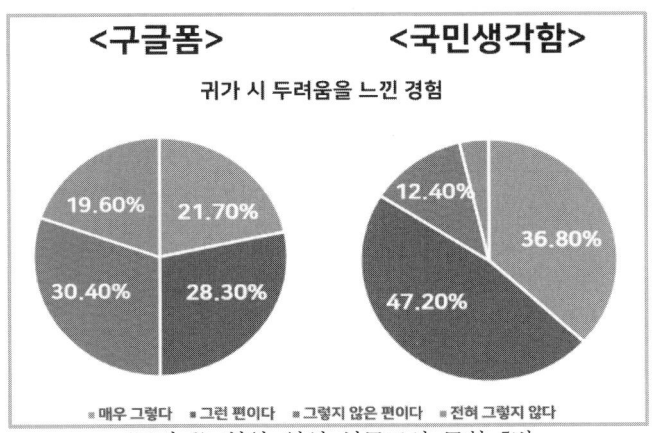

〈그림 2〉 치안 인식 설문조사 문항 5번

❖ 청년의 지역참여와 사회혁신 ❖

　치안사업의 주목적은 범죄예방을 위해 국가가 노력하고 있으며, 주민들로 하여금 안심하고 생활하도록 돕기 위함이다. 따라서, '귀가 시 두려움을 느낀 경험' 항목을 통해 실제 주민들의 경험을 파악하고, 설문지의 실효성을 확인할 수 있다. 구글폼 응답자 50%, 국민 생각함 응답자 83.93%가 평소 귀갓길이 위험하다고 느낀다고 응답하였다. 80% 이상의 응답자가 치안에 확신을 가지지 못한다고 답변한 국민 생각함의 설문조사 결과를 중점적으로, 치안 정책에 대한 인식을 조사하고 문제점을 파악하겠다.

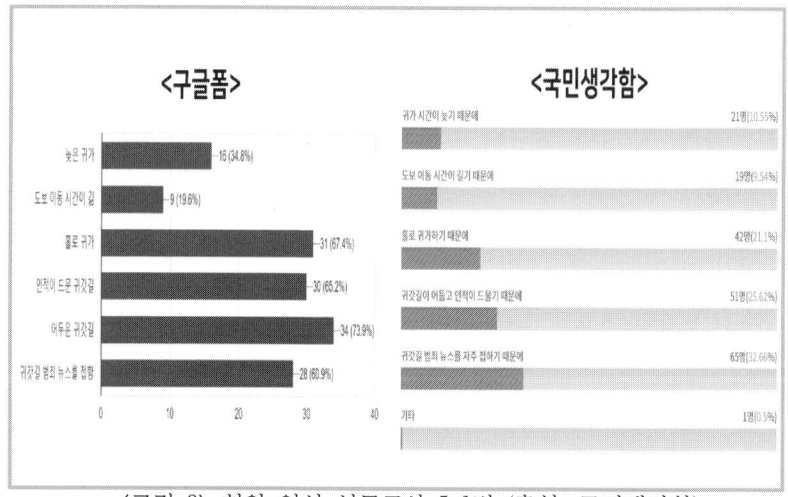

〈그림 3〉 치안 인식 설문조사 5-1번 (출처: 국민생각함)

　귀가 시 위험을 느낀 경험이 있는 응답자를 대상으로 '어떤 요인이 귀갓길 불안감을 유발하였는지'에 관해 물었다. 두 설문조사 결과를 종합하였을 때, '홀로 귀가', '어둡고 인적이 드문 귀갓길', '귀갓길 범죄 뉴스' 등의 경험이 응답자들로 하여금 귀갓길을 위험하다고 느끼게 함을 알 수 있다.

제5장. 안(眼)심광진 프로젝트

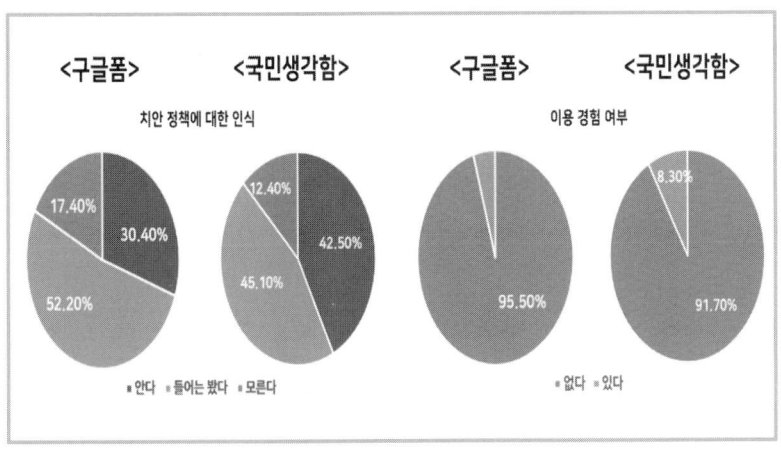

〈그림 4〉 치안 인식 설문조사 6번

안심 귀가 스카우트, 비상벨 전봇대, 안심이 앱, 여성 안심 지킴이 집 등 '현재 시행 중인 치안 정책에 대해 인지하고 있는지' 시민들의 응답을 받았다. 위 그래프를 통해 80%가 넘는 응답자가 치안 정책의 존재에 대해 인지하고 있다는 것을 알 수 있다. 하지만, 이용 경험은 채 10%가 안 되는 낮은 수치를 기록하고 있다.

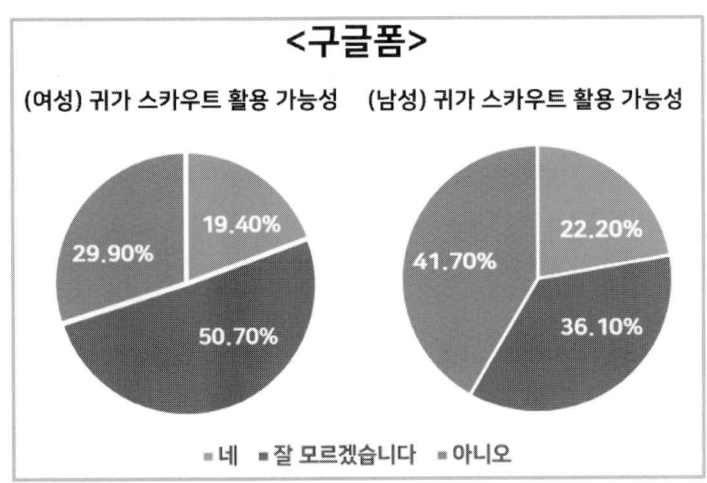

〈그림 5〉 치안 인식 설문조사 7번

〈자료 3〉의 참고자료로서, 치안 서비스 이용 경험이 없더라도 '향후 이용할 의지가 있는지'에 관해 물었다. 여성의 경우 19.4%, 남성의 경우 22.2%만이 스카우트 서비스 이용에 적극성을 보였다. 현재 시행 중인 치안사업에 대하여 홍보 확대 등의 방법만으로는 낮은 이용률 문제를 해결할 수 없을 것이다. 아래 〈자료 5〉를 통해 응답자들이 '왜 치안 서비스를 이용하지 않고, 앞으로 않을 것인가'에 대한 답변을 얻을 수 있었다.

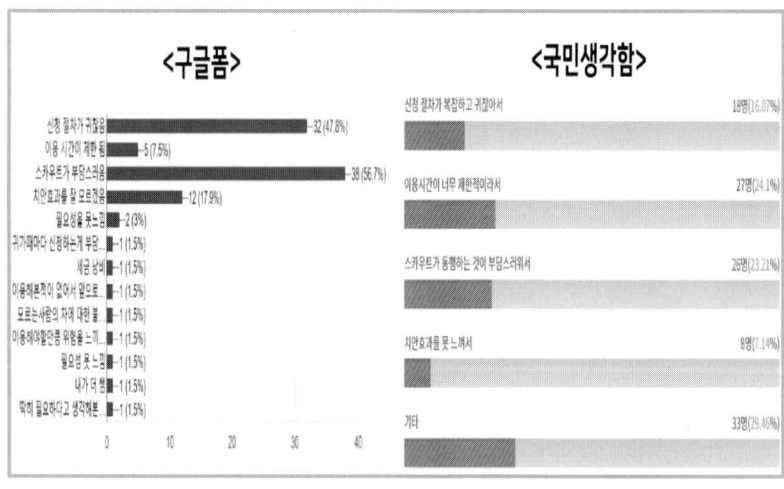

〈그림 6〉 치안 인식 설문조사 8번(출처: 국민생각함)

치안 서비스 이용 의사가 없는 응답자를 대상으로 그 까닭을 물었을 때, '동행 스카우트가 부담스러움', '신청 절차가 까다로움', '이용시간이 제한적'이라는 답변이 다수이다. 이러한 문제들을 해결한 치안사업이 진행된다면, 이용률을 더 높일 수 있을 것으로 기대된다.

2) 구의역 일대 현장 투표

구의역 일대를 대상으로 진행하는 사업이기 때문에, 실제 거주하는 주민들의 의견을 듣고자 5월 8일 구의역 일대에서 현장 투표를 실시하였다.

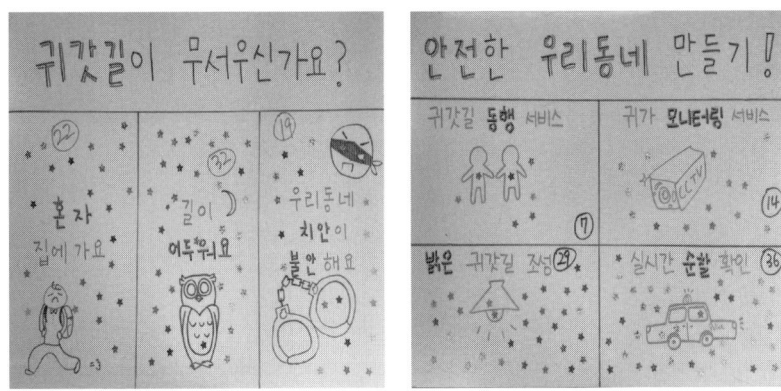

〈사진 1〉 구의역 일대 현장 투표 피켓

귀갓길의 위험 요소에 대한 질문에 총 73명이 응답하였으며, '홀로 귀가', '어두운 귀갓길', '동네 치안 불안' 등 세 요인 모두 고르게 선택되었다. 치안 정책 선호를 조사한 결과, 총 86명이 응답하였으며, '귀갓길 동행 서비스'와 같이 직접적인 수단보다는 '실시간 순찰 확인', '귀가 모니터링 서비스' 등 간접적인 수단을 선호함을 알 수 있다.

〈사진 2〉 구의역 일대 현장 투표 진행

라. 시사점

두 번의 설문조사를 통해, 다수의 시민이 귀가 중 범죄 위험을 느낀 경험이 있음을 알 수 있다. 범죄 위험을 느낄 때 이용할 수 있는 치안 정책이 존재한다는 사실을 알지만 이용하지 않는 비율은 현저히 높았다. 귀갓길에 위험을 느끼면서도 치안 정책을 활용하지 않는 이유는 서비스 신청 절차가 번거롭고, 이용시간 등에 제한이 있으며, 동행 스카우트 제도의 경우 동행인에 대한 부담을 느끼기 때문이다.

구의동 일대 주민들의 의견을 수렴한 결과, 치안 정책 중 직접 대면하지 않고 이루어지는 간접적 수단에 대한 선호가 높은 것을 확인할 수 있었다.

따라서 ①신청 가능 시간이나 조건 등의 장벽을 낮추고, ②앱 설치나 회원가입 등 복잡한 절차 없이 간단하고, ③직접 사람을 대면하지 않아 누구나 부담 없이 이용 가능한 치안사업이 만들어진다면, 높은 이용률과 함께 치안에 대한 믿음 상승, 낮은 범죄율로 이어질 수 있을 것이다.

3. 이론적 배경

통계청의 2008년 자료에 따르면 약 지난 20년 사이 인구는 13% 증가했지만, 범죄는 약 106% 증가하였고 이에 따른 문제가 심각한 수준에 이르렀다. 특히 이러한 범죄 중 사회적 약자를 대상으로 한 범죄가 매우 증가했다. 범죄 수법은 더욱 다양하고 지능적으로 진화하였고, 그에 따른 피해 수준은 점차 높아졌다. 범죄에 대한 공포로 국민의 삶의 질은 낮아지고 있다. 최근 매체나 미디어를 통해 여성을 포함한 약자들의 귀갓길이 위협받고 있다는 소식을 쉽게 접할 수 있다. 신림동 귀가 여성 미행 사건, 봉천동 원룸 여성 스토킹, 그 밖의 데이트 폭력, 살인 및 강도 등 강력 범죄가 끊임없이 보도되고 있다. 이와 같은 범죄 사례들의 공통점은 홀로 위험에 노출되어 있고 어두운 귀가 시간에 발생한다는 것이다.

본 4조는 광진구 거주민들을 인터뷰한 결과, 실제 늦은 밤에 홀로 귀가할 때 가장 범죄에 노출될 우려가 있다고 표했다. 또한, 이들은 범죄가 발생하는 것을 예측하기 어려워 이에 대비하기엔 아무래도 한계가 있다고 의견을 더하였다. 한편 안전한 귀가가 되는 요건으로 밝은 귀갓길과 인적이 많은 곳, 또한 자신의 안전이 보장받고 있는 제도적 장치의 마련 및 개선 등으로 뽑았다.

4조는 앞선 인터뷰와 각종 매체와 자료를 찾은 결과 안전한 귀가를 위해 실행된 정책의 사례를 알 수 있었다. 크게 국내외적으로 찾을 수 있었고, 나아가 각각의 지방자치단체마다 나름의 범죄예방을 위한 다양한 정책을 실시하고 있음을 알 수 있었다. 아울러 그에 대한 효과와 보완해야 할 점을 함께 살펴보는 기회를 가짐으로써 우리의 정책을 설정하는 데 도움을 얻을 수 있었다.

가. 안심 및 안전한 귀가를 위한 국내 선행 정책 사례

1) 여성안심귀가 서비스

'여성안심귀가 서비스'는 여성들이 안심하고 귀가할 수 있도록 집 앞까지 동행해주는 서비스이다. 아울러 늦은 시간 귀가하는 여성들이 늘어남에 따라 성범죄에 쉽게 노출되는 위험한 상황을 최소화하기 위한 방안이기도 하다.

우리나라에서 처음으로 여성안심귀가 서비스를 도입한 곳은 인구비례 여성범죄가 가장 자주 발생하는 서울특별시로, "여성안심특별시"라는 슬로건 아래 여성 안전을 위한 다양한 정책을 시행하고 있는 곳이기도 하다. '여성안심귀가 스카우트 제도'도 그중 하나로, '안전한, 따뜻한, 숨 쉬는 도시 서울'을 만들고자 2013년부터 시행되었다.

여성안심귀가 서비스를 이용하려면 이용 30분 전 사전 신청이 필요하다. 운영 시간은 주말 및 공휴일을 제외하고 월요일 오후 10시부터 12시, 화요일부터 금요일까지는 오후 10시부터 다음 날 오전 1시까지 운영된다. 또한, 귀가가 늦어질 경우 120 다산콜센터로 전화해 신청할 수 있다. 이 경우 거주 자치구 구청 상황실로 연결되어 스카우트와 약속 장소와 시간을 정해 만날 수 있다. 여성 안심 귀가 서비스는 여성을 포함한 약자를 주거지역까지 안전히 바래다주는 것뿐 아니라 범죄가 우발 지역을 순찰하며 범죄예방을 지원한다.

스카우트들은 공공근로자로, 〈그림 7〉에서와 같이 여성안심귀가 서비스의 운영은 '안전귀가 지원'과 '취약지 순찰'로 이루어진다.

제5장. 안(眼)심광진 프로젝트

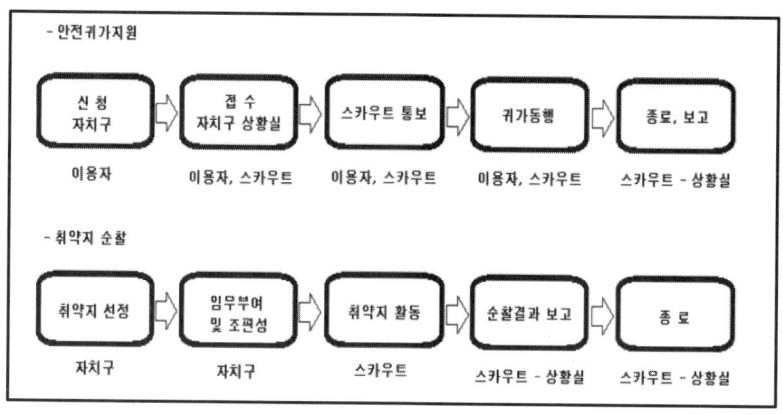

〈그림 7〉 여성안심귀가 서비스 운영체계(출처: 서울특별시(2015). 보도자료)

'안전귀가 지원'은 여성안심귀가 서비스의 주된 업무로 스카우트가 서비스 신청자와 동행하는 일련의 과정을 나타낸 것이며, '취약지 순찰'은 여성안심귀가 서비스의 보조업무로 업무시간 동안 안전귀가 신청자가 없을 경우 우범지역 청소년계도 및 쉽게 범죄에 노출될 수 있는 주취자와 연소자, 노약자 보호를 위해 순찰을 하고 있다.(2018, 강동범)

2) 스마트폰을 활용한 CCTV 안심귀가 서비스

스마트폰을 활용한 CCTV 안심귀가 서비스에 관한 선행연구로는 이건배의 「거리 및 서비스율을 고려한 CCTV 안심귀가 서비스의 구현」이 있다. 스마트폰을 활용한 안심귀가 서비스는 스마트폰에서 제공하는 GPS 위치정보를 이용한 시스템으로써, 심야에 위험한 우범지역에서 안심귀가 서비스를 지원받기 원하는 의뢰인이 스마트폰 앱을 통하여 서비스를 신청하면 방범센터에서는 수신된 의뢰인의 위치정보를 파악하여 의뢰인의 주변에 설치된 CCTV 카메라들의 영상 촬영 각도를 제어함으로써 의뢰인들이 이동하는 경로를 추적, 촬영, 저장하는 시스템이다.

서비스 의뢰인은 스마트폰과 같은 스마트기기를 통해서 서비스를 신청하면 스마트폰 앱은 현재의 GPS 위치정보와 의뢰인의 개인 관련 정보를 방범센터로 전송한다. 방범센터는 의뢰인 주변의 CCTV 카메라들을 선택하며 해당 CCTV 카메라를 제어함으로써 의뢰인의 진행 방향으로 촬영함과 동시에 의뢰인에게 서비스 가능 메시지를 전달하게 된다.

서비스 의뢰인이 귀가 경로를 따라 이동하면 스마트폰의 현재 GPS 위치정보를 방범센터에 지속적으로 전송하고, 방범센터는 위치정보를 이용하여 의뢰인 주변의 CCTV 카메라를 선택하고 의뢰인의 진행 방향을 따라 지속적으로 촬영 및 녹화하도록 한다. 따라서, CCTV 카메라에 의해 위치정보를 이용한 추적 서비스를 계속 받을 수 있다.

서비스를 지원받는 중에 위급한 상황이 발생하면 스마트폰을 이용하여 즉시 신고가 가능하다. 신고 내용은 방범센터로 전달되어 모니터링 요원에 의해 경찰 등과 같은 구조자들에게 접수된다.

이러한 서비스는 위급한 사건의 발생 빈도가 높은 지역이나 심야 시간대에 활용 가능함으로써, 위급한 범죄가 발생할 때 의뢰인이 불가항력으로 즉각 신고가 불가능한 경우에도 의뢰인을 추적 촬영하고 녹화된 CCTV 영상을 이용하여 추후에 범죄 용의자를 검거하는 데 도움이 된다. 또한, 현재 안심귀가 서비스가 제공되는 지역으로 인식된다면, 범행을 시도하려는 우범자들에게도 강력한 범죄 억제 요인으로 작용함으로써 사전에 범죄예방 효과가 크다고 볼 수 있다.

성동구는 서울시 자치구 중 처음으로 안심귀가앱을 개발하여 운영하고 있다. 스마트폰에 앱을 설치하여 의뢰인들이 집 또는 목적지를 설정하고 출발하면, 출발 지점부터 최종 목적지까지 위치정보를 인지하여 방범용 CCTV 카메라가 해당 의뢰인의 이동 경로를 추적하면서 의뢰인을 촬영하며 보호해 준다. 만약

제5장. 안(眼)심광진 프로젝트

　의뢰인에게 위급상황이 발생하는 경우, 의뢰인이 스마트폰을 통하여 구조 신호를 보내면 CCTV 관제센터와 현장에서 경보음이 울림과 동시에 안심귀가 사용자가 미리 지정한 보호자들에게 구조 문자와 의뢰인의 위치정보가 전송되며, 스마트폰 GPS 위치정보를 이용하여 경찰 등 구조자의 신속한 출동이 가능하다.(2019, 이건배)
　서울시의 사례도 있다. 서울시는 안심이 앱을 통해서 안심귀가 서비스를 제공하고 있다. 안심이 앱은 위치 추적을 통한 범죄 및 사고 예방을 위해 서울시에서 제공하는 애플리케이션이다. 그 기능은 귀가 모니터링, 안심 스카우트, 긴급 신고 등이 있다. 앱에서 모니터링 서비스를 터치하고 목적지를 입력하면 자신의 위치를 실시간으로 관제센터로 전송하고, 목적지 도착 완료 후 종료되는 것이다. 또한, 위급상황 발생 시, 버튼을 눌러 바로 관제센터에 신고가 가능하며, 전화를 할 수 없는 경우, 휴대전화를 세게 흔들어 신고가 가능한 기능도 내재되어 있다.

〈사진 2〉 서울시 '안심이' 앱 실행 화면(출처: 안심이 앱)

나. 안심 및 안전한 귀가를 위한 해외 선행 정책 사례

안전한 귀가를 위한 해외의 정책 사례는 첨단 기술을 이용하거나, '조치'의 기능에 중점을 두며, '정보제공' 기능들을 중심으로 범죄예방을 꾀했다. 캐나다는 드론을 이용해 위험에 처한 시민을 구하기도 했다. 이 드론은 신고자의 정확한 위치 파악에 성공해 휴대전화를 통한 경찰 구조의 한계를 보완했다. 또한 적외선 카메라가 탑재된 드론을 띄워 야간 수색에 있어서도 범죄자와 신고자의 식별을 용이하게 했다. 또한, 영국은 치안 및 방범을 목적으로 드론을 이용한 결과, 경찰 인력의 지상경비 활동에 비해 10% 저렴한 비용으로 무려 7배 신속한 직무수행의 이점이 있었다.

전술한 내용과 달리 기술이나 인력이 아닌 부분에서 범죄를 예방하는 해외 사례도 있다. 덴마크의 Vejleåparken 주거단지는 주택 신설과 노후 주택 리모델링에 있어 목적을 친환경적이고 범죄로부터 예방이 가능한 단지로 재생하게 만들었다. 이 지역에서는 자연감시를 위한 조명설치를 효율적으로 배치했다. 보행로를 따라 가로등 형태의 조명을 설치하였고 시각적 단절이 일어나지 않도록 일정한 간격을 유지하여 보행로에서 단지 내부로 자연스럽게 연결시켰다. 건물배치는 판상형 공동주택과 단독주택의 경우 주택의 출입구가 보행로에 면하도록 배치되어 자연감시에 효과적이었다.

다. 방향성

우리는 앞선 국내 사례를 참고하여 사례 분석과 설문 결과 해석을 해낼 수 있었다. 결과적으로 안심 귀가 서비스 사용 과정을 간편화하고 사용자 본인이 실시간으로 안전하게 보호를 받고 있다는 심리적 안정감의 기대를 이끌어내어 실질적인 효과를 발휘할 수 있는 방향으로 정책을 구성해 나가야 한다는 결론을 내렸다.

또한, 해외 사례를 통해 첨단 기술 도입의 필요성과 시공간의 제약을 벗어날 수 있는 효율적인 범죄 예방법을 논의할 수 있었다.

나아가 밝은 길과 정리 정돈된 골목 또는 거리 정비와 같이 환경적인 요소가 범죄예방에 큰 역할을 한다는 범죄 심리 연구도 고려하여, 우리의 정책 또한 귀갓길이 최대한 범죄예방에 효과적인 환경에 놓이고 귀가자에게 심리적 안정감을 줄 수 있는 요소를 마련하고자 하였다.

한편 최근에는 상황적 접근법에 뿌리를 둔 범죄예방 환경설계(Crime Prevention Through Environmental Design, CPTED)를 적용하는 추세이다. CPTED 관련 선행연구들의 고찰결과에 따르면, 범죄예방을 위한 환경디자인 설계는 확산되고 있으며, 그 효과도 지속적으로 규명되고 있는 것으로 나타났다.(2020, 안종찬, 강석진) 따라서 우리 4조도 이러한 치안 정책의 동향을 고려하며 창의적이고 효과적인 정책을 구상해나가기 위해 노력할 것이다.

4. 정책대안: QR코드 활용한 안심 귀가 모니터링

가. 개요

지금까지의 조사 내용을 종합하여, 현 치안 정책들의 문제를 보완하고 더 효과적인 치안을 구축하고자 "QR코드 활용한 안심 귀가 모니터링"을 정책대안으로 제안하고자 한다. 이는 안심이 앱에서 이용 가능한 "귀가 모니터링"을 기반으로 하며, 기존보다 서비스 접근성이 용이한 방식으로 변화시키는 데 초점을 맞추었다. 대안을 구체화하기 위해 서울시 안심이 앱 여성정책 담당관, 광진구 스마트도시조성팀, CCTV 통합관제센터, 가로경관과 등의 도움을 받았다.

먼저, 본 조가 제시한 정책대안의 바탕이 될 안심이 앱의 귀가 모니터링 방식에 관해 설명하고자 한다. 스마트폰 구글스토어(애플의 경우 앱스토어)에서 "서울시 안심이" 앱을 다운받는다. 앱에 접속하여 휴대전화 인증을 통해 회원가입을 하게 되면 귀가 모니터링 서비스 이용이 가능해진다. 목적지를 입력한 후 귀가 모니터링 시작 버튼을 누르게 되면 현 위치의 관할 관제센터와 연결되어 모니터링이 시행된다.

앞서 진행한 치안사업 설문조사 결과 시민들은 치안에 있어서 간접적 방식에 대한 선호가 높았음을 확인할 수 있다. 한편 안심이 앱의 정확한 이용자 수 통계를 알고 싶었으나 서울시로부터 정확한 응답을 받지 못하였다. 그 때문에 시민들이 귀가 시 어떤 치안 정책을 주로 이용하는가에 대해서 정확히 파악할 수 없었다는 점에 아쉬움이 남는다. 하지만 국민 생각함과 구글폼을 이용한 설문조사, 그리고 구의동에서 진행하였던 설문 결과를 고려하였을 때, 간접적인 모니터링 제도는 동행인이 함께하는 스카우트 제도보다 이용률이 높을 것으로 판단할 수 있다. 또한, 이용시간이 제한적인 "여성안심 귀가 스카우트" 제도에 비해, 시간에 구애받지 않고 이용 가능한 귀가 모니터링 서비스는 성범죄 발생률이 높은 저녁부터 새벽 시간대까지 전 시간대에 걸쳐 높은 치안 효과를 기대할 수 있다는 장점이 있다. 하지만 안심이 앱을 통해서만 모니터링 신청이 가능하다는 한계가 서비스 이용의 진입장벽을 높게 만든다. 따라서 기존 귀가 모니터링의 장점은 살리면서, 진입장벽을 낮춘 새로운 정책 대안을 제시하고자 한다.

제5장. 안(眼)심광진 프로젝트

나. 시행착오

본 조가 제시하는 정책대안은 "QR코드 활용한 안심 귀가 모니터링"이다. 전봇대에 QR코드를 부착하여, 이용자가 귀갓길에 주위 전신주에 있는 QR코드를 스캔한다. 이후 안심이 앱이 설치되어 있지 않더라도, 귀가 모니터링 서비스를 구현해낸 사이트로 바로 연결하여 관제센터로부터 모니터링을 받을 수 있게 된다.

"QR코드를 활용한 안심 귀가 모니터링"을 현실화하기 위해 먼저 해결해야 하는 몇 가지 쟁점들이 있다.

> Q1. 귀가 모니터링 서비스를 안심이 앱 밖 사이트에서 구현할 수 있는가?
> Q2. 사이트 도메인 유지비, 귀가 모니터링 비용 등 어느 정도 예산이 드는가?

안심이 앱 담당 부서인 서울시 여성정책담당관 정정모 주무관님과의 질의응답을 통해 질문에 대한 답을 찾을 수 있었다.

> A1. 안심이 앱을 사이트화 할 수 있는지에 대한 질문 같은 경우, 앱 내의 치안 프로그램이 앱으로만 작동할 수 있게 만들어져 있어 불가능하다.
> A2. 도메인 비용 같은 경우, 공공 앱은 사설 도메인을 이용하지 않아 비용이 발생하지 않는다.

(귀가 모니터링에 드는 비용에 대해서는 답변을 받지 못하였다.)

안심이 앱의 운영 프로그램을 사이트로 옮길 수 있는지 여부에 대한 질문에 담당관으로부터 불가능하다는 답변을 받게 되어, 안심이 앱 자체와는 연동하여 프로젝트를 진행할 수는 없다고 판단을 내렸다. 따라서 광진구와 협업하여 자체적인 모니터링 시스템을 만들 수 있는지 광진구 스마트도시조성팀에 문의하게 되었다.

'광진구가 자체적으로 귀가 모니터링을 사이트로 구현하고, 이를 CCTV 관제센터와 연동시킬 수 있는가'의 질문에 대해서 스마트도시조성팀에서 불가하다는 답변을 받게 되었다. 안심이 앱은 서울시 진행 사업이기 때문에, 상세 시스템 운영 정보를 알 수 없다. 설령 모니터링 시스템을 만들 수 있게 되더라도 문제가 발생하게 된다. 기존 모니터링 서비스는 안심이 앱을 통해 관제센터로 이용자의 주소지 등 민감한 개인정보를 전송하기 때문에 매우 폐쇄적인 망으로 운영된다. 따라서 사이트와 관제센터를 연결할 시 개인정보 등이 위험에 노출될 가능성이 있어 자체적인 사이트 운영이 어렵다는 의견이다.

다. 구체적 방안

개인정보보호 문제로 인해 안심이 앱과 연동할 수도, 자체적인 서버를 운영할 수도 없게 되자 귀가 모니터링 서비스의 방향을 바꾸게 되었다. 귀가 모니터링을 사이트가 아니라 관제센터와 직접 연락을 주고받으며 진행할 수 있도록 정책대안을 마련하였으며, 방식은 아래와 같다.

제5장. 안(眼)심광진 프로젝트

1. 구의 1동을 시범 사업지로 정하고, 전봇대에 QR코드를 부착한다.

2. 이용자가 QR코드를 스캔할 시, 해당 전봇대 고유번호와 함께 광진구 CCTV 관제센터로 문자가 전송된다.(예시. 전봇대 번호 00000, 안심 귀가 모니터링 이용)

3. 서비스 이용자가 문자 발송 시, 관제센터에서 전봇대 번호를 활용하여 이용자의 위치를 파악한다.(예시. 관제센터에서 귀하의 위치를 확인하고 있습니다. 잠시만 기다려 주십시오.)

4. 위치 파악 완료 문자와 함께, 귀가 모니터링이 시행된다. (예시. 귀하의 현재 위치가 확인되어 실시간 모니터링을 시작하겠습니다.)

5-1. 서비스 이용자가 귀가를 완료할 시 모니터링 종료 방법 : 이용자의 문자 전송 또는 안심 귀가콜을 이용하여 이용자의 귀가 완료를 확인한다.(예시 1. 귀가 완료 시 귀가 모니터링 종료를 위해 회신문자 부탁드립니다.) (예시 2. 위 번호로 안심 귀가콜 부탁드립니다.)

5-2. 서비스 이용자가 모니터링 종료 응답이 없는 경우의 방법 : 30분, 45분, 60분 등 기간을 두고 일정 시간마다 종료 방법 알림 문자를 전송한다.(예시. 안전한 귀갓길 되셨나요? 귀가를 완료하셨다면 모니터링 종료를 위해 위 번호로 문자/안심 귀가 콜 부탁드립니다. 긴급 상황이 발생하셨다면 긴급 신고 번호(00000)로 연락 바랍니다.)

구의동 일대 조사를 통해 알게 된 치안 관련 문제점으로는 비상벨 전봇대 수량 부족과 주택가의 어두운 귀갓길에서 오는 심리적인 불안감 등이 있다. 따라서 구의1동을 시범 사업지로 정한다면, 귀갓길 안전을 위해 구의 관리가 이루어지고 있음을 인식하는 데에서 오는 주민들의 안도감과 함께 정책 대안의 치안 효과를 기대할 수 있을 것이다. 안심이 앱을 이용하여 귀가 모니터링을 받게 될 경우, 앱을 다운받기만 한다면 어디서든 이용할 수 있다는 장점이 있다. QR코드를 활용하게 된다면 앱을 다운받지 않고도 이용할 수 있다는 장점이 있지만, 모니터링 서비스 이용 위치에 제한이 생길 수 있다는 우려가 있다. 따라서, 구의역과 마을버스 정류장 등 대중교통 하차 장소 인근 전봇대와 주택가 일대의 전봇대에 QR코드를 부착하여, 모니터링 서비스 신청 가능 구역을 넓게 구상하였다.

전봇대는 각자의 고유식별번호를 지니고 있기 때문에, 각 전봇대 고유번호에 맞는 QR코드를 생성하여 부착한다. 구의동 내 전신주 개수가 많아 QR코드 생성과 부착물 제작에 수고로움이 요구될 수 있다. 하지만, QR코드를 이용의 가장 큰 장점은 코드 생성에 별도의 비용이 발생하지 않아 여러 개의 QR을 만들 수 있다는 점이다. 또한, 관제센터에서 전신주 고유번호를 바로 확인할 수 있기 때문에 GPS보다 정확하게 이용자의 위치를 파악할 수 있는 장점이 있다.

이후 모니터링 과정은 안심이 앱을 통한 귀가 모니터링과 동일하게 CCTV 관찰로 이루어진다. 관제센터에서 기존에 행해지던 모니터링 업무와 매우 흡사한 방식이기 때문에 새로운 방식의 도입으로부터 오는 불편함과 미숙함 등의 문제는 발생하지 않을 것으로 예상된다.

귀가 완료 시 모니터링 종료의 편의성을 위해 두 가지 방안을 제시하였다. 첫 번째는 문자를 통해 귀가 완료를 알리는 방법이다. 문자를 사용한다면, 이용자가 직관적으로 모니터링 종료 방법을 이해할 수 있다. 다만, 모니터링 이용자 수가 증가할 경우 관제센터에서 일일이 귀가 완료 문자를 확인해야 하기 때문에 효율성이 떨어진다는 문제가 있다.

이를 보완하여 두 번째, 안심 귀가콜을 활용한 방법이 있다. 기존 전자·수기 출입명부의 문제점을 보완하기 위해 등장한 '080 안심 출입콜' 방식을 변형하여 구상하였다. '080 안심 출입콜'의 경우 지자체가 설정한 고유번호로 전화하면, 출입기록이 통신사 서버에 자동으로 저장되는 방식이다. 이를 변형한 '안심

제5장. 안(眼)심광진 프로젝트 🎯

출입콜'의 경우, 관제센터 산하의 가상번호를 개통한다. 가상번호로 전화를 걸게 되면, 통화기록이 서버에 저장되면서 진행 중이던 귀가 모니터링 서비스를 종료시킨다. 안심 귀가콜을 도입하게 된다면, 관제센터에서 많은 이용자를 관리하는데 용이해지고, 이용자도 전화 한 통으로 편리하게 서비스 이용을 마칠 수 있다.

라. 기대효과

QR코드 활용한 안심 귀가 모니터링은 편의성과 접근성을 높였다는 점에서 기존 치안 정책과 차이를 보이며 본 정책대안만의 특색을 살린다. 모니터링 정책이 있다는 사실은 많은 시민이 인지하고 있지만, 안심이 앱 이용 경험은 거의 전무했다. 안심이 앱의 홍보 부족도 하나의 요인이 될 수 있다. 하지만 낮은 이용률에 대한 주요인은 안심이 앱의 존재감을 시민들이 체감할 수 없기 때문이다. QR코드가 적힌 홍보물을 전봇대에 부착한다면, 실제 거갓길에서 안심 귀가 서비스의 존재를 확인할 수 있으므로, 정책에 대한 홍보 효과가 더욱 클 것으로 예상된다.

그 외에도 이용 시간제한, 앱 설치와 회원가입, GPS와 Bluetooth 허용 체크 등의 복잡한 과정을 생략하여 QR코드만을 활용하기 때문에, 서비스 이용 과정이 번거롭거나 부담스럽지 않아 정책에 대해 높은 참여율을 기대할 수 있다.

모니터링 과정에서 진행되어야 하는 QR 스캔과 안심 귀가콜에 대해 디지털 친화 세대가 아닌 경우 이용하기 어렵다는 우려가 있을 수 있다. 하지만, QR 체크인과 자동전화 연결시스템(안심콜) 등 과거에는 낯설었던 방식들이 코로나 19로 인해 보편화되면서 많은 사람에게 익숙해졌다. 따라서, QR 스캔과 자동전화 시스템 방식 모두 누구나 쉽게 이용이 가능할 것으로 예상된다.

다음으로는, 설치 과정에서 예산이 거의 소모되지 않는다는 장점이 있다. 비상벨 전봇대와 같이 새로운 장치를 설치하는 방식이 아니라, 존재하는 전봇대에 QR코드를 인쇄한 시트지를 부착한다. 따라서 적은 초기비용으로 높은 치안 효과를 기대할 수 있다.

또한 이와 같이 부착된 QR코드는 인쇄된 시트지로 부착되었기에, 날씨나 외부적 요인으로 인한 손상에 있어서도 훼손 우려가 적다. 그렇기에 부착 이후 주기적인 점검과 QR코드 상태 확인의 번거로움도 줄일 수 있어 인력비용 지출도 줄일 수 있을 것으로 예측한다. 다만, QR코드가 관제센터의 서버와 적절히 잘 상호작용하는지, 연결 상태는 문제가 없는지 기술적인 점검은 필수적이어야 할 것이다.

〈그림 8〉 QR 코드 장점 설명(출처: 네이버 블로그
https://m.blog.naver.com/mernan/221240408563)

QR코드는 기존의 가로형 코드보다 더 세분화되어 있다. 이는 기존의 코드보다 더 많은 데이터를 축적할 수 있기에 2차원인 면의 정보에서 약 10배 더 많은 정보를 수집한다. 그래서 이후 범죄 치안사업 마련에 있어서도 축적된 데이트를 분석해 정책 수립에 있어서 많은 도움이 될 거로 생각한다. 비단 이는 코드의 표면적인 사용에 국한되지 않고, 사용자의 사용 시간대, 사용 위치, 가장 많이 사용된 구역과 적게 사용된 구역을 비교하면서 범죄예방 정책의 수정에도 용이한 데이터가 쌓일 것이기 때문이다.

제5장. 안(眼)심광진 프로젝트

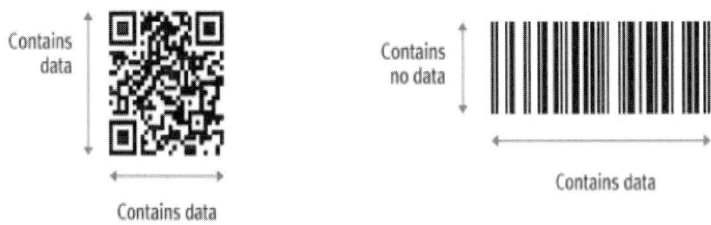

〈그림 9〉 QR코드와 바코드의 차이점(출처: 네이버 블로그
https://m.blog.naver.com/mernan/221240408563)

5. 결론

가. 요약

본 4조는 현 치안 정책들의 문제를 보완하고 더 효과적이 치안을 구축하고자 "QR코드 활용한 안심 귀가 모니터링"을 정책 대안으로 제안하였다. 이는 안심이 앱에서 이용 가능한 "귀가 모니터링"을 기반으로 하며, 기존보다 서비스 접근성이 용이한 방식으로 변화시키는 데 초점을 맞추었다. 전봇대에 부착된 QR코드를 스캔하면 귀가 모니터링 서비스를 구현해낸 사이트로 바로 연결되어 관제센터로부터 모니터링을 받을 수 있게 된다.

구의동에서 진행하였던 설문 결과를 고려하였을 때, 간접적인 모니터링 제도는 동행인이 함께하는 스카우트 제도보다 이용률이 높을 것으로 판단할 수 있다. 또한, 이용시간이 제한적인 "여성안심귀가 스카우트" 제도에 비해, 시간에 구애받지 않고 이용 가능한 귀가 모니터링 서비스는 성범죄 발생률이 높은 저녁부터 새벽 시간대까지 전 시간대에 걸쳐 높은 치안 효과를 기대할 수 있다는 장점이 있다.

개인정보보호 문제로 인해 안심이 앱과 연동할 수도, 자체적인 서버를 운영할 수도 없게 되자 귀가 모니터링 서비스의 방향을 바꾸게 되었다. 귀가 모니터링을 사이트가 아니라 관제센터와 직접 연락을 주고받으며 진행할 수 있도록 정책대안을 마련했다.

QR코드 활용한 안심 귀가 모니터링은 편의성과 접근성을 높였다는 점에서 기존 치안 정책과 차이를 보이며 본 정책대안만의 특색을 살린다. QR코드가 적힌 홍보물을 전봇대에 부착한다면, 실제 귀갓길에서 안심 귀가 서비스의 존재를 확인할 수 있으므로, 정책에 대한 홍보 효과가 더욱 클 것으로 예상된다. 그 외에도 이용 시간제한, 앱 설치와 회원가입, GPS와 Bluetooth 허용 체크 등의 복잡한 과정을 생략하여 QR코드만을 활용하기 때문에, 서비스 이용 과정이 번거롭거나 부담스럽지 않아 정책에 대해 높은 참여율을 기대할 수 있다.

나. 한계 및 시사점

QR코드를 활용한 안심 귀가 모니터링이 기존 제도에 비해 큰 홍보 효과와 높은 참여율을 갖고, 구축비용이 적으며 이용이 편리하고 접근성이 좋음에도 불구하고 '안(眼)심광진 프로젝트'를 끝까지 마치지 못한 데에는 한계가 존재한다. 우선 프로젝트로서의 한계이다. 첫 번째는 기존 안심이 앱에서도 귀가 모니터링 시스템을 두고 있다는 점에서, 시스템 중복으로 예산이 배로 들어간다는 면에서 예산을 투자받지 못할 것이라는 점이다. 두 번째는 QR을 찍고 귀가 모니터링 신청 시, 관제센터의 관제원들이 수동으로 모니터링해야 한다는 점이다. 이 경우, 늦은 시간대(예를 들어, 오후 10시에서 오전 2시 사이)에 이용자가 몰리면 관제센터의 인원이 부족하여 모든 이용자의 모니터링을 시행하기 어렵게 된다. 프로젝트를 진행하면서 학부생

제5장. 안(眼)심광진 프로젝트

으로서의 한계 또한 많이 느끼게 되었다. 광진구청과 협업하는 프로젝트이다 보니 서울시 측에서는 구체적인 답변을 듣기가 어려웠고, 한전과 KT에도 연락을 취했으나 한전에서는 구청 측 외에 일반인이 붙인 경우는 없으므로 불가능하다는 답변을 받았다. KT는 전신주 관련 문의 연락처를 전달받기로 했으나 타 문의 사항으로 인해 답변이 오지 않아 협조를 받기가 어려웠다.

여러 가지 한계에 부딪혔음에도 불구하고 본 4조가 제안한 '안(眼)심광진 프로젝트'가 가지는 함의는 실제로 시행된다면 충분히 시행할만한 가치가 있는 제도라는 점이다. 프로젝트를 진행하면서 실행했던 설문조사를 바탕으로, 치안 서비스 이용자들이 더욱 편리하고 접근성이 좋으며, 부담이 없고 번거롭지 않은 서비스를 원한다는 점에서 '안(眼)심광진 프로젝트'는 이러한 함의를 가진다. 또한, 범죄예방에 관한 관심이 어느 때보다 높아졌다는 점에서 '안(眼)심광진 프로젝트'가 가지는 의의는 매우 클 것으로 예상된다. 따라서 각 기관의 협조와 더불어 학부생이 가지는 한계를 뛰어넘는다면, 보다 구체화되고 보완된 방안으로 QR코드를 활용한 귀가 모니터링 서비스인 '안(眼)심광진 프로젝트'를 도입할 것을 강력히 주장한다.

참고문헌

강동범. 2018. 여성안심귀가 서비스개선방안에 관한 연구. 한국치안행정논집, 15(2), 1-20.

이건배 2019. 거리 및 서비스율을 고려한 CCTV 안심귀가 서비스의 구현. 전기전자학회논문지, 23(4), 80-87.

안종찬, 강석진. 2020. 문헌고찰을 통한 CPTED 효과 및 범죄동향 분석. 대한건축학회 학술발표대회 논문집, 40(2), 76-79.

서울특별시. 2015. 서울시, 여성안심귀가스카우트 420명 본격활동 시작. 보도자료.

제6장. 청춘거리 브랜딩

제6장
청춘거리 브랜딩 : 구의동 미가로 일대의 테마거리화 방안에 관하여

❖ 김준형 · 박혜림 · 윤서영 · 이채현

요 약

　광진구의 구의동에 위치한 미가로는 건대입구 맛의 거리, 방이동 먹자골목, 왕십리 곱창 거리 등과 다르게, 젊은층에게는 잘 알려지시 않았다. 이에 미가로의 상권 재부흥을 목표로 하는 브랜딩 사업을 제안한다.
　사업은 거리 전체와 개별 점포의 두 가지 차원으로 나누어 진행하고자 한다. 거리 전체를 하나의 테마공간으로 조성하여 유동인구를 끌어들이는 동시에, 각 점포의 내실을 다져 유동인구가 곧 소비층으로 이어지게 한다는 것이 주요 골자이다.
　테마거리의 주요 컨셉은 뉴트로이다. 80년대 도시화와 동시에 유행했던 '시티팝'의 컨셉에 AR기술을 더하여 새로운 것과 오래된 것을 동시에 즐길 수 있는 거리이다. '구의 시범사업'은 미가로 거리에 역동성과 활기를 불어넣기 위한 자영업에 생애주기별 컨설팅 사업이다. 이로써 미가로와 구의역에 스토리를 입히고, 건대입구나 강변에 견줄만한 훌륭한 테마거리를 만들어 낼 것이라 기대한다.

1. 서론

서울 동쪽 끝에 위치한 광진구의 구의동에는 '미가로'라는 맛의 거리가 위치하고 있다. 잘 알려진 건대입구 맛의 거리, 방이동 먹자골목, 왕십리 곱창 거리와는 다르게 구의 맛의 거리인 미가로는 잘 알려지지 않았다. 일명 핫플레이스로 알려진 건대입구, 성수를 옆에 두고 오래된 골목인 구의를 굳이 방문할 이유가 없는 것이다. 실제 구의동 거주 인구를 살펴보면 20대가 가장 많은 비중을 차지하고 있음에도 불구하고, 미가로 내 거래 비율을 보면 40-50대가 가장 높게 나타나고 있음을 확인할 수 있었다. 하지만 이마저도 동부지법의 이전으로 인한 유동인구 감소, 코로나 19로 인한 상권 침체를 겪으며 소상공인들의 빈번한 창업과 업종 변경 및 폐업이 반복되고 있는 실정이다.

미가로의 상권 활성화를 위해 '청춘거리 브랜딩' 사업을 제안하고자 한다. 브랜딩이란 기업이나 상품 혹은 대상에 대한 가치와 이미지를 제고하게 하는 것을 말한다. 이를 장소에 적용한 장소 브랜딩은 해당 장소를 '머물고 싶은 곳'으로 만드는 작업이라 할 수 있다. 장소가 가진 자원을 바탕으로 가치를 창출하고, 그 가치를 구체화하여 이미지를 향상시키는 작업이다. 우리는 이것을 미가로에 적용하고자 한다. 미가로가 가진 장점을 극대화하여 그 가치를 구체화, 상징화시킴으로써 미가로의 이미지를 향상시키고 나아가 상업 활성화까지 그 목표로 하고 있다. 미가로 부근에 20-30대들의 거주비율이 높다는 점, AR이라는 최신 기술을 활용한다는 점에 기반을 두어 '청춘'을 키워드로 한다. 미가로에 청춘을 브랜딩하여 거리의 이미지를 개선시키고 상징성을 부여하여 외부 고객들을 거리로 유인한 후 그들의 호기심과 향수를 동시에 자극하여 '머물고 싶은 거리'를 만드는 것을 그 목표로 한다.

 이에 따른 보고서의 진행 순서는 다음과 같다. 우선 구의역 및 미가로의 현황 및 실태를 살펴보고, 5년 이내 진행됐던 사업의 실패 요인을 분석하고자 한다. 이후 미가로의 상권 활성화 방안인 AR 증강현실 기술을 도입한 '청춘거리 브랜딩' 사업을 소개할 것이다. 필요성, 목적, 사업 실행 계획 및 기대효과에 대해 언급하고자 한다. 이후 이 사업을 뒷받침해줄 국내의 유사 사례를 검토할 것이다. 마지막 결론 부분에서는 사업의 추진 계획 및 개선 방향에 대한 제안을 통해 보고서를 마무리 짓고자 한다.

2. 현황 및 실태

가. 구의역 및 미가로 현황

1) 넓은 도로

〈사진 1〉 미가로의 초입거리

미가로의 메인거리라고 볼 수 있는 A거리는 매우 넓은 폭을 가진 도로이다. 차량이 양쪽 차선에서 통행하고 있으며, 보행자의 통행량 또한 많은 도로이다. 그러나 차량과 보행자의 통행량이 많음에도 불구하고 차도와 보도의 구분이 명확하지 않아서 통행이 용이하지 않다. 또한 미가로는 이 넓은 도로의 이점을 제대로 활용하지 못하는 실정이었다. 거리 내 유휴공간은 방치되어 있었고, 휴식을 위한 공간조차 마련되어 있지 않았다. 미관상의 단점뿐만 아니라 편의상의 단점까지 존재했다. 미가로는 도로 초입 거리에 조형물이 설치되어 있는 것 외에 다른 특이성을 찾아보기 힘들다. 즉, 이 넓은 도로 속에서 미가로만의 특유한 개성을 담아내지 못하고 있다는 문제점을 발견할 수 있었다.

2) 편의시설 미비

미가로의 넓은 직선거리를 둘러본 결과, 많은 점포 중 음식점을 제외한 점포는 찾아보기 힘들었다. 거리의 중반을 기준으로 음식점 외에 다른 점포는 찾아볼 수 없었다. 건대입구역의 맛의 거리를 살펴보면 '맛의 거리'임에도 불구하고 거리를 들어서자마자 드럭스토어, 노래방, 옷가게 등의 다양한 점포들이 위치한 것을 확인할 수 있다. 그러나 미가로는 그렇지 않다. 젊은이들을 끌어들일 또 다른 유인이 존재하지 않기 때문에 더욱 유입이 어렵다. 이 점 또한 미가로가 활성화될 수 없는 요인 중 큰 비중을 차지한다고 볼 수 있겠다. 다양한 편의시설 및 놀이시설이 미가로로 유입되어야만 20-30대들을 미가로로 끌어올 수 있을 것이다. 지역주민뿐만 아니라 외부인까지 유입할 목적으로 다양한 점포 유입을 위해 노력해야 할 필요가 있어 보인다.

3) 통일성 없는 낡은 간판

　미가로를 걷다보면 오래되어 색이 바랜 간판들을 종종 확인할 수 있다. 뿐만 아니라 미가로의 우측 거리에는 개성 없는 밋밋한 간판들이 늘어서 있는 것을 확인 할 수 있다. 구의의 오래된 골목이라는 특성을 살리기 위해 낡은 간판을 교체하지 않는다고 하더라도, 미가로의 간판들은 불쾌감을 줄 정도의 오염이었다. 또한 특정 브랜드의 맥주 배경에 글씨만 적어놓은 간판은 오히려 미가로의 미관을 해치고 있다. 통일성이라곤 찾아볼 수 없고, 넓은 거리는 낭비되고 있었으며 정돈되지 않은 요소들이 뒤섞여 거리 내 활기가 부재했다. 심미적인 것을 추구하는 요즘 20대들을 끌어들일만한 유인이 전혀 없다. 간판은 그 거리의 첫인상이다. 거리 내 특정 요소가 존재하지 않는 한 사람들의 이목을 끌 수 있는 간판은 상업 활성화를 위한 필수 요소라고 생각한다. 이 점을 고려했을 때 미가로의 간판을 전체적으로 개선할 필요가 있어 보인다.

4) 개성의 부재

　몇 년 간 도시재생사업에 성공하여 크게 활성화된 거리를 살펴보면 그 개성을 명확하게 확인할 수 있다. 예를 들어 옛날 감성을 중심으로 하여 거리에 길게 늘어선 포차를 떠올리게 하는 을지로의 힙지로, 아기자기한 소품샵과 감성 있는 카페들이 모여 있는 망원의 망리단길, 모든 건물을 한옥 형태로 설계한 은평 한옥마을 등을 살펴보면 그 거리만의 특색이 확실하게 존재한다는 사실을 알 수 있다. 거리가 주는 이미지, 거리의 심미적인 부분이 20-30대들을 끌어들일 수 있는 큰 유인으로 작용하고 있다. 그러나 미가로는 이러한 개성이 전혀 없다. 개성없는 각각의 가게들이 들어서 있고, 간판조차 정비되지 않았기 때문에 상대적으로 특색 있는 거리인 성수, 건대입구로 사람이 몰리는 것은 어떻게 보면 당연한 결과다. 고객들을 끌어들이기 위해 미가로만의 특색 있는 개성을 찾고, 이를 컨셉화하여 전체 거리에 적용한다면 사람들의 호기심을 불러 일으켜 미가로로 유인할 수 있을 것이다.

나. 미가로에서 5년간 진행된 사업

1) 미가로 블록파티

 구의역 일대가 중심시가지형 도시재생지역 후보지로 선정됨에 따라 추진된 사업이다. 주민들이 기획하고 서울시와 광진구가 협력하여 처음으로 마련한 상생의 축제라는 점에서 그 의미가 큰 축제였다. 미가로 블록파티는 지역주민과 인근 대학생, 방문객들을 미가로 맛의 거리로 이끌고, 주변 맛집들의 가치를 재조명할 수 있도록 요리 경연대회도 진행됐다. 요리경연대회는 미가로 내 상점 42곳이 참여해 '1식당 1메뉴' 컨셉으로 펼쳐졌으며, 전문가와 지역 주민, 학생 등이 심사위원으로 참여해 평가하는 방식으로 진행됐다. 메인 무대 외에도 행사부스와 각 매장 내 시식회를 열어 축제 참여자들이 더욱 즐길 수 있도록 진행됐으며 '즉석 사진 콘테스트'와 프리마켓, 주민들이 참여한 판매장터 등 다양한 프로그램을 즐길 수 있도록 구성되었다. 그러나 주민들을 미가로 내로 유인하는 데는 성공했으나 외부 고객을 유입할 수 있는 유인과 홍보는 부족했었던 듯 보인다. 외부 고객까지 끌어들이기 위해서는 더욱 다양한 프로그램을 준비하고 그들의 참여까지 유도할 수 있어야 한다. 또한 홍보를 더욱 활성화하는 것도 하나의 대안책이 될 수 있을 것이다.

2) 간판 정비사업

구의역 인근 자양로 18길 518m 구간을 대상으로 미가로 간판 개선사업을 진행했다. 행정안전부가 추진한 간판개선 사업에 응모해 확보한 국비 2억 원과 옥외광고물 기금 3억 8,000만 원을 합친 5억 8,000만 원으로 미가로에 있던 211개 노후 점포 간판을 새롭게 교체했다. 업주가 점포 특징에 맞게 간판 종류를 선택하면 전문 디자인 업체에서 표준 디자인과 규격, 건물 규모 등에 맞도록 재설계했고, 전반적인 환경개선을 위해 1업소 1간판 원칙을 준수했다. 모든 간판은 절전형 발광다이오드(LED) 전구를 사용했다. 하지만 이 간판사업은 형식적인 정비에 그쳤다. 실질적인 간판 통일 및 간판 미화에는 크게 영향을 미치지 않은 것으로 보인다. 따라서 미가로만의 개성을 정하여 통일감 있는 거리를 위해 간판 정비사업을 다시 진행해야 할 필요가 있어 보인다.

3. 청춘거리 브랜딩 사업

가. 과업의 배경 및 목적

1) 배경 및 필요성

미가로 상권의 재부흥을 위해 가장 시급한 것은 '거리의 브랜딩'이다. 동부지법이 이전하기 전에는 식음료 상권의 수요층이 고정적으로 존재해왔다. 그에 맞춰 맛의 거리 업종 역시 한식이나 고깃집, 횟집 등 회식 업종으로 발달해왔다. 하지만 상권 유지의 중요한 기반이었던 법조단지가 이전하면서는 쇠퇴기가 찾아왔다. 3년 내 폐업률도 35%에 이르렀다. 이는 곧 미가로에도 새로운 수요층에 발맞춘 획기적 변화가 요구된다는 것을 의미한다.

미가로 상권이 가진 잠재성은 '젊음'이라는 키워드로 묶을 수 있었다. 우선 2030 1인 가구가 다수 존재하고, 첨단 복합단지가 들어설 예정이다. 지리적으로는 인근 건대 상권과의 인접해 있고 강남, 잠실 지역과 연결 경로에 있다. 따라서 젊음이라는 키워드를 연상시키는 '**청춘**'을 캐치프레이즈로 하여 미가로 상권을 홍보하고자 한다. 현실적으로도 2030세대가 새로운 수요층으로 부상하고 있음을 확인할 수 있다. 구의역 일대 인구는 4,643명이고, 그 중 청년(20-35) 인구도 37.2%나 된다. 또 구의역 일대 전체 가구 중 1인 가구가 57.2%이므로 이들을 공략하면 상권을 활성화시킬 수 있을 것이다.

브랜딩은 거리 전체와 개별 점포의 두 가지 차원으로 나누어 진행하고자 한다. 거리 전체를 하나의 테마공간으로 조성하여 유동인구를 끌어들이는 동시에, 각 점포의 내실을 다져 유동인구가 곧 소비층으로 이어지게 한다는 계획이다.

2) 목적

청춘거리 브랜딩은 상권 활성화를 통해 자영업자들의 생계를 개선하고, 지역주민들이 활용할 수 있는 쾌적한 상권을 조성하는 것을 목표로 한다. 또한 외부 고객들에게는 새로운 경험을 제공한다. 이로써 내부 고객에게는 로컬 공간 조성, 외부 고객에게는 새로운 체험 선사, 지역 상인들에게는 생계 개선의 기회가 될 수 있다. 즉, 모두가 상생할 수 있는 지속가능한 가치 사슬을 창출할 것이다. '장사하고 싶은 구의', '살고 싶은 구의', '다시 가고 싶은 구의'의 선순환을 지향한다.

나. 사업 실행 계획(주요 내용)

1) 사업 구상

가) 뉴트로 테마거리 조성

뉴트로는 복고풍의 문화를 새롭게 즐기는 경향이다. 신기술과 오래된 것의 가치를 동시에 즐기는 것이다. 레트로 테마의 거리에 KT의 초실감 제작 플랫폼을 활용하여 AR(증강현실) 기술을 결합하여 쾌적하고 이색적인 뉴트로 거리를 조성하고자 한다. 또한 구의도시재생지원센터를 기점으로 동측 거리와 서측 거리를 나누어 봤을 때 각 거리의 특성이 다른데, 이에 착안하여 동측거리와 서측거리의 컨셉 역시 서로 차별화하고, 다양한 세대가 즐길 수 있도록 하고자 한다.

(1) AR기술 적용 구체회 방안

(가) AR 간판 제작

KT와 협업하여 AR 간판을 제작한다. 현실적으로 미가로에 위치한 1,000여 개 이상의 가게에 실물 간판 정비사업을 실시하는 것이 어려우므로, AR을 이용해 뉴트로 컨셉에 맞는 간판을 제작하자는 취지이다. 모든 간판에 네온사인 디자인을 입혀 AR 간판으로 제작한다. 단, 거점 점포를 선정하여 여기에는 고객들이 직접 보고 즐길 수 있게끔 한층 고도화된 AR기술을 적용한다. 예를 들면 횟집 간판을 비추면 바닷속에서 움직이는 물고기의 이미지를 볼 수 있는 것이다. 이러한 거점 점포에 대해서는 '랜드마크 레스토랑'이라는 명칭을 사용한다. 또 하나 랜드마크 레스토랑에 적용시킬 수 있는 AR 아이디어로는, 사람과 간판이 함께 나오면 카메라 필터가 적용되도록 하여 바닷속에서 있는 것처럼 보이는 사진을 찍을 수 있도록 제작하는 것이다. 이를 통해 고객들에게 이색적인 체험을 제공할 수 있다. 또한 사용자가 SNS에 업로드하기 용이하므로, SNS를 통한 홍보효과도 기대할 수 있다.

(나) 골목맛집 안내 프로그램(길안내) 제작

다양한 업종이 들어서 있는 미가로의 장점을 활용해 골목맛집 안내 프로그램을 제작한다. 이 프로그램은 '맛집 추천'과 '길안내'를 담당한다. 예를 들어 식사하러 미가로를 찾은 고객이 뭘 먹을지 고민하는 중이라면, 한식, 중식, 일식, 양식, 비건 등의 선택지를 제공하고 거리순으로 추천한다. 특히 최근 기후위기 및 건강과 관련해 윤리적 소비자들을 중심으로 확산되고 있는 비건 문화를 발 빠르게 캐치하여 선택지를 제공한다면 다른 골목맛집 안내 프로그램과 차별되는 전략이 될 수 있을 것이다. 왜냐하면 국내 비건인은 점차 늘고 있는 추세이지만 그 소비층을 위한 식당이나 인프라의 수는 현저히 적은 상태이기 때문이다. 이는 소비층을 끌어들이는 동시에 젊은 감각에 발맞춘 '뉴트로'라는 컨셉에도 잘 부합한다.

한편 추천된 맛집을 클릭하면 길안내 시스템으로 이어지는데, 자동차 네비게이션과 같은 원리이다. 이를 통해 골목 골목에 숨어있는 맛집들을 소개하고, 다양한 업종의 장점을 살릴 수 있다.

(2) 상인 협동조합 설립

테마거리 조성을 위해서는 각 점포들의 협조와 이색적인 거리 특색이 필요하다. 따라서 뉴트로 거리 조성을 위한 다양한 소품(뽑기판, 오락기계, 추억의 먹거리 등)이나 집기들을 공동구매하거나, 상인들을 레트로 소품 거래처와 연결해 줄 수 있는 협동조합을 설립한다. 상인협동조합을 통해 공동구매만 시행하는 것이 아니라 미가로 상권 발전을 위한 상인 대상 클래스를 운영하고, 자영업 운영에 대한 이야기를 나누며 화합할 수 있는 상인간 화합의 장으로 활용한다. 유사사례로는 해방촌의 청년 상인협동조합인 '이거해방! 협동 조합'이 있다. '이거해방! 협동조합'의 성공 요인 역시 상인들간의 유대 관계이다. 이를 위해서는 가입유형, 출자금, 조합운영비, 조합 사업 등 분야에서 추가적으로 회칙 마련이 필요할 것으로 보인다.

(3) 네온사인 DIY 클래스 운영

미가로에는 2016년에 간판정비 사업이 시행된 바 있으나 대상 점포도 전체 점포에 비해 너무 적은 숫자이고, 간판이 특색 있지 못하다는 문제점이 있었다. 간판정비 사업 대신에, 상인들을 대상으로한 네온사인 DIY 간판 꾸미기 클래스를 3개월간 주 1회 운영한다. 키트 하나 당 단가가 1,600-1,800원이므로 개별 상인들이 접근하기에도 부담이 없다. 식당 주력메뉴를 아이콘화 해서 네온사인으로 만들면 각 점포의 개성을 살리면서도 거리 전체에 '젊은' 느낌을 더할 수 있다. 이렇게 소규모 클래스를 운영하는 것은 간판뿐만 아니라 다른 분야에도 적용될 수 있다. 예를 들어 오랜 기간 동안 매장 판매를 중심으로 영업해 온 고령의 상인분들이 포장 판매에 어려움을 겪는 경우, 포장 용기의 올바른 사용법과 활용방안을 알려주는 클래스를 운영할 수도 있을 것이다. 포장과 같은 문제들은 상인들이 겪는 사소하지만 큰 어려움이다. 이러한 문제들은 일괄적으로 해결하기 어려운 측면이 있다. 하지만 자발적 참여 형식의 클래스를 운영하여 해결하면 비용을 최소화하면서도 유의미한 성과를 이뤄낼 수 있을 것이다.

(4) 서측 거리-구의 시티(92City)

서측 거리는 도로 폭이 넓어 탁 트인 느낌이 들고, 직선으로 뻗은 도로를 따라 즐비하게 늘어선 식당들이 한눈에 보이는 거리이다. 또한 횟집과 고깃집 등의 직장인을 타깃으로 하는 외식업종이 많다. 이를 80년대 도시화와 동시에 유행했던 '시티팝'의 분위기로 재해석한 거리로 컨셉화할 수 있다. 시티팝이란 1970년대 중후반부터 1980년대까지 유행했던 음악 스타일로 이를 그대로 도회적인 분위기를 담고 있다. 긍정적인 가사와 유쾌한 멜로디가 특징이다. 1980년대 버블경제 시기의 일본과 한국의 대중문화를 대표하는 음악이다. 2010년대 들어 특유의 세련된 분위기로 다시 소환되기 시작했다. 대표적인 시티팝 음악으로는 Mariya Takeuchi의 'Plastic Love', 한국 곡으로는 나미의 '가까이 하고 싶은 그대', 김현철의 '오랜만에', 임재범의 '이 밤이 지나면' 등이 있다. 이 컨셉에 맞추어 서측 거리 상인들을 타깃으로 네온사인 간판 DIY 클래스를 홍보하여 형형색색의 불빛으로 서측 거리를 채운다.

또한 '랜드마크 레스토랑'을 선정하여 AR 포토필터를 제작한다. 예를 들어 횟집일 경우 모바일 앱으로 가게를 비추면 물고기가 헤엄치는 바닷속에 있는 가게인 것처럼 증강현실 그래픽을 구현한다. 이 경우 외부 고객들이 바닷속을 배경으로 사진촬영을 하고 즐길 수 있도록 크로마키 필터를 제작한다. 크로마키는 컬러텔레비전 방송의 화면 합성 기술로, 인물과 가상배경을 한 장의 사진안에 담을 수 있도록 해준다. 한편 '랜드마크 레스토랑'을 선정하는 의의는 선정된 점포와 미가로 전체가 상생하기 위함이기 때문에, 선정기준은 신청업장이 직접 제출하는 사업 운영계획서와 미가로 홍보계획서로 한다. 이는 상인협동조합에서 심사하여 최초 3점포까지 선정한다. 또한 사업경과에 따라 최대 10점포까지 확장한다.

차 없는 거리 시행시간 동안에는 '호프 타임'을 진행한다. 주류 업장 등에 간이 의자를 제공하여 야외에서 식음료를 즐길 수 있도록 한다. 간이 의자와 레트로 호프잔, 야외용 앰프, 시티팝 음반 등을 협동조합에서 공동 구매한다. 이는 퇴근길 직장인들에게 시원한 휴식을 제공한다는 컨셉으로 진행한다. 차없는 거리 시행시간(금, 토 18-22시) 동안만이지만, 이러한 야외 호프타임은 구의시티(92city)만이 줄 수 있는 독특한 분위기를 연출할 수 있을 것이다.

(5) 동측거리-LED거리

구의역을 지나가는 2호선의 경우 열차가 지상으로 지나간다. 열차가 지나가면서 구의역 일대를 열차 내부에서도 확인할 수 있다. 열차를 타고 구의를 지나가는 외부 고객을 유입하기 위해 미가로 동측거리를 LED거리로 조성한다. 한편 동측 거리는 폭이 좁으며, 건물도 낮다. 따라서 빠르게 지나가는 열차 내부에서 간판을 보기 위해서는 간판을 높은 위치에 설치하도록 해야한다. 이렇게 하면 반짝이는 거리로 외부 고객을 유입할 수 있을 뿐만 아니라 서측거리인 92시티의 분위기와의 통일감 또한 줄 수 있다.

(6) 보행자 중심거리(차없는 거리) 운영(거리활성화시 시행)

미가로 거리는 매우 넓은 도로폭을 가지고 있다. 하지만 활용 공간이 넓다는 장점에도 불구하고 그것을 십분 활용하지 못하고 있다. 거리가 넓은 반면 유동인구가 적어서 휑한 느낌이 든다. 이에 낭비되고 있는 공간을 차 없는 거리로 조성하여 보행자 중심거리 및 문화공간으로 만들 수 있다. 구의역 일대에는 주거지역과 상권이 혼재되어있으므로 전일제보다는 시간제로 차 없는 거리를 시행하는 것이 적절할 것으로 보인다. 또한 도시재생센터 관계자에 따르면, 평일 오전 시간에는 음식점에서 사용하는 식자재를 납품하는 차량이 많다고 한다. 따라서 차량 대신에 유동인구가 많은 금, 토요일 저녁시간(18-22시)에 차없는 거리를 운영한다. 다만 차량진입을 막음으로써 생기는 불편함보다 보행자 중심거리를 조성함으로써 생기는 편익이 더 커야하므로, 외부고객 유입이 증가하면 점차적으로 시행하는 것으로 연차별 계획을 세운다.

나) 시범사업(골목식당)

최근 선풍적인 인기를 끌었던 SBS '골목식당' 프로그램은 "죽어가는 골목을 살리고, 이를 새롭게 리모델링하는 과정을 담는 거리 심폐소생"을 취지로 프로젝트를 진행하였다. 구의 시범사업 역시 기본적으로 이 프로그램을 벤치마킹하였다. 다만 차이가 있다면, 창업 과정은 물론 폐업 과정에 대한 컨설팅까지도 도맡아 일대 거리의 점포 회전율을 높임으로써, 미가로 거리에 역동성과 활기를 불어넣고 경쟁력 있는 소상공인이 적극적으로 창업 의지를 실현시킬 수 있는 창업의 메카 지역으로 발돋움하도록 하는 데 목적이 있다.

구의 시범사업은 소상공인의 창업/성장/퇴로 등 성장단계에 맞춰 컨설팅하는 자영업의 생애주기별 지원 사업이다. 지원대상은 생계형 창업희망자와 경영난을 겪고 있는 소상공인, 업종전환 희망자 또는 폐업희망자 등 30개 업체를 선정한다. 선정기준은 미가로 내 사업장을 둔 소상공인으로서 지역화폐 통용이 가능한 점포를 우선 선정하고, 업체당 최대 5일간 컨설팅을 지원한다. 컨설팅은 먼저, 업체별 '사전진단'을 실시하고 '전문

제6장. 청춘거리 브랜딩

컨설턴트'가 배정되면 본격적인 1:1 컨설팅이 진행된다. 운영자금이 필요할 때는 보증지원 절차도 안내하며, 컨설팅 이후에는 '이행점검'을 통해 경영개선 여부와 만족도를 지속적으로 모니터링한다. 각 단계별 지원대상과 컨설팅 내용은 다음과 같다.

(1) 창업지원

지원대상은 예비창업자, 저신용(신용평점 779점 이하) 또는 저소득(소득금액이 年 3,500만 원 이하) 소상공인, '20년 1개월 이상의 같은 기간 대비 '21년 같은 기간의 매출 20% 이상 감소 소상공인, 미가로 내 창업을 준비 중인 예비창업자 또는 창업 후 6개월 이내인 저신용, 저소득 소상공인이다.

지원 내용은 창업 정보 제공 및 상담, 사업 진행 계획 수립 및 검토, 상권, 업종, 입지 분석, 사업타당성, 실현가능성 분석, 창업자금 조달 계획 수립 등 사업 전반에 관한 것이다.

경영	마케팅, 영업홍보, 프랜차이즈, 직원관리, 재무관리, 안전 관리
기술	상품 및 메뉴 개발, 미관 개선, 비법 전수
브랜드, 디자인	브랜딩 디자인 도입 및 고도화
가치 향상	브랜딩, 디자인 제작, 상품 기획 등
판로 창출	SNS 마케팅 등
스마트 전환	배달앱 입점, 모바일 홈페이지 개발 등

〈표 1〉 창업지원 항목

(2) 성장지원

지원 대상은 저신용(신용평점 779점 이하) 또는 저소득(소득

금액 年 3,500만 원 이하) 소상공인, 사회적 거리두기 강화에 따른 피해 소상공인, '19년 1개월 이상의 같은 기간 대비 '20년 또는 '21년 같은 기간의 매출 20% 이상 감소한 소상공인이다.

 지원 내용은 다음과 같다. 성장단계 소상공인에게는 세무 및 회계 등 전문분야 컨설팅과 함께 마케팅 및 고객관리, 매장관리, 메뉴개발, 상품구성 방법 등을 컨설팅해 업종별로 맞춤형으로 지원한다. 지역 내 토착 성공 소상공인을 전문 멘토로 투입해 현장감을 높이면서 소상공인 채무 부실예방 컨설팅도 병행한다.

컨설팅	일반 경영 컨설팅, 사업 타당성 분석, 상권 입지 분석, 마케팅, 점포경영 등
경영환경 개선	판로 확대 온라인 플랫폼, 홍보, SNS 마케팅 등 내부 시설개선 지원 옥외 광고물, 인테리어, 영업시설 등
경영지도	마케팅, 손익관리(원가 관리, 비용 절감), 프랜차이즈, 매장운영
영업지도	사업계획과 현 상황 비교 점검, 보완 매출/비용 점검 후 개선방안 수립 홍보 및 고객관리 등 영업전략 수립

〈표 2〉 성장지원항목

(3) 폐업지원

 폐업지원의 취지는 다음과 같다. 그동안 폐업의 기로에서 임대보증금 반환문제 등으로 사업정리에 어려움을 느껴 손해를 감수하고 영업을 지속하며, 경영난을 호소하는 소상공인이 많았다. 이들을 위한 사업정리 프로그램을 신규로 운영한다. 폐업 희망자에게 폐업신고 절차, 집기, 시설 매각, 재교육 및 재취업 안내를 유기적으로 시행한다.

지원 대상은 취업 또는 재창업의사가 있는 폐업예정 또는 기 폐업 소상공인으로 신청일 기준 사업운영기간이 60일 이상인 경우이다.

재기전략	폐업 절차, 관련 법령 안내(신고 불이행 시 불이익 등)
세무	폐업 시 세금 관련 신고사항 교육 재산처분 및 사업양도 시 절세방법 등 정보제공 기타 세무(또는 회계)와 관련한 컨설팅 전반
부동산	권리금, 보증금 보호 관련 정보 제공 사업장 양수도, 자산매각 및 원상회복, 직거래 방법 상가 점포 관련 법적사항(상가임대차보호법) 등
직무	직업 탐색(개인 맞춤형 직업적성, 직능검사 실시 및 해석) 직업정보(지자체 일자리사업 등), 유망직군 연계

〈표 3〉 폐업지원 항목

4. 유사사업 사례 검토

가. 브랜딩 사례조사

1) 테마거리

가) 김녕 금속공예 벽화마을

보통 알고 있는 벽화마을이지만, 벽에 그림이 아닌 금속으로 했다는 점에서 차별성을 갖고 있다. 다시방 프로젝트로 10명의 예술가들이 김녕마을을 버려지는 금속제품과 제주의 현무암을 이용하여 벽화마을로 탈바꿈시켜 테마거리를 조성하였다. 이곳은 제주올레길 20코스가 시작하는 곳부터 마을, 김년 해수욕장까지 3km에 걸쳐서 금속공예작품을 볼 수 있다. 지붕 색깔부터 벽화까지 다양하게 꾸며져 있으며 한국농어촌공사의 지원을 받았다.

나) 두멩이 골목

두멩이 골목은 '기억의 정원-두멩이 골목'이라는 공공 미술 프로젝트에 따라 추진된 골목길 재생 사업으로 탄생했다. 이를 위해 골목 안에 있던 폐초가를 철거하고 쉼팡과 파고라, 허리 돌리기 운동 기구를 설치했다. 골목길 초록 정원을 만들기 위해 골목길 꽃담을 조성하고 꽃 벽화를 그렸다. 두멩이 골목(한국향토문화전자대전, 2021) 오픈형 미술관과 같은 느낌을 불러 일으킨다.

두멩이 골목의 차별성은 작품들에 넘버가 적혀있고, 바닥에 안내선과 번호가 매겨져 있어 걸어 다니며 편하게 그림을 볼 수 있다는 점이다. 이러한 점이 초행자들의 편의성을 올려주는 역할을 한다.

다) 세종 조치원 테마거리

조치원 테마거리는 세종시 마을기업 세종소상공인협동조합의 기획으로 조치원장옥시장과 세종전통시장이 만남의 광장을 조성하여 100년 된 전통시장의 역사와 그 언젠가 하나였던 시장을 다시금 옛번화의 골목으로 활성화되기를 꿈꾸며 만든 거리이다. 실제 테마거리는 52m로 짧다면 짧은 거리지만 그 안에 옛 물건들과 재밌는 놀거리를 많이 넣어놔 충분한 재미를 즐길 수 있다는 것, 그리고 조치원의 역사를 담고 있다는 점에서 차별성을 갖고 있다.

2) 증강현실 거리

가) 대동벽화마을

대동벽화마을은 2007년 문화관광부 산하 공공미술추진위원에서 추진한 소외지역 개선 공모사업에 선정되어 지역 미술인 30여명과 동네 아이들이 같이 그린 벽화이다. 그 후에도 지속적으로 주민들의 참여로 문화 1번지 사업을 이어오고 있다. 여기까지는 우리가 흔히 하는 담벼락에 예쁘게 꾸며진 마을이다.

그럼에도 불구하고 증강현실에 넣은 이유는, 다양한 벽화거리 중 대동하늘공원으로 향하는 길에 증강현실 체험을 할 수 있는 벽화거리가 있기 때문이다. 스마트폰에 증강현실 앱을 다운받고 카메라를 그림에 가져다 대면 그림이 음악과 함께 살아 움직이는 것을 볼 수 있다. 이런 점에서 벽화마을이 증강현실과 잘 융합된 사례로 볼 수 있다.

나) 둘리 테마거리

'아기공룡 둘리'에서 둘리가 살고 있던 쌍문동을 중심으로 둘리뮤지엄과 우이천변을 연결하고 있다. 이 거리는 곳곳에 조형물이 설치되어 있고, 모바일 어플을 사용한 내비게이션과 AR, 벽화와 둘리 뮤지엄까지 다양한 콘텐츠들이 즐비하여 있다.

이 중 둘리 AR테마거리는 휴대폰에 어플을 받은 후, 앱 실행 후 AR버튼을 누르고 쌍문동 거리에 설치된 AR마크를 비추면 둘리와 친구들의 일상을 증강현실로 보여주는 형식으로 테마거리를 활용한다. 또한, 둘리 AR테마거리 내비게이션도 있다. 이는 휴대폰에 어플을 다운로드 및 앱 실행 후 navi 버튼을 누르면 길을 안내해 줄 다양한 캐릭터들이 떠오른다. 이 중 길을 안내해 줄 캐릭터를 선택하고 쌍문동에서 가고 싶은 곳을 목적지로 선택하면 캐릭터가 길까지 안내해주는 콘텐츠도 이용하고 있다.

다) 오키나와 국제거리 VR

해외에서도 VR을 소재로 한 테마거리를 조성한 사례이다. 이는 VR이 새로운 홍보 효과로 떠오르는 것을 실감할 수 있다. 위 사례인 오키나와 국제거리는 인터넷상에 재현한 가상의 국제거리를 걸어서 쇼핑할 수 있는 새로운 서비스를 제공한다. 이는 오키나와에 가고 싶어도 갈 수 없는 현지인과 외부인들을 모두 아우를 수 있다는 장점이 있다. 참가 점포는 50점포까지가 목표이다. 위 서비스는 다음과 같다. 가상현실로 국제거리를 걷다가 들어가고 싶은 점포에 들어가면 자동으로 연합회의 ec 사이트로 연결이 되어 바로 주문이 가능하다. 또한 이용자들은 전자상의 분신 아바타를 만들어 국제거리를 산책하기도 하고 행인과 인터넷 상에서 대화도 가능하다고 한다. 하늘에는 물고기가 헤엄치는 등의 다양한 체험을 제공할 예정이라고 한다.

나. 유사사업 사례 결론

1) 유사사업 분석 종합

테마거리의 사례를 잘 살펴보면, 다들 자신의 거리에 기존 갖고 있던 특성을 활용한다는 것을 알 수 있다. 김녕마을은 해녀와 바다, 버려진 쓰레기로 기존에 없던 금속거리를 만들어 차별성을 확보했다. 두 번째 사례인 두멩이 거리는 좀 더 쉽게 벽화마을을 즐길 수 있도록 넘버링을 활용해 처음 온 손님들의 편의성을 증가시키는 형태로 차별성을 가져갔다. 세 번째로, 조치원 테마거리는 100년의 역사를 가진 시장을 활용하여 7080세대들의 감성을 자극하는 차별성 있는 거리를 만들어 내었다. 이러한 차별화 특징이 모두 추구하고 있는 목적은 남녀노소 모두가 즐길 수 있는 거리를 만들고자 했다는 점과 그 거리를 홍보함으로써 자연스럽게 그 동네의 문화까지 파악하고 마을의 활성화까지 유도했다는 것이다. 이러한 차별화 전략으로 위 유사사업들은 모두 성공적인 테마거리를 만들어 내었다.

증강현실거리는 테마거리와 첨단산업을 잘 활용한 마케팅이다. 단순하게 그림을 보고 일방향적인 감상만을 했던 지난 벽화거리와는 달리 직접 카메라를 들고 거리를 유동적으로 돌아다니며 체험을 할 수 있다는 점에서 새롭게 주목받고 있다. 이러한 증강현실은 실현화에 가장 문제가 많았는데 현재 휴대폰 어플만으로도 쉽게 접할 수 있도록 많이 발전된 형태로 나타나기 때문에 구의역에 있는 첨단발전사업과 연계하여 진행할 수 있을 것이라 판단하였다.

결론적으로 테마거리와 증강현실거리의 조화로운 융합이 필요하다. 거리의 특성을 활용하면서도 남녀노소 모두가 편히게 접할 수 있는 방법으로 테마거리를 창출해 내야 한다. 그럼으로써 일회성에 그치는 것이 아닌, 지속적으로 외부 고객을 유입할 수 있을 것이다.

2) 청춘거리 브랜딩과의 차별성 확보 방안

현재 테마거리는 국내에서 거의 포화상태이다. 이러한 상황을 타개하면서도 새로운 아이디어는 첨단산업과의 협업이다. 21세기를 살아가는 현대인에 발맞추고 신선함을 불러올 수 있는 아이디어가 바로 VR이라고 판단하였다. 위에서 살펴본 성공적인 사례에 착안하여 구의역과 미가로에 접목시킬 수 있는 아이템을 찾아보고자 한다. 구의역과 미가로에서 접목시킬 수 있는 아이템이 바로 음식이다. 특히, 오키나와 국제거리의 아이디어를 착안하여 가상현실로 거리를 둘러보고 메뉴를 구경하며 그 가게로 들어가면 배달어플로 바로 접속이 되는 방안이나, 혹은 주문을 할 수 있는 홈페이지로 자동 연결을 한다면 온라인상에서도 간편하게 거리를 둘러볼 수 있다. 또한 직접 그 거리로 가는 관광객들을 위해 실제 네온이나 다양한 간판을 제작하고, 그 간판들 역시 카메라를 가져다 대면 새로운 세상이 펼쳐지는 가상현실 기술이 적용되도록 한다. 결론적으로 미가로는 두 개의 거리로 크게 나뉘어져 있기 때문에, 한쪽 길은 첨단산업과 연계한 증강현실 테마거리를 조성하고, 한쪽 길은 네온사인 등을 이용한 간판을 활용해 음식과 맛을 강조하는 형태의 테마로 거리를 조성하면 미가로만의 특징을 가져갈 수 있을 것이다.

3) 도시재생지원센터 코디네이터 인터뷰

Q1. 버스킹존의 활성화와 '청춘거리'의 정체성 형성을 위해서는 청년 문화예술인을 구의 일대에 체류시킬 유인이 필요할 것 같습니다. 홍대, 합정, 서울숲 아뜰리에 등은 싼 임대료가 그 유인이 되었는데, 구의역 일대의 임대료는 어떠한가요?

A1. 구의역 일대의 상권이 다소 침체를 겪었다고 해도, 거리 특성상 맛의 거리로 인식이 되었고 유동인구도 타지역에 비해 적은 편은 아니므로 임대료 자체가 낮게 형성되어 있지는 않다.

Q2. 저희 팀원들은 미가로를 답사하던 중 다음 두 가지의 공통된 문제의식을 가졌습니다. 한 끼 식사로는 가격대가 높은 횟집이나 고깃집 등 회식 중심의 업종이 청년세대에 어필되기 어렵다는 점, 또한 맛집은 많으나 식사 후에 즐길 거리나 쇼핑 점포가 부족하다는 점 등입니다. 그러나 이미 존재하는 가게들

제6장. 청춘거리 브랜딩

을 새로 재편하기는 어려운 일이라고 느껴 사업화하지 못했습니다. 도시재생사업의 일환으로 매출 부진 점포들에 대해 보조금을 지급하고 업종변경을 권유하는 것이 행정적으로 가능한가요?

A2. 미가로에 형성된 업종이나 그에 따르는 부대시설의 경우는 원칙상 행정적 개입이 불가능한 부분이다. 다만 도시재생사업의 일환으로 관련된 프로젝트를 진행하는 과정에서 상인분들에게 권고는 충분히 가능하다. 중요한 것은 프로젝트 기획의 타당성, 경제성이 상인분들의 마음을 얼마나 움직일 수 있는지에 관한 것이다. 청년세대의 관점으로 건국대 정치외교학과에서 특수성을 발휘해 이 부분을 심도 깊게 고민해보면 좋겠다.

Q3. 저희 팀이 받았던 피드백의 대부분은 사업 실현 가능성과 예산 집행의 적절성을 검토해보라는 것이었습니다. 도시재생 예산의 집행 과정과 예산 편성의 타당성을 검증하는 기준들에 어떤 것들이 있는지 알고 싶습니다.

A3. 기본적으로 정책을 집행하는 데 있어 가장 중요한 것은 잘 파악했듯 사업 실현 가능성과 예산 집행의 적절성이다. 하지만 그보다 더 고려되어야 할 것은 왜 이 프로젝트가 도시재생사업의 일환으로 추진되어야 하는지에 대한 구체적인 타당성이다. 도시재생사업의 일환으로 추진되는 다양한 사업들이 대부분 공통성을 갖기 때문에, 기존의 사업과 차별성을 갖고 더 경쟁력 있는 사업들이 추진되어 일대 거리의 부흥을 유도하는 것이 사업의 근본적 목적임을 감안하여야 한다. 아직 프로젝트의 제안 단계이므로, 사업 진행상의 구체적 요건 등은 고민하기 이른 감이 있다. 사업 기획안을 더 철저히 구상하는 것으로 대체하길 권한다.

Q4. 차 없는 거리가 장기적으로 실행되기 어렵다면, 단기성 이벤트로 부스를 열어 맛집체험과 같은 행사를 진행하고 싶은데 현실적으로 가능할지, 괜찮은 아이디어인지 궁금합니다.(전주시 사례 참고)

A4. 차 없는 거리 같은 경우, 외부의 시선에서 바라보았을 때 상당히 솔깃한 제안이 될 수 있지만, 오히려 그러한 정책이 상인 분들이나 고객들의 반감을 살 수 있다는 점을 명심해야 한다. 맛집체험 등의 행사는 유동인구의 유입을 늘릴 수 있다는 점에서 유의미한 행사일 수 있지만, 기존에 진행된 행사들의 성패 요인을 적극적으로 분석하는 과정이 수반되어야 한다. 일회적인 기획은 예산의 낭비를 불러오는 가장 큰 요인이다. 이 부분 역시 심도 깊은 논의를 해볼 것을 권한다.

Q5. 구체화가 필요한 부분-KT&G 첨단산업 복합단지의 활용 방안, 유튜브를 활용한 홍보 방안?

A5. 도시재생사업의 일환으로 KT 첨단산업 복합단지와 연계하여 증강현실을 적용한 테마거리는 참신한 기획일 수 있다. 파급력과 영향력이 막강한 유튜브 채널을 활용하는 것도 시의적절해보인다. 다만 중요한 것은 홍보 방안이 연계에서 끝나면 안 된다는 것이다. 구체적으로 어떻게 연계하고 어떻게 유튜브 채널을 운영해 홍보를 해 나갈 것인지 지속적인 피드백 과정이 반드시 필요하다.

제6장. 청춘거리 브랜딩

<사진 2> 도시재생센터 면담

4) 세종대 정현정 교수 피드백 사항

반드시 프로젝트의 영역을 구의역 일대 미가로로 한정시킬 필요는 없다. 구의역 일대는 알다시피 거대한 상권이 형성되어 있는 지역으로, 프로젝트를 통해 연계하여 상생을 수구할 수 있는 유후 지역들이 굉장히 많다. 구의역 일대와 다른 상권과의 연계방안도 고려해볼 것을 권한다. 코로나 19로 인해 건대입구, 성수 등의 상권도 침체기를 겪고 있는 것은 마찬가지다. 결국 거리 전반이 살아나야 인접한 상권도 효과를 얻을 수 있다는 점을 명심하길 바란다. 한 곳에만 예산과 인력을 투입하는 것보다 넓은 관점에서 거리의 부흥을 추구하는 것은 도시재생의 근본적 목적에도 부합할 것이다.

5. 결론 및 제안

코로나 19는 온 국민의 소중한 일상을 앗아갔다. 전국적으로 감염자가 속출하면서, 사람들 간 대면 접촉이 정부의 행정명령으로 제한되기에 이르렀다. 학교를 비롯한 공공기관마저 최소한의 대면접촉을 허용했고, 유동 인구로 먹고 사는 자영업자들은 적자를 감수하면서까지 영업을 지속했지만, 결국 폐업을 선언할 수밖에 없는 악조건을 마주해야 했다. 이렇게 온 국민이 힘든 일상들을 보내고 있는 상황에서, 동부지법의 이전이라는 대내적 변수로 인해 이미 상권 활성화에 난항을 겪고 있던 구의역 일대는 코로나 19라는 대외적 변수까지 떠안으며 일말의 희망마저 사라질 위기에 처했다. 이러한 대내외적 상황 때문에 이번에 진행하는 도시재생사업은 반드시 유의미한 성과를 거두어내야만 할 것이라는 절실함이 그 어느 때보다 컸다. 따라서 많은 시간과 노력을 할애해 현장을 답사하고, 기존 방식의 문제점을 파악했으며, 거리 전반을 활성화시키기 위해 대학생인 우리가 어떤 역할을 해낼 수 있는지 끊임없이 고민했다.

먼저 우리는 기존 도시재생사업의 문제점부터 파악했다. 도시재생사업에서 빠지지 않고 등장하는 벽화 거리 사업 등 대부분의 사업들이 유동인구를 두터운 고객층으로 편입시키기에는 한계를 가지고 있다는 결론을 내렸다. 결국 이 사업에서 우리가 주목한 쟁점은 '그들이 구의역 일대에 지속적으로 재방문할만한 유인을 어떻게 제공할 것이냐'에 관한 것이었다.

무엇보다, 구의역 일대에는 건대입구, 성수, 강변이라는 거대한 상권이 이미 저마다의 스토리와 특색을 바탕으로 자리잡고 있었다. 이 상권을 감안한 경쟁력을 갖추기 위해선 기존 스토리의 정형성에서 벗어난 구의역 일대만의 차별화 요인이 반드시 필요하다는 판단을 내렸다. '왜 주변 가까이 모든 인프라가 잘 갖춰진 거대한 상권이 자리잡고 있는데 굳이 구의역 일대까지 가서 소비를 하고 유흥을 즐겨야 하는지'에 대한 명분이 절실히 필요했다.

따라서 명분을 확보하기 위해서, 우리는 다른 지역 상권들과 차별화되는 새로운 이야기를 미가로에 심어 주변의 거대한 상권들을 제쳐 두고 구의역 일대에 소비자들을 유입시킬 프로젝트를 고안해보았다.

첫 번째로, 구의 도시재생사업의 일환으로 건설되는 테스트베드, 앵커시설의 도입과 연계시켜 사업을 진행하는 방안을 추진하고자 했다. 증강현실을 이용한 테마거리의 건설이 그것인데, 구체적으로 우리가 진행하는 테마는 '뉴트로 테마거리'이다. 5G 기술을 접목시켜 중장년층, 노인층에게는 과거의 향수를 불러일으키는 추억의 공간을 제공하고, 청소년과 청년층에게는 새롭고 신기한 경험을 제공하여 전 세대를 아우를 수 있는 테마거리의 건설을 추구하고자 한다. 증강현실을 거리에 도입시킨 선례를 비교분석하여 문제점과 개선방안을 파악하고, 벤치마킹할만한 좋은 사례를 선정하여 프로젝트를 진행한다면 미가로의 특색을 고려한 종합·맞춤형 테마로서 미가로에 활기를 불어넣어줄 것이다. 기존의 거리들이 '청춘', '젊음', '활기'만을 강조하는 면이 크다는 점에서 차별성을 확보하고자 했다. 이러한 차별성의 확보는 유동인구의 유입으로 이어질 것이고, 보다 잘 고안된 구체적인 세부실행계획과 예산이 뒷받침된다면 충분히 유동인구의 재방문율을 높일 수 있을 것이다.

두 번째로 거리 활성화를 위한 직접적인 지원도 필요하다는 점을 답사를 통해 느낄 수 있었다. 따라서 두 번째로 소상공인 지원사업을 병행하여 경영의 생애주기별 맞춤컨설팅을 제공하고자 한다. 창업은 물론 폐업까지도 지원하는 이 프로젝트를 통해 가게 일대의 회전율을 높여 가게 전반의 경쟁력을 높여 음식의 맛과 서비스의 질 향상을 추구하는 것이다. 요식업이 대부분인 거리의 특성을 감안해 봤을 때, 결국 유동인구의 유입을 늘리기 위한 근본적인 해결책은 음식의 '맛'과 직결될 것이다. 하여 경쟁력 없는 가게들이 거리에서 퇴출되고 경쟁력을 갖춘 새로운 가게들이 유입되는 선순환 구조를 유도함으로써 고정 손님을 확보하고자 한다.

이상의 프로젝트는 초기 단계의 제안에 가깝다. 미가로 상가 번영회 분들과 유기적으로 소통하며 진정 그분들이 원하는 것이 무엇인지, 그것과 별개로 어떤 지원이 가장 효율적인지를 파악해야 한다는 한계는 명확하지만, 기존의 시도와는 다르게 거리에 테마를 입혀 새로운 소비자층이 유입될 수 있도록 차별성을 추구했다는 점에서 획기적인 시도라는 생각이 든다.

진로이즈백, 미스터트롯 등 현재를 강타했던 레트로 열풍은 단지 레트로에 대한 흥미에서 비롯된 것이 아니다. 저마다 갖고 있는 뜨거웠던 청춘과 찬란했던 추억들이 고스란히 담겨 있는 그때의 경험을 되새길 수 있었다는 점에서 놀라운 인기를 끌었던 것이다. 우리의 소중한 일상을 앗아간 코로나 19로부터의 갈증들이 이 프로젝트를 통해 조금이나마 해소되었으면 하는 진심 어린 바람이 있다.

지속적인 검토와 보완을 거쳐 이 프로젝트를 구체화시키고 발전시켜 나간다면, 강변과 건대입구, 성수 등 막강한 입지를 다져 놓은 거대한 상권과 비교해 유의미한 경쟁력을 갖출 수 있을 것이다.

제6장. 청춘거리 브랜딩

참고문헌

김해연. 2019. "'폐업도 컨설팅을', 확 달라진 경남도 소상공인 지원사업"『한국경제』(3월 13일)

노기섭. 2017. "광진구청 간판 정비로 '미가로'가 깔끔해졌어요"『문화일보』

신향금. 2019. "상권 활성화 프로젝트 '미가로 블록파티' 성황"『성광일보』(8월 31일)

이민정, 김승인. 2014. "특화장소의 정체성 지속을 위한 전략으로서의 장소 브랜딩 연구." 디지털디자인학연구 14.4: 1031-1040.

서울특별시. 소상공인 지원사업프로젝트
(https://www.seoulsbdc.or.kr)

블로그 출처

https://blog.naver.com/bluebuskr/222015406945 (제주 김녕 금속공예 벽화마을)

http://www.visitjeju.net (두멩이 골목)

https://blog.naver.com/sejong_story/222355679592 (세종 조치원 테마거리)

https://blog.naver.com/anndam/222298642152 (대동 벽화마을)

https://blog.naver.com/2022ksh/222344049323 (둘리 테마거리1)

https://blog.naver.com/goun1129/222274441829 (둘리 테마거리2)

https://doolystreet.dobong.go.kr (둘리 테마거리3)

http://www.grandculture.net/

http://the-edit.co.kr/23153

https://terms.naver.com/entry.naver?docId=5682516&cid=62892&categoryId=62892 (테마거리 참고자료)

제7장. 키오스크 접근성 증가를 위한 '동행 키오스크' 도입

키오스크 접근성 증가를 위한 '동행 키오스크' 도입

❖ 유종하 · 황찬미 · 조은진

요 약

공공과 민간의 구분 없이 키오스크가 확산되는 무인화 추세가 나타나고 있다. 보급에 집중하자 역설적으로 기기 사용에 어려움을 호소하는 디지털 소외계층이 등장했다. 이들의 키오스크 접근성 저하의 원인은 크게 신체적·인지적·심리적 요인으로 구분할 수 있다. 그러나 신체적 한계에서 비롯되는 건 기술 개발 및 규격 변화를 통해 해결되어야 할 문제로, 구 차원에서 다루기 어려운 만큼 이를 제외한 두 가지 정책을 제안한다.

동행 키오스크 정책은 디지털 소외계층을 중심으로 지역주민의 키오스크 접근성 증가를 목표로 한다. 첫째, 키오스크 애플리케이션 제작 및 교육용 키오스크 도입이다. 지역 대학교와 자원봉사단체 등 시민사회와의 연계로 실효성을 높였다. 둘째, 키오스크 사용 환경 디자인 변화이다. 좌우 가림막 및 도움요청벨, 시각 정보물을 설치하여 키오스크 인식 개선과 함께 접근성을 높이는 데 주안점을 두었다. 정책 실효성과 확장 가능성을 논의하고자 디지털 소외계층 및 일반 이용자 그리고 키오스크 이해관계자와의 면담으로 의견을 수렴했다. 이러한 시도는 키오스크 운영 실태에 관심을 가지도록 하여 관련 법률 및 예산 등의 사회적 요인을 보강할 마중물이 될 것으로 기대한다.

1. 서론: 문제제기

키오스크는 공공장소에 설치되는 터치스크린 방식의 무인정보단말기 또는 물품 및 서비스를 제공하는 소규모 점포를 뜻한다(이혜미, 2021). 최저임금 인상과 비대면 소비가 확대되면서 글로벌 키오스크 시장규모는 2020년 94조 2,000억 원으로 최근 5년간 69.7% 증가하였다(배영임, 신혜리, 2021). 한국의 키오스크 시장 역시 2006년 600억 원, 2013년 1,800억 원, 2017년 2,500억 원 규모로 앞으로 연평균 13.9% 성장할 것으로 신한금융투자는 전망했다. 공공기관도 사정은 민간과 다르지 않다. 코로나19 이후 무인민원발급기를 찾는 주민이 증가하고 있다. 작년 1월부터 9월까지 무인민원발급기 1대당 발급 건수는 6,409건으로 전년 동기 대비 10.9% 증가하는 모습을 보였다(행정안전부, 2020).

키오스크를 중심으로 한 디지털화는 사람들에게 편리함을 제공했다. 그러나 이러한 편리한 혜택은 모두에게 공평하게 적용되지 못했다. 고령인과 장애인 등 디지털 소외계층은 키오스크 접근에 어려움을 느끼고 있다.

정부 역시 디지털 격차가 경제·사회적 불평등과 차별을 심화시킬 것을 우려해 작년 6월 「디지털 포용 추진계획」을 발표했다. 국민 디지털 역량 강화 및 디지털 이용환경 조성·디지털 기술의 포용적 활용 촉진·디지털 포용 기반 조성이라는 4대 추진 과제를 달성할 것임을 밝혔다. 올해 6월은 「지능정보화기본법」 시행령 개정안이 통과되었다. 고령인과 장애인이 키오스크 등 지능정보제품을 이용하는 데 불편함이 없도록 국가기관이 정보 접근성이 보장된 제품을 우선 구매하도록 하였다. 나아가 7월 1일부터는 「행정사무정보처리용 무인민원발급기(KIOSK) 표준규격」(이하, 무인민원발급기 표준규격) 개정이 시행

제7장. 키오스크 접근성 증가를 위한 '동행 키오스크' 도입

된다. 디지털 소외계층이 무인민원발급기에 쉽게 접근할 수 있도록 화면확대기능 및 휠체어 사용자 조작기능을 필수규격에 포함했다. 기존 5종이었던 필수규격이 7종으로 확장된 것이다.

이와 같은 정부의 '디지털 포용' 정책 기조에 맞춰 키오스크로 인한 디지털 소외를 완화하고자 한다. 즉, 키오스크 접근성 증가를 위한 '동행 키오스크'를 광진구 정책으로 제언하며 광진구가 디지털 포용사회 실현에 앞장설 수 있기를 기대해본다.

2. 현황 및 문제 분석

가. 디지털 소외계층 정의

디지털 소외계층은 일반적으로 장애인·기초생활수급자·고령층·농어촌 주민을 뜻한다. 그러나 광진구는 농어촌 지역이 아니다. 저소득층은 '2020 디지딜정보격차 실내소사'에서 디지털 정보화수준이 95%로 집결되어 일반 국민과 유의미한 차이를 보이지 않는다는 점에서 본 연구에서는 제외하였다.

나. 키오스크로 인한 디지털 소외 문제 현황

1) 광진구 내 디지털 소외계층

광진구 인구는 2021년 1월 기준 총 346,682명이다. 65세 이상 고령층은 50,311명으로 거주인구대비 14.5%를 차지하고 있다. 주목할 만한 것은 광진구의 고령층 비율과 노령화 지수가 20년 이상 우상향했다는 점이다. 광진구의 5개년 평균 65세 이상 인구증가율은 5.4%로 전국 증가율에 비해 1.6%p 높은 편이다.

년도	고령층 인구(명)	인구구성비(%)	노령화 지수(%)
2000	17,527	4.6	24.2
2005	22,522	6.2	37.2
2010	29,694	8.3	62.5
2015	38,636	11.0	101.0
2019	45,249	13.4	139.2

* 노령화 지수 : 유소년층 인구(0~14세)에 대한 노년층 인구(65세 이상) 의 비율(출처=SGIS플러스 통계지리정보서비스)

〈표 1〉 광진구 내 고령화 추세 분석

    같은 해 광진구 등록 장애인은 12,610명으로 거주인구대비 3.64%에 해당한다. 그중 지체장애인의 비율이 가장 높다. 작년 장애 유형별 구분에 따르면 지체장애인이 5,593명으로 45.3%·청각장애인 1,702명으로 13.8%·시각장애인 1,318명으로 10.7%·뇌병변장애인 1,221명으로 9.9%이다. 이어 지적·신장·정신·자폐성 등의 순으로 비율이 높았다.

2) 광진구 내 키오스크 설치현황

    광진구 공공기관 키오스크는 올해 6월 기준 총 31대이다. 무인민원발급기 29대, 법원전용 무인민원발급기 1대, 서울시 세입금 무인납부기 1대가 있다. 광진구 무인민원발급기 모델은 장애인 편의기능이 일부 포함된 무인민원발급기 24대와 장애인겸용 5대로 구분된다. 이 29개 무인민원발급기 모두 시각장애인용키패드·시각장애인용음성안내·청각장애인용화면안내·화면확대기능이 있으며 점자라벨이 부착되어 있다. 그러나 실제로는 세부사항이 키오스크마다 달라 이용이 불편하다는 점을 파악할 수 있었다. 촉각(전자)모니터는 5대의 제품, 이어폰소켓은 15대의 제품에만 제공되었으며, 휠체어 사용자가 조작할 수 있는 제품은 12대에 불과했다.

제7장. 키오스크 접근성 증가를 위한 '동행 키오스크' 도입

장애인 편의기능 일부 포함(좌)

장애인 겸용(우)

〈그림 1〉 광진구 내 무인민원발급기

　민간업체 키오스크 설치 현황 및 장애인 접근성에 관한 실태조사는 구에서 이뤄지지 않았다. 디지털 포용정책 시행을 위해 구 차원에서 민간업체 키오스크 종류와 이용현황 등에 관한 전반적인 실태조사가 진행되어야 할 것으로 보인다.

3) 광진구 내 키오스크 교육현황

　광진구의 교육용 키오스크는 6월 30일 기준 2대가 구비되어 있다. 정보화교육장 3곳 중 구의동 '아차산 정보화교육장'을 제외한 화양동 '정보화교육센터'와 자양동 '구청 전산교육장' 2곳에서 각각 1대씩 교육용 키오스크를 구비하여 이용자가 직접 체험할 수 있도록 하였다.
　광진구청 스마트정보과에서 키오스크 교육정책도 추진하고 있다. 올해 7월부터는 '정보화교육센터'에서 대면 교육이 시행된다. 3주에 걸쳐 매주 금요일 3시간 동안 디지털 소외계층을 대상으로 "내 손안의 키오스크 활용하기"를 추진할 예정이다. 키오스크 접근성을 높이기 위하여 교육이 필수적인 만큼, 광진구는 교육용 키오스크 확대 설치와 키오스크 교육 강화에 더욱 힘써야 할 것이다.

다. 키오스크로 인한 디지털 소외 문제 분석

1) 고령층의 키오스크 이용 문제

고령층은 노화로 인한 운동능력 저하와 질병으로 인한 신체적 문제 그리고 인지능력의 저하를 겪는다. 기술의 발전과 함께 새로운 기기가 등장하면서 고령층은 키오스크를 포함한 IT 기술 활용에 불편을 호소하고 있다. 여태 스마트폰이나 ATM 기기 등의 터치스크린을 경험해 본 적이 없는 경우가 더러 있어 키오스크 접근에 더욱 어려움을 느끼는 것이다. 키오스크는 작은 글씨, 복잡한 구조, 터치스크린 등 고령층이 어려워하는 요소를 포함하고 있기도 하다(신주혜, 이민지, 이원섭 2020).

작년 한국소비자원에서 실시한 고령층 조사 두 가지를 참고하면 보다 직관적이다. 키오스크 이용 경험이 없는 고령소비자 10명을 대상으로 키오스크 이용을 관찰하자 용어 이해 및 기기 조작에 어려움을 겪는 것으로 드러났다. 이용 시 시간 지연과 주문 실패에 대한 심리적인 부담감도 느끼고 있었다. 반면 이용 경험이 있는 서울 거주 고령소비자 300명에게 중복응답 설문조사를 한 결과 복잡한 단계(51.4%)·다음 단계 버튼을 찾기 어려움(51.0%)·뒷사람 눈치가 보임(49.0%)이 가장 큰 어려움으로 집결되었다.

제7장. 키오스크 접근성 증가를 위한 '동행 키오스크' 도입

	구 분	응답
1	상품 선택부터 결제까지 단계가 너무 복잡하다	51.4(126)
2	다음 단계로 넘어가는 버튼을 찾기 어렵다	51.0(125)
3	주문이 늦어질 경우 뒤의 사람에게 눈치가 보인다	49.0(120)
4	화면의 그림, 글씨가 잘 보이지 않는다	44.1(108)
5	결제수단이 제한되어 있다(예: 카드로만 결제 가능)	33.5(82)
6	한 화면당 조작시간이 짧아 처음화면으로 넘어가는 경우가 있다	31.8(78)
7	주문할 상품에 대해 궁금한 점을 물어볼 수 없다	24.9(61)

출처=한국소비자원(단위: %, 명)
〈표 2〉 키오스크 이용 불편사항(중복응답)

이를 통해 키오스크 UI·UX 디자인뿐 아니라 사용 환경 디자인과 심리적 요인 역시 고령층 키오스크 접근성에 영향을 준다는 것을 알 수 있었다. 노화로 인해 인지능력과 학습능력이 감소하는 고령층이 키오스크를 원활히 사용하려면 반복적인 학습을 도와줄 교육과 체험 기회 역시 필요할 것이다. 여기서 UI란 사용자 인터페이스(User Interface)를 의미하여 주문할 때 보이는 키오스크 화면이라고 요약할 수 있고, UX란 사용자 경험(User Experience)으로 키오스크를 이용할 때의 감정과 생각이 사용자의 행동과 반응으로 어떻게 이어지는지를 뜻한다.

2) 장애인의 키오스크 이용 문제

광진구 장애인의 대다수를 차지하는 신체적 장애인을 중심으로 키오스크 이용 문제를 살펴보았다. 그 결과 장애인은 장애의 종류에 따라 겪는 불편함과 필요로 하는 것이 달랐다.
시각 및 청각장애인은 배경화면과 텍스트 색 대비·시각적 정보의 음성 지원 기능·일관성 있는 카드 투입구 위치·직원 호출 기능이 없어 키오스크 접근에 어려움을 겪었다. 청각장애인의 경우 음성 이외의 피드백과 수어 통역 중개 서비스를 필요로 했다. 지체장애인은 휠체어 접근이 가능하도록 키오스크 높낮이 조절 기능 및 키오스크 UX·UI 조절 기능을 원했다(김현경, 2021).

그러나 장애인 키오스크 접근성이 매우 낮은 것이 엄연한 현실이다. 정보화진흥원 '2019 무인단말기(키오스크) 정보접근성 현황조사'에서 휠체어에 앉은 사람이 조작 가능한 위치에 작동부가 위치한 키오스크 비율과 볼 수 있는 곳에 화면이 위치한 키오스크 비율은 각각 25.6%와 36.4%로 나타났다. 시각장애인이 인식할 수 있도록 시각정보를 음성정보와 함께 제공하는 비율 역시 27.8%에 불과했다.

모든 작동부는 휠체어에 앉은 채로 조작이 가능한가	디스플레이는 휠체어에 앉은 채로 볼 수 있는 곳에 있는가	시각적 콘텐츠는 동등한 음성정보와 함께 제공되는가
준수 26% 미준수 74%	준수 36% 미준수 64%	준수 28% 미준수 72%

출처=한국정보화진흥원, 조승래 의원실 재구성
〈표 3〉 2019 무인정보단말(키오스크) 정보접근성 현황

3) 연구 방향

이러한 문제를 종합하면 디지털 소외계층의 키오스크 접근성이 저해되는 원인을 파악할 수 있다. 당사자성에 맞춰 신체적(기술적)·인지적(교육적)·심리적 요인에 대응하는 해결책이 필요하다.

안타깝게도 키오스크 기기에 관한 기술적 요인은 깊이 있게

제7장. 키오스크 접근성 증가를 위한 '동행 키오스크' 도입

다루지 않기로 했다. 키오스크 화면 및 표기 구성의 UX · UI와 규격을 자치구 스스로 개선하는 것이 극히 어렵다는 구청 실무자의 의견을 존중했다. 공공기관 키오스크는 「무인민원발급기 표준규격」에 따라 이미 정해져 있고, 매장 키오스크는 회사 차원에서 관리할 영역이라는 의견이었다. 따라서 변화시킬 수 있는 합리적 범위에서 키오스크 접근성을 높이기 위해 인지적 · 심리적 요인에 집중하였다.

이에 광진구민이 편리하게 무인민원발급기를 비롯한 키오스크에 접근할 수 있도록 '동행 키오스크' 정책을 고안했다. 키오스크 이용 중에 느낀 좌절감과 뒷사람 눈치라는 심리적 부담을 완화하고, 교육 기회를 넓힌 광진구 특화 키오스크 정책이라 할 수 있다. 키오스크 애플리케이션 제작 및 교육용 키오스크 도입, 키오스크 사용 환경 디자인 변화를 추진하고자 한다. 정책 실현 가능성과 의의를 검증받기 위해 실험 및 모델링, 설문조사, 키오스크 이용자 및 각 분야 이해관계자와의 면담을 진행했다. 이러한 노력은 키오스크 공간 디자인 변화와 교육 확대에 그치지 않고, 키오스크 접근성 저해 실태를 공론화하여 법과 제도 · 예산의 사회적 요인을 보강할 마중물이 될 것으로 기대한다.

3. 정책 대안: 동행 키오스크

가. 키오스크 교육 정책

1) 키오스크 교육의 필요성

키오스크 사용 역량은 생활 문제와 직결되어 있다. 코로나19로 각종 비대면 서비스가 필요해진 가운데 정보취약계층의 이용률이 매우 저조한 것은 다시 말해, 디지털 접근성에 대한 격차가 기본적 인권과 생명·삶의 질과 직결된 문제임을 알 수 있다(강민정, 2020). 이때 교육 정책은 키오스크 접근성을 저해하는 인지적 장애요인을 완화시킬 수 있다.

고령층은 키오스크 교육에 대해 적극적인 면모를 보였다. 65세 이상 서울·경기도 거주자 20명을 대상으로 한 한국보건사회연구원의 연구에서, 참여자 90%가 실용적인 정보화 교육이 제공된다면 이에 참여할 의사가 있음을 밝혔다. 이는 고령층이 정보기술 부적응에 대한 걱정과 동시에 정보기술 활용에 대한 욕구와 바람을 가지고 있음을 보여준다(황남희, 2020).

장애인에 대한 조사는 관련 연구가 부족하여 자체적인 인터뷰를 진행하였다. 6월 01일 실로암시각장애인복지관 황병안 씨, 6월 17일 동서울장애인자립생활센터 오병철 소장과 면담을 진행했다. 오 소장은 센터 내 키오스크 관련 교육이 이뤄진 적이 없음을 밝혔으나, 센터 차원에서 정부의 교육 지원을 매우 희망한다는 점을 알 수 있었다. 황 씨는 키오스크 교육 정책에 대해 호의적인 입장이었다. 두 대상 모두 교육을 통해 장애인의 키오스크 기기에 대한 거부감을 낮출 수 있을 것이라는 의견을 보였다.

이처럼 키오스크 활용 교육은 고령층과 장애인 모두에게 필요하다. 두 대상 모두 참여의사를 밝히고 있다. 그러나 광진구의 키오스크 교육은 활발하게 이뤄지지 않고 있었다. 이에 키오스크 교육 활성화 및 구체화를 목표로 광진구 키오스크 교육 정책을 제언하고자 한다. 표로 간략히 밝힌 다음 구체적으로 서술할 것이다.

제7장. 키오스크 접근성 증가를 위한 '동행 키오스크' 도입 🎯

매체	키오스크 교육용 애플리케이션	교육용 키오스크
정책 대상	- 광진구 내 디지털 소외계층 - 광진구 내 노인 복지기관 (22곳) - 광진구 내 장애인 복지기관 (13곳) - 광진구 내 주민센터 (16곳)	
정책 방안	① 애플리케이션 개발 • 디지털 소외계층 방문 빈도에 따른 키오스크 UI 제작 (무인민원발급기, 병원, 식당, 영화관, 카페, 철도, 터미널 등) • 광진구 실제 매장 UI 구현 • 광진구 키오스크 지도 구현 ② 교육 시행 • 교육용 키오스크 운영 및 애플리케이션 사용법 교육 병행 • 수혜자 적합한 교육 방식 (온·오프라인 신청 및 교육 프로그램, 복지관 의무 프로그램, 1:1 방문 교육 등)	① 광진구 정보화 교육장 3곳 내 교육용 키오스크 각 1대 설치 • 구의동 〈아차산 정보화교육장〉만 도입 ② 복지기관 35곳 및 주민센터 16곳에 교육용 키오스크 설치 • 예산을 고려해 키오스크 9대를 구입한 후 복지기관 5대 및 주민센터 4곳에 전달 • 디지털 소외계층 방문률이 높은 곳에 시범 설치하여 기관마다 7일간 대여한 후 반응을 보며 추가 구입 검토
	③ 지역사회와 연계하여 교육봉사자 확보 • 광진구 노인·장애인 복지기관 대상으로 키오스크 교육 시행 • 광진구 대학 (건국대학교, 세종대학교, 장로회신학대학교) 사회봉사 과목과 연계 • 광진구자원봉사센터, 초·중·고등학교 및 가족봉사단, 시민단체 등과 연계 • 노인·장애인 복지센터와 봉사자가 함께하는 문화체험을 기획하여 실제 매장의 키오스크를 방문하여 이용할 수 있도록 연계	

〈표 4〉 키오스크 교육용 애플리케이션 및 교육용 키오스크 시행 계획

❖ 청년의 지역참여와 사회혁신 ❖

2) 키오스크 애플리케이션 제작

광진구 별도로 교육용 키오스크 애플리케이션을 제작하는 것이 핵심이다. 다수의 디지털 소외계층이 시간과 공간의 제약을 받지 않고 어디서나 키오스크 사용법을 익힐 수 있다는 점에서 효과적인 수단이 될 것이다. 시중에 'KT'와 '서초 키오스크 교육'과 같이 키오스크 교육 애플리케이션이 존재하나 두 가지 한계를 보인다는 점에서 추가로 제작하여 배포할 필요가 있다.

첫째, 키오스크 UI의 선택사항 제한이다. [그림 2]를 통해 알 수 있듯 KT와 서초구 애플리케이션 모두 무인민원발급기의 선택지가 3가지로 제한되어 있다. 애플리케이션으로 사용법을 익힌 후에도 실제 키오스크 이용에 어려움을 겪을 수 있다는 점을 확인하였다.

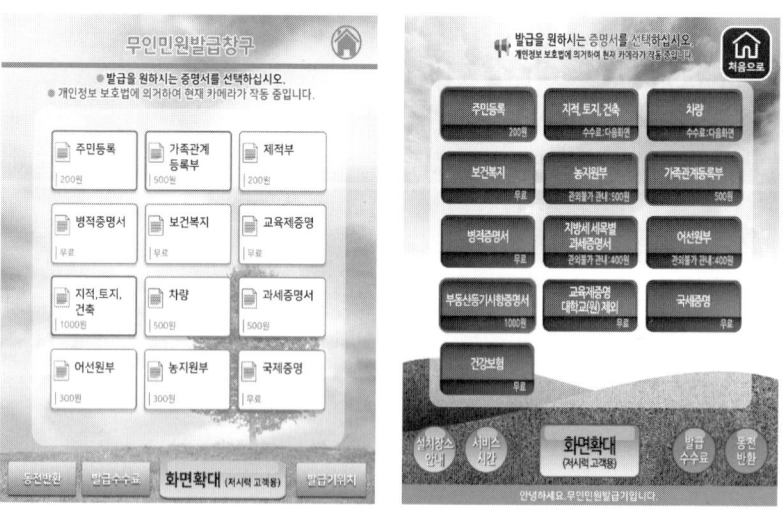

〈그림 2〉 KT와 서초구의 키오스크 교육용 애플리케이션 무인민원발급기 UI

둘째, 광진구 매장 키오스크 UI와 다르다는 점이다. 기존 애플리케이션은 각 매장과 기관의 대표적인 형태를 담았으나 광

제7장. 키오스크 접근성 증가를 위한 '동행 키오스크' 도입

진구 지역의 것과 달라 실제 키오스크 이용 시 낯선 UI로 인해 이용에 어려움을 겪을 수 있다.

구체적으로 살펴보면 6가지의 UI를 구현한 'KT'에서 무인민원발급기·병원·패드스푸드·카페·ATM·KTX를 연습해볼 수 있고 '서초 키오스크 교육'은 여기에 고속버스·공항·영화관 세 종류를 더해 총 9가지를 다뤄볼 수 있었다. 하지만 직접 사용하였을 때 선택지가 제한적이며 UI가 같지 않아 실제 키오스크와의 괴리가 있다는 점이 한계점으로 지적되었다. 따라서 이러한 문제점을 보완하며 광진구 자체의 교육용 키오스크 애플리케이션 제작을 제안하고자 한다.

광진구 애플리케이션은 다음과 같은 두 가지 특징을 지닌다. 키오스크의 UI를 광진구 매장 및 무인민원발급기와 유사하게 구현한다. '서초 키오스크 교육'과 같이 9가지 종류의 키오스크를 구현하되 하부 항목의 선택지를 늘리며 키오스크 UI를 사실적으로 표현하고자 한다. 공공기관과 패스트푸드점 등의 경우 어느 곳이나 똑같은 UI를 사용하는 경우가 많으므로 이러한 곳을 중심으로 애플리케이션을 제작한 후 점차 그 종류와 범위를 넓혀가는 것을 목표로 한다.

광진구 키오스크 지도를 추가해 주민 생활 반경에 밀접한 교육용 애플리케이션을 구현한다. 위치정보를 설정하면 거주지와 가장 가까운 매장 혹은 기관이 자동 목록화되며 지도를 통해 실시간으로 확인할 수 있다. 즉, 위치정보를 토대로 자신이 원하는 거주지역 주변 키오스크를 위주로 연습할 수 있다. 주민 생활권에 있는 실제 키오스크를 애플리케이션을 통해 연습할 수 있다는 점에서 교육 효과가 높을 것으로 예상된다.

이외에도 음성 안내, 한글 표기, 확대 기능을 기본으로 하여 고령층과 장애인이 사용하기에 적합한 애플리케이션을 목표로 한다. 사용법 버튼을 추가하여 질문을 남기거나 키오스크 교육 프로그램을 신청할 수 있도록 하면 더욱 실용성 있는 애플리케이션이 될 수 있을 것이다. 이용에 관한 영상을 제작하여 광진구청 사이트, 페이스북, 유튜브 등 관련 플랫폼에 업로드하여 홍보를 하고, 애플리케이션 내에도 동영상 바로 가기 버튼을 통해 자세한 사용법을 안내한다면 이용 및 접근성에 증진에 도움이 될 것이다.

　애플리케이션을 개발 및 배포 후에는 사용법을 알려주는 교육 프로그램을 진행할 것이다. 프로그램은 신청 후 방문해서 교육을 듣는 것을 기본으로 한다. 광진구 정보화 교육장에 해당 애플리케이션이 설치된 태블릿 및 스마트폰을 구비한 후 교육 프로그램을 진행한다. 노인 복지기관과 장애인 복지기관은 소속된 사람들을 대상으로 복지기관 내에서 교육 프로그램을 진행한다. 이외에도 장소에 구애받지 않는 애플리케이션의 장점을 살려, 소모임, 1:1 방문 교육 등 다양한 방식의 교육이 가능하다. 교육 후에도 애플리케이션을 설치하여 각자에 자택에서 자립적인 학습이 가능할 것이다.

　교육자가 부족하다는 문제는 지역사회와의 연계를 통해 해결하고자 한다. 광진구 내 건국대학교, 세종대학교, 장로회신학대학교의 사회봉사 수업과 연계하여 교육봉사자를 확보할 수 있다. 광진구자원봉사센터, 시민단체 등과 연계하는 것 역시 하나의 방법이다. 이처럼 지역사회와의 연계를 통해 프로그램을 더욱 확장해 나갈 수 있다. 광진구 대학생·사회복지센터 봉사자들과 함께 문화 활동을 하며 실제 매장에서 키오스크를 사용할 수 있는 프로그램이 대표적인 예시이다. 노인·장애인 복지센터에서 실시되고 있는 문화체험과 연계할 수도 있을 것이다.

3) 교육용 키오스크 도입

　애플리케이션 제작이 만능인 것은 아니다. 작은 화면에서 다른 사람의 눈치를 보지 않고 스스로 이용하는 것과 큰 화면의

제7장. 키오스크 접근성 증가를 위한 '동행 키오스크' 도입

키오스크를 직접 사용하는 것은 차이를 보일 수 있다. 정보화 능력이 부족하거나 설치할 기기가 미비한 디지털 소외계층이 사용하기 어렵다는 단점도 있다. 따라서 주민 거주 지역 인근에 교육용 키오스크 10대를 추가 구입하여 키오스크 교육 인프라를 조성할 필요가 있다.

첫째, 구의동 '아차산 정보화교육장'에 교육용 키오스크 1대를 추가로 구입하여 광진구 정보화 교육장 3곳 모두에서 교육이 이뤄질 수 있도록 한다. 이미 화양동 '광진구 정보화 교육센터' 및 자양동 '구청 전산교육장'에 교육용 키오스크가 도입되어 있다. 그러나 한 대를 추가로 설치하는 것에서 그칠 것이 아니라 원하는 사람은 누구나 전문 강사 및 자원봉사자의 도움으로 교육용 키오스크를 통해 키오스크 사용법을 익힐 수 있어야 한다. 이를 개방된 공간에 두어 교육이 없는 시간대에 방문하는 사람들이 자유롭게 사용할 수 있도록 한다면 보다 효율적인 정책이 될 것이다.

둘째, 광진구 노인 복지기관 22곳 및 장애인 복지기관 13곳, 주민센터 16곳에 교육용 키오스크를 설치하고 교육을 시행하여 접근성을 높일 수 있도록 한다. 예산을 고려해 이를 복지기관에 5대·주민센터에 4대 총 9대를 구입한 후 디지털 소외계층 방문률이 높은 곳에 시범 설치하는 것도 검토해 볼 법하다. 또는 각 기관마다 7일간 대여하여 매달 거주 지역 인근에서 직접 사용해볼 수 있도록 하며 구민 및 실무자 반응을 토대로 추가적인 기기 도입을 논의해볼 수 있을 것이다. 교육자 부족 문제도 동일하게 지역사회와의 연계를 통해 해결할 것이다. 디지털 소외계층이 익숙한 공간에서 낯설지 않은 직원 및 봉사자의 도움을 받을 수 있어 효과적인 교육이 되리라 기대한다.

이러한 교육용 키오스크는 요컨대, 주민들과 가까운 교육을 통해 키오스크 접근성을 높일 수 있을 것이다. 정보화교육장 3곳에 언제든지 방문하여 교육용 키오스크를 직접 이용해볼 수 있고, 대여 시점과 설치 유무에 따라 주민·복지센터의 교육용 키오스크 9곳에서 몇 번이고 반복하며 키오스크에 대한 어려움을 줄이게 될 것이다.

4) 예산 추계

교육 정책은 관련 부서에 대한 광진구청의 예산 확대를 요구할 수밖에 없다. 각 기관에 자료를 요청하여 간략하게나마 비용을 갈음해보았다. 광진구의 2021년도 제1회 추가경정예산서에 따르면 세출예산액 총계는 6,100억 6,294만 9천 원이다. 그러나 고안한 교육 정책이 포함될 것으로 예상되는 고품질 IT서비스 제공 정책은 42억 6,683만 6천 원으로 전체 세출예산액의 0.67%를 차지하는 실정이다. 하위 항목인 정보화역량 강화는 12억 5,007만 원에 불과하다. 각각 전년도에 비해 36.04%와 4.84%의 증감률을 보인 것은 바람직하나 예산의 추가적인 확보가 뒷받침되어야만 정책의 실효성을 높일 수 있을 것이다.

나. 키오스크 사용 환경 디자인

'동행 키오스크'의 사용 환경 디자인은 키오스크 주변 환경 변화를 통한 키오스크 사용자의 심리적 부담감 완화를 목표로 하였다. 선행연구자와의 면담, 1차 실험, 2차 모델링을 통해 도출된 공간 분리 정책은 다음과 같다.

첫째, 키오스크에 패브릭 좌우 가림막을 설치하여 공간을 분리한다. 둘째, 가림막 자체를 기관 홍보물이나 정보 전달물로 교체할 수 있도록 한다. 셋째, 주변에 다양한 홍보물을 부착하여 시민들의 관심과 사용을 유도한다. 넷째, 키오스크 외부에 도움요청벨을 설치한다.

위의 정책이 도출되기까지 실험과 피드백을 통한 변화가 있

제7장. 키오스크 접근성 증가를 위한 '동행 키오스크' 도입

었다. 그 시행착오를 시간순으로 기술하여 본 정책에 대한 이해를 높이고자 한다. 위의 내용만으로 부족한 정책에 대한 설명 역시 이후 표와 사진을 통하여 구체적으로 기술할 것이다.

1) 1차 실험

키오스크에 공간 분리 효과를 만들게 되면 고령층·장애인·일반인 구분 없이 사용자 모두에게 작업 만족도를 높일 수 있다. 이에 대한 선행연구를 진행한 서울대학교 산업공학과 정혜선 석사과정의 논문 「Enhancing the Usability of Self-service Kiosks for Older Adults : Effects of Using Privacy Partitions and Chairs」을 참고한 후 저자와의 면담을 진행했다. 이를 통해 좌우 칸막이 중 하나가 설치된 공간 분리가 이뤄진 키오스크를 이용할 때의 이점 두 가지를 알 수 있었다. 연령에 구분 없이 이용자 전원의 키오스크 만족도가 증가했으며, 공간 분리가 이뤄지지 않은 키오스크 사용 환경 대비 공간 분리가 이뤄진 사용 환경에서 고령인 주문시간이 20% 가량 감소한다는 점을 확인할 수 있었다. 여러 사람이 줄 서서 차례로 사용해야 하는 상황을 고려했을 때, 일부 사용자 집단의 사용시간이 20% 감소한다면 전체 사용자 모두에게 긍정적인 결과를 가져올 것으로 예상된다.

'동행 키오스크' 사용 환경 디자인은 글자로 설명하는 데 한계가 있다. 키오스크 주변 여건에 따라 설치방식이 달라질 수 있는 만큼 광진구에 이러한 칸막이 및 가림막의 설치가 가능하고 효과적인지 검증할 필요가 있다. 공간 분리 정책을 제언하기에 앞서 광진구에서 1차 실험을 진행하고 피드백을 수렴해 2차 모델링을 진행하였다. 1차 실험 사진 속 '느린 키오스크' 명칭은 이후 모델링에서 '동행 키오스크'로 변경되었음을 미리 밝힌다.

❖ 청년의 지역참여와 사회혁신 ❖

	공간분리 : 1차 실험 진행		
실험 장소	건대입구역 2·4번 출구 내 무인민원발급기		
실험 기간	2021년 05월 31일 ~ 06월 04일, 총 5일		
실험 목적	첫째, 좌우 칸막이 및 뒤 가림막 설치로 사용자의 심리적 부담감을 줄이는 공간 분리 효과를 만듦. 둘째, 칸막이 및 가림막 안내문 부착으로 기다리는 뒷사람에게 정보를 전달하여 지루함을 완화하고 시선을 분리시킴. 셋째, 바닥·길목 및 내부 스티커 부착으로 구민의 관심도를 높이며 사용할 유인을 전달함.		
실험 도구	좌우 칸막이	반투명 아크릴판 가로 550mm · 세로 450mm · 두께 3mm	
	뒤 가림막	패브릭 천 가로 690mm · 세로 310mm · 두께 2mm	
	봉	플라스틱 봉 가로 720mm · 세로 20mm · 두께 15mm	
	시각 정보물	안내문	좌 칸막이
			뒤 가림막
			길목 안내문
		스티커	바닥 스티커
			내부 스티커

제7장. 키오스크 접근성 증가를 위한 '동행 키오스크' 도입

[그림 3] 무인민원발급기 공간분리 1차 디자인

가림막 디자인과 안내문·스티커 내용을 깊이 있게 다루는 것은 '2차 모델링'에서 시도하고자 함. 1차 실험 이후 피드백을 반영한 무인민원발급기 모델링에서 칸막이·가림막 및 시각 정보물 전부가 변경되기 때문임.

실험 소개	좌우 칸막이와 뒤 가림막의 높이는 성인 남성이 이용할 때 상체를 가리는 수준임. 공간이 답답하게 느껴지지 않도록 하면서 뒷사람이 앞 사람이 있다는 것을 알 수 있도록 전신을 가리지 않도록 함. 무인민원발급기의 안내문은 광진구민에게 필요한 정보 및 추진사업을 전달하거나 '동행 키오스크' 기획 의도를 알리는 용도로 사용함. 길목 안내문은 키오스크와 떨어진 벽·기둥에 설치하여 위치를 전달하고 이를 홍보하고자 함. 바닥 스티커는 이용자와 기다

	리는 사람의 거리를 두어 이용자의 심리적 부담감을 덜고자 표기했으며, 이용 시 동행 키오스크를 알릴 수 있도록 시각장애인패드 우측에 내부 스티커를 부착하였음.
공간분리 : 1차 실험 결과	
구민 및 전문가 면담	**(부정 피드백)** 좌우 칸막이는 안전성 측면에서 이용이 어려울 수 있음. 아크릴판이기에 부딪힐 우려가 있고 지속적인 사용이 가능할 수준의 접착력 담보가 쉽지 않음. 뒤 가림막은 체격이 큰 사람과 장애인에게 키오스크 접근성 저해를 만들 수 있음. 무인민원발급기와 뒤 가림막 공간이 비좁고, 봉의 높이가 낮아 이용 시 고개를 숙여야 하는 것이 불편하며, 시각장애인에게는 예상하지 못한 장벽이 될 수 있음. **(긍정 피드백)** 공간 분리 효과로 뒷사람의 눈치가 보이는 문제는 확실히 줄일 수 있을 것임. 시각 정보물로 인해 무인민원발급기를 사용하지 않더라도 한 번 확인하고 지나치게 됨. 디지털 소외계층에게 도움이 되는 정책은 모두의 편리한 키오스크 이용을 만들 것이기에 매우 호의적임.

〈표 5〉 동행 키오스크 1차 실험 내용 정리

제7장. 키오스크 접근성 증가를 위한 '동행 키오스크' 도입

2) 2차 모델링

동행 키오스크 '1차 실험'에서 얻은 부정적 피드백에 집중했다. 접근성을 저해하던 가림막 재질과 디자인을 변경하고, 안내문의 가시성을 높이는 데 주력했다. 디지털 소외계층에게는 제3자의 구체적 도움이 필요하다는 것에 공감하며 도움요청벨을 설치해 이용 시 기관 관계자의 협력을 받도록 했다. 1차 실험 장소와 동일한 건대입구역 무인민원발급기 및 바닥을 입체적으로 표현한 후 가림막과 시각 정보물 및 도움요청벨을 적용한 '2차 모델링'을 시도하였다.

	공간분리 : 2차 모델링 진행
1차 실험 피드백 반영	첫째, 뒤 가림막을 삭제함. 디지털 소외계층 접근성 저하가 우려되어 배제하였음. 둘째, 좌우 칸막이 재질 및 디자인을 변경함. 아크릴판 간막이에서 패브릭 재질의 천 가림막으로 변경하며 중간 지점의 2/3을 잘라 안전성을 높임. 셋째, 시각 정보물 위치 및 디자인을 변경함. 한눈에 읽을 수 있도록 수정하고 슬로건을 더해 가독성 높임. 기존 명칭 '느린 키오스크'를 '동행 키오스크'로 정정함. 내부 스티커는 삭제함. 넷째, 도움요청벨을 외부에 설치함. 무인민원발급기 시각장애인키보드 좌측에 점자 표기와 함께 노란색으로 두어 디지털 소외계층의 접근성을 높임.

[그림 4] 무인민원발급기 공간분리 2차 모델링

2차 모델링 무인민원 발급기	가시성 및 안정성을 높여 정책 적용 가능성을 높이는 데 주력함. 무인민원발급기 주변에 부딪히는 사고를 방지하고자 패브릭 천 가림막으로 변경하며 중간지점의 2/3을 잘라 가시성을 훼손하지 않으며 안정성을 높임. 도움요청벨 사용이 예상되는 이용자가 쉽게 찾을 수 있도록 색상 대비 활용과 함께 적정 위치에 이를 두었음. 한편 내부 UX·UI에 요청벨을 표기한다면 디지털 소외 계층 접근성 저해가 또다시 발생할 것이므로 외부에 설치하였음. 요청벨이 실제 지하철 무인민원발급기에 적용된다면 이를 누를 시 공익근무요원 및 역무원에게 전달되는 방식임.

제7장. 키오스크 접근성 증가를 위한 '동행 키오스크' 도입

[그림 5] 시각 정보물(좌 가림막 · 바닥 스티커 · 길목 안내문)

| 2차 모델링 시각 정보물 | 기존 뒤 가림막 안내문을 좌 가림막 안내문으로, 좌 칸막이 안내문을 길목 안내문으로 옮김. 즉, 뒤 가림막이 사라지며 길목 안내문이 두 개가 되었음. 길목 안내문의 경우 "동행 키오스크를 이용해보세요"와 "동행 키오스크는 공간이 분리된 채로 키오스크를 이용할 때 작업 만족도와 수행도가 높아진다는 연구 결과를 토대로 제작하였습니다. 이용자 모두의 접근성을 높일 수 있도록 조금만 여유를 가지고 기다려주세요." 두 가지로 구분되며 정책에 대한 구민의 관심도를 높이고 실제 사용의 유인을 제공하고자 함. 슬로건 "당신의 여유가 앞사람의 |

> 빠른 사용을 만듭니다."을 만들어 좌 가림막과 길목 안내문에 활용하며 간결하게 핵심을 전달하고자 하였음. 공란이던 우 칸막이는 기관 홍보물을 부착하는 우 가림막으로 변경시켜 기관 홍보물 및 정보전달용 게시판의 역할이 될 수 있도록 하였음. 이외에도 내부 스티커가 제외되어 시각 정보물은 총 4개로 축소됨. 반면 바닥 스티커는 디자인 통일감을 높이고자 색상을 연두·초록으로 변경함.
> 요컨대, 〈좌 가림막〉에서 '동행 키오스크' 정책을 알리고, 〈우 가림막〉에서 정보를 전달하는 구도가 되며, 〈길목 안내문〉을 통해 구민 관심도를 높이고, 〈바닥 스티커〉로 사람 간의 거리를 표기하고자 함.

〈표 6〉 동행 키오스크 2차 모델링 내용 정리

동행 키오스크 공간 분리의 기대효과는 두 가지로 나눠 생각해볼 수 있다. 첫째, 무인민원발급기 환경 디자인 변화는 공간 분리 효과를 만들어 정책 당사자 전원의 접근성을 높일 수 있다. 고령층 - 장애인 - 일반 이용자 순으로 접근성 개선의 이점이 있다. 가림막은 고령층에게 매우 효과적이다. 자기 작업 만족도와 능률을 높여 실제 주문 시간을 줄일 수 있기 때문이다. 도움요청벨의 가장 큰 수혜자는 장애인이다. 장애 유형에 따라 필요로 하는 보조기구 및 키오스크 규격이 달라 이를 모두 충족시킬 수 없는 것이 현실이다. 전부 갖추었을 때에도 이용이 어려울 수 있다. 이에 제3자의 직접적인 도움으로 접근성을 높이고자 했다. 이외에도 계층과 관계없이 모두가 지적하는 뒷사람의 눈치가 부담된다는 점과 관계자의 도움받기 어려운 구조를 개선하려 했다.

둘째, 키오스크 인식 개선이다. '동행 키오스크'는 사용자의 자격을 요구하지 않는다. 키오스크 이용은 연령 및 장애 유무와 무관하게 누구나 어려울 수 있다. 이때 소외계층에게만 집중한 개선책은 비대면의 신속한 업무처리라는 무인민원발급기

제7장. 키오스크 접근성 증가를 위한 '동행 키오스크' 도입

장점을 자칫 퇴색시킬 수 있다. 실제 광진구민 이용자의 8~90%는 소외계층이 아니기 때문이다. 이러한 점을 고려하고 역차별을 경계하여 모두를 위한 대안을 제시함에 의의가 있다. 즉, 당사자가 아니라면 체감하기 어려웠던 사회적 문제를 조명하면서도 특정 계층에게 혜택이나 손해를 주지 않는 시행 가능한 대안을 제시함에 의의가 있다.

4. 정책 검토 및 인식조사

가. 디지털 소외계층

'동행 키오스크' 정책의 주요 당사자인 고령층과 장애인을 대상으로 오프라인 인터뷰를 진행하며 본 정책에 관한 인식을 묻고자 했다. 현장의 목소리부터 점검했다. 노인 및 장애인복지시설 등을 방문하여 이들의 정책에 대한 솔직한 반응과 개선사항을 파악하였다. 뿐만 아니라 온라인으로 배포한 설문지를 기반으로 키오스크 이용현황과 문제점, 동행 키오스크 정책에 관한 생각을 질문하며 인터뷰를 진행하였다.

1) 시각장애인(동서울 장애인 자립 생활센터 오병철 소장 면담)

네 가지를 묻고 답변을 정리했다. *"키오스크 이용 시 주로 어떤 점이 불편한가"*라는 물음에 "시각장애인은 동행인 없이 키오스크를 이용하는 것이 사실상 불가능하여 자립적 이용이 어렵다"라고 대답했다.

*"동행 키오스크 정책에 대해 어떻게 생각하는가"*에 대해서는 "가림막이 우리에게 도움이 될지 의문"이라며 "눈이 잘 보이지 않기에 외부의 시선이 신경 쓰이는 일이 드물다"며 덧붙였다.

그러나 "'도움요청벨'은 대부분의 시각장애인이 키오스크 이용 시 다른 사람의 도움을 꼭 필요로 한다는 점에서 좋은 아이디어"라며 평가받았다. 교육 역시 "노인과 장애인이 여러 형태의 키오스크 교육으로 기기에 대한 거부감을 줄이고 직접 체험해 볼 수 있으니 좋을 것"이라는 반응과 "키오스크 모델 및 사용 방법의 표준화와 같이 이뤄질 때 더욱 효과적일 것"이라며 보완점을 내비쳤다.

"*동행 키오스크가 시행된다면 이용해볼 의향이 있는가*"라는 세 번째 질문에 대해서는 "분명히 있다"며 의사를 밝혔다. 마지막으로, "*키오스크 변화를 위해 추가적으로 요청하고 싶은 사항이 있다면*"을 묻자 자세한 이야기를 들을 수 있었다. "이어폰 소켓 위치 통일 및 점자패드 개선과 정부 차원의 통일된 키오스크 모델"로 요약할 수 있었다. "시각장애인은 키오스크를 이용할 때 반드시 이어폰을 꽂아 안내를 듣고 점자 키패드를 사용해야 한다. 공간을 분리해 외부의 소리를 차단할 수 있으면 더욱 소리를 잘 들을 수 있을 것"이라며 의견을 더했다.

2) 고령층(60대 비장애인 A)

같은 질문을 동일한 순서로 묻고 의견을 청취했다. 불편한 점으로는 "키오스크에 '화면 확대 모드'와 같은 보조도구가 없다는 것이 가장 큰 어려움"이라 대답했다. 교육 부분의 실효성이 기대된다는 호평을 받기도 했다. "키오스크 교육으로 이용법에 대한 이해도가 높아지는 만큼 노인의 접근성이 더욱 향상될 것"이라 설명했다. 이용 의사에 대해서는 "가림막과 도움요청벨이 있을 때의 키오스크 이용이 이전과 비교해 편리할 것"이라며 이용할 것이라 밝혔다. 끝으로, 앞으로의 키오스크 변화의 방향에 대한 의견을 구하자 이전과는 다른 대답을 들을 수 있었다. "'확대모드' 및 '고대비모드' 설치와 이용법에 대한 교육"

제7장. 키오스크 접근성 증가를 위한 '동행 키오스크' 도입

으로 요약할 수 있었다. "나이가 들면 시력이 저하되어 화면의 글씨를 알아보기 힘들 때가 많다"며 디자인적인 어려움 해소를 위한 보조도구 설치와 함께 "조급하지 않는 분위기에서 이용해 볼 수 있는"이라는 교육 환경 조성의 바람도 더했다.

나. 일반 이용자

키오스크는 고령인과 장애인의 전유물이 아니라 모든 사람이 사용한다는 점에 주목해야 한다. 일반 이용자(非디지털 소외계층)의 이용률이 디지털 소외계층에 비해 높다는 점에서 소외계층에 주목하다 자칫 역차별을 만들 수도 있다. 광진구 무인민원발급기 이용률 또한 일반인 90%에 소외계층 10%에 준하고 있어 역차별을 줄이며 키오스크 접근성을 높이는 방법에 대해 구청 또한 골머리를 앓고 있었다. 즉, 모두가 이용하는 기기라는 점에서 '동행 키오스크'는 정책 당사자성을 포괄적으로 넓히고자 하였다.

일반 이용자를 대상으로 설문조사를 진행하며 이러한 문제를 포함하고자 했다. 5문항으로 이뤄진 비대면 온라인 방식의 설문조사는 2021년 5월 31일부터 6월 9일까지 총 10일의 기간 동안 94명을 조사하였다. 응답자 전원 20대 비장애인으로 디지털 소외계층에 해당하지 않은 계층이다. 문항은 키오스크 이용 시 느끼는 불편함과 '동행 키오스크'에 대한 인식을 묻는 질문으로 구성되어 있다. 설문조사 결과는 다음과 같다.

1) 키오스크 문제점에 대한 응답결과

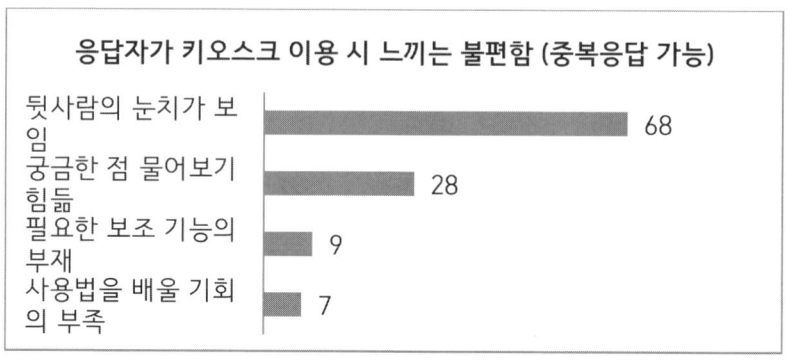

(단위: 명)

응답자가 키오스크 이용 시 불편함을 느낀 부분을 파악하기 위해 *'귀하는 키오스크 이용 시 주로 어떤 부분에서 불편함을 느끼시나요?'* 라는 중복선택이 가능한 문항으로 이를 알아보았다. 응답자 전체 94명 중 키오스크 이용 경험이 있는 92명의 응답을 분석하였다.

68명의 가장 많은 불편사항으로 지적받은 것은 '이용시간이 길어질 때 뒷사람의 눈치가 보인다'는 점이었다. 추후 조사를 통해 이러한 문제점은 연령 간 구분 없이 나타나며 특히 2030세대에게도 공감대가 형성됨을 확인하였다. 이외에도 '선택사항에 대해 궁금한 점을 물어보기 힘듦', '키오스크 이용 시 반드시 필요로 하는 보조 기능이 없어 이용이 어려움', '키오스크 이용방법을 익힐 기회가 적음'이 문제점으로 지적되었다. 기타 의견으로 '통일성과 가독성이 떨어지는 UI 디자인'과 '언어 선택 불가'도 있었다.

제7장. 키오스크 접근성 증가를 위한 '동행 키오스크' 도입

2) '동행 키오스크'의 인식 및 사용여부에 대한 응답결과

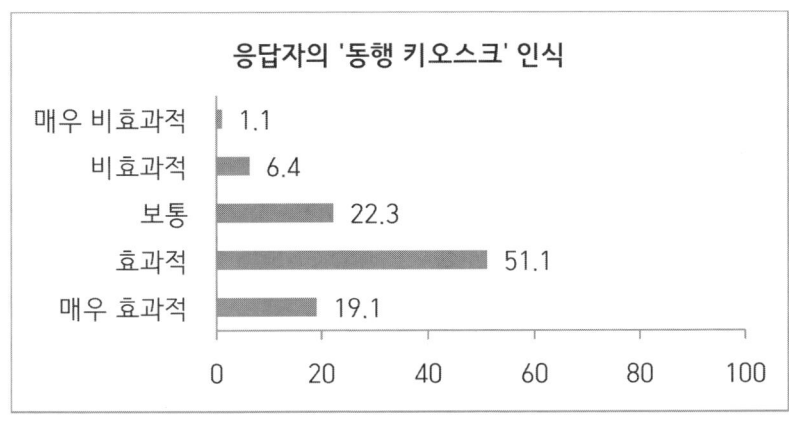

(단위: 퍼센트(%))

다음으로는 정책에 대한 응답자의 구체적인 인식을 파악하고자 했다. '동행 키오스크' 정책을 간략히 설명한 후, 이에 대해 응답자들은 과연 어떻게 생각하는지 그리고 이용해 볼 의사가 있는지를 점검하고자 상세히 질문하였다.

"'동행 키오스크' 정책이 디지털 소외계층의 키오스크 이용에 얼마나 효과적일 것으로 생각하시나요?' 라는 질문에 대해 18명(19.1%)이 '매우 효과적'과 48명(51.1%)이 '효과적'을 선택하며 본 정책에 대한 긍정적인 반응을 확인할 수 있었다. 이어 21명(22.3%)이 '보통'을 6명(6.4%)이 '비효과적'을 1명(1.1%) 선택했다. 정리하면, '매우 효과적'과 '효과적'을 선택한 사람이 총 94명 중 66명으로, 약 70.2%가 '동행 키오스크' 정책에 긍정적인 반응을 갖고 있었다. '비효과적'과 '매우 비효과적'을 선택한 사람은 7명으로, 약 7.4%만이 정책에 대한 부정적인 반응을 보였다.

선택문항으로 응답자의 구체적이고 진솔한 반응을 살펴보기도 했다. *'앞 문항에서 다음과 같이 응답한 이유에 대해 설명해 주세요.'* 라는 문항을 남겨두었다. 앞에서 정책을 '효과적' 및

'비효과적'이라고 평가한 사람의 반응으로 나누어 점검해보았다. 이 결과는 〈표 7〉과 같다.

구체적 사유	
효과적이다 (중복 및 무관 응답 제외)	1. 한눈에 알아볼 수 있는 디자인 2. 애플리케이션을 통한 키오스크 교육이 기발함 3. 이용법에 대한 교육으로 키오스크 이용률이 높아질 것 4. 뒷사람 눈치가 덜 보일 것 5. 심리적 부담을 덜어주는 것만으로 효율이 높아질 것 6. 키오스크 이용에 불편을 겪는 이들에게 우수한 대안이 될 것 7. 20대인 본인도 키오스크 이용이 어려운 만큼 이 제도로 디지털 소외 계층을 배려할 수 있을 듯함
비효과적 이다 (중복 및 무관 응답 제외)	1. 명칭에서 '느린'이라는 단어에 거부감을 갖게 됨 **(이후 '동행 키오스크'로 변경함)** 2. 키오스크 UX·UI 디자인 통일이 가장 시급함 3. 이용에 눈치가 보이는 것은 키오스크 기기만의 문제라 보기 힘듦 4. 디지털 소외계층이 교육 의욕이 높지 않을 것임 5. 디지털 소외계층은 이용에 거부감을 갖고 이용 의지가 없는 경우가 많아 키오스크를 변화시켜도 이들의 행동 변화를 기대하기 힘듦 6. 키오스크 자체적 변화보다 이용에 도움을 줄 수 있는 사람을 두는 것이 효과적임

〈표 7〉 '동행 키오스크'에 대한 의견 정리

제7장. 키오스크 접근성 증가를 위한 '동행 키오스크' 도입

3) '동행 키오스크' 이용의사에 대한 응답결과

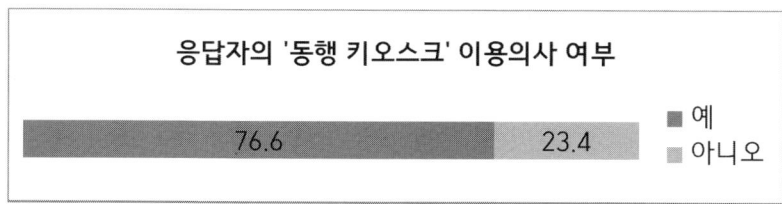

(단위: 퍼센트(%))

위 그래프는 '동행 키오스크' 정책이 디지털 소외계층의 키오스크 이용에 얼마나 효과적일 것으로 생각하시나요? 라는 질문에 대한 응답결과이다. 응답자 94명 중 72명(76.6%)이 '동행 키오스크'를 이용해볼 의사가 있다고 응답했고, 반대로 22명(23.4%)이 이용 의사가 없음을 밝혔다.

그렇게 응답한 구체적인 사유를 확인하고자 선택문항으로 '앞 문항에서 '예' 또는 '아니오'를 선택한 이유는 무엇이신가요?'라는 질문을 하였다. 그에 대한 응답 결과는 〈표 8〉과 같다.

구체적 사유	
이용 의사 있음 (중복 및 무관 응답 제외)	1. 부모님과 조부모님에게 소개해드리고자 함 2. '느린 키오스크'가 과연 어떤 것인지 궁금하여 시도할 것임(이후 '동행 키오스크'로 변경함) 3. 20대임에도 주문 시 눈치가 보일 때가 많았으나 이 정책으로 뒷사람 시선을 덜 느낄 듯함
이용 의사 없음 (중복 및 무관 응답 제외)	1. 키오스크 이용에 어려움이 없음 2. 급한 성격 탓에 다른 이용자를 기다릴 여유가 없음 3. 정책 대상인 디지털 소외계층이 우선적으로 이용하는 것이 바람직하여 본인은 사용하지 않을 것

〈표 8〉 '동행 키오스크'의 이용 의사에 대한 의견 정리

설문조사 결과를 바탕으로 20대 일반 이용자 또한 키오스크 사용 시 주변 사람들의 시선이 신경 쓰인다는 점을 알 수 있었다. 디지털 소외계층에서 주로 호소하는 어려움을 젊은 세대도 지적하고 있다는 점에서 적절한 대책 마련의 필요성을 느낄 수 있었다. 이는 '동행 키오스크'가 특정 계층에게만 도움이 되는 정책이 아닌 모든 주민을 포함할 수 있는 대안이 될 수 있다는 점에서 유의미하다. 나아가 설문조사의 구체적 답변들을 수렴하여 정책을 보완하였다.

다. 키오스크 이해관계자 의견

1) 키오스크 교육 실무자

노인 키오스크 교육 및 교육용 키오스크 체험존을 운영한 은평구 구립갈현노인복지관 김희주 팀장과 5월 18일 인터뷰를 진행했다. 코로나 19로 인해 각 기관 키오스크 교육에 참여한 노인과 장애인과의 면담이 어려워 실무진의 의견을 듣기로 했다. 4주간의 교육으로 300여 차례의 디지털 소외계층의 키오스크 이용을 도운 김 팀장과의 면담으로 키오스크 교육의 장점 및 보완점을 더한 '동행 키오스크' 교육정책을 마련할 수 있었다.

장점으로는 첫째, 낯설지 않음이다. 노인의 경우 익숙한 공간에서 안면 있는 직원에게 도움받는 것을 선호하며 참여에 적극적이라고 한다. 둘째, 교육 만족도와 효과이다. 은평구에서 진행한 체험존 이외의 별도 교육을 받은 노인 19명을 대상으로 설문조사를 한 결과 이에 대해 매우 긍정적이라는 반응이 주를 이뤘다고 한다. 한편 복지관의 체험존은 다른 업무를 위해 방문하였다가 한 번 사용해보는 경우가 대다수였다고 한다. 김 팀장은 이 경험의 유무가 노인의 실제 키오스크 이용으로 이어지는 계기가 되며, 주문 시 느끼는 어려움을 미리 경험하게 한

제7장. 키오스크 접근성 증가를 위한 '동행 키오스크' 도입

다는 점에서 매우 효과적이라는 것을 강조했다. 김 팀장은 키오스크 애플리케이션 및 영상 교육에 대해서도 긍정적이었다.

이와는 달리 키오스크 교육의 한계로 다양한 키오스크의 복잡한 주문과정 전체를 포괄할 수 없음과 저예산을 언급했다. 키오스크 교육에 대한 디지털 소외계층의 참여도가 높았으나 여전히 이를 밀도 있게 시행하는 자치구가 적다는 사실에 안타까워했다. 이러한 점을 토대로 교육용 키오스크를 소외계층이 주로 방문하는 공간에 배치하여 접근성을 높이는 방식과 함께 지역 대학생과 자원봉사자와의 연계를 통해 교육 기회를 확장하는 데 집중하였다.

2) 키오스크 판매 회사

장애인의 디지털 소외현상에 주목하여 배리어프리 키오스크를 제작하는 소셜벤처 주식회사 닷(dot)의 최아름 팀장과 6월 7일 면담을 진행했다. 정책의 전반적인 검증과 개선사항에 관해 논의하며 민간이 공공기관과 협력하여 키오스크 소외현상에 접근하는 방식을 배우고자 했다.

최 팀장은 교육정책에 대해 회의적인 입장을 견지하며 사용환경 디자인에 긍정적인 반응을 보였다. 첫째, 디지털 소외계층이 별도의 교육 없이 스스로 이용할 수 있는 쉬운 키오스크가 제작·배포되는 것이 바람직하다는 의견이었다. 둘째, 다양한 키오스크 디자인 모두를 교육에 포함시킬 수 없어 실효성이 낮을 것이라는 견해였다. 그러나 면담 후 구청 관계자와 이용자의 견해를 조사하니 모두 교육 필요성에 공감하고 있었다. 교육 방식의 구체화 정도와 실현 가능성이 쟁점인 듯하여 '동행 키오스크'는 다른 자치구와 비교하여 광진구 매장 키오스크 주문 화면을 답습한 애플리케이션 및 체험장 확대의 교육 정책을 고안하였다.

이외에도 최 팀장은 과감히 무인민원발급기 표준규격을 제외한 채로 정책 대상자가 원하는 것의 교집합을 찾아 간단한 아이디어의 제안을 권장했다. 이용자 개인의 어려움이 과다대표되어 비효율적인 정책이 되어서는 안 됨을 강조했다. 소외계층을 정책 수혜자로 낙인 둘 것이 아니라 사회 구성원으로서 자립적인 생활을 영위할 수 있도록 인식 변화와 함께 제도적 노력이 뒷받침되어야 한다는 점도 일러주었다. 닷은 모든 개인을 장애인이거나 잠재적 장애인으로 바라보는 등 당사자 의견을 최우선시하며 기술력을 앞세워 유관 기관과 협력하고 있었다.

3) 키오스크 사용 환경 연구자

키오스크 사용 환경 디자인 연구를 진행한 서울대학교 산업공학과 정혜선 석사과정과 5월 12일과 7월 1일 두 차례에 걸쳐 면담을 진행했다. 면담에서는 2차 모델링 및 정책 적용방식의 합리성에 관해 논의했다.

가림막 크기 및 디자인이 실용적이라 공공기관에서 적용하기 좋을 것이라는 평가를 받았다. 무인민원발급기 화면을 가리는 반투명의 가림막은 적합하며, 지하철 이외의 주민센터 등에서 시행할 때에도 안전성 측면에서 무리가 없을 것이라는 의견이었다. 광진구 29대의 모든 무인민원발급기에 가림막의 일괄적인 설치를 감행하는 것 대신 점진적인 설치를 권장하였다. 소외계층을 배려한 디자인이 전체 집단에게도 결과적으로는 효과적일 것으로 전망하지만, 갑작스러운 변화에 대해 일부 당황스러움을 느끼는 사용자가 있을 수 있다는 이유에서였다. 2대 이상의 기기를 보유한 기관에서는 1대에 시범 설치를 진행하고, 1대만 보유한 기관 중에서는 디지털 소외계층의 방문률이 높은 곳에 우선적으로 설치하는 안을 제안하였다. 한편 민간 시설의 경우 키오스크가 2대 이상 설치된 곳이 많기 때문에, 1대 이상

제7장. 키오스크 접근성 증가를 위한 '동행 키오스크' 도입 🎯

은 동행 키오스크를 두는 것이 좋을 것이라는 의견을 전달하였다.

4) 광진구청 키오스크 관계자

　광진구에 적합한 정책 시행이 되기 위해 6월 17일 광진구청 공무원 4인을 면담하였다. 면담을 통해 정책 도입에서 나타날 수 있는 문제점을 미리 파악하여 이를 보완하고자 했다.
　도움요청벨에 매우 긍정적인 모습을 보였으나 가림막 설치에 관하여는 안전성에 대한 우려를 표했다. 무인민원발급기의 설치 위치에 따라 가림막이 설치가 가능한 곳과 그렇지 않은 곳이 나뉠 수 있다는 이유에서였다. 이 배경에는 이동 중 부딪히는 사고로 인한 민원과 가림막으로 공간이 협소하게 보이는 것, 보행장애물 규격에 대한 경계가 있었다. 이에 가림막의 재질을 패브릭 천으로 하여 중간의 2/3를 잘라 안전성을 높이고자 했으며, 무인민원발급기 전부에 설치하는 것이 아닌 키오스크 보유대수와 소외계층 방문율에 따라 시범 설치하는 것으로 변경하였다. 경우에 따라 좌·우 가림막 중 한 개만을 설치하는 것도 검토해볼 법하다.
　이외에 무인민원발급기 UX·UI를 변경하는 것은 정부 차원에서 해야 할 일이라는 점도 덧붙였다. 교육정책에 관해서는 호의적인 반응을 보이며 구체화하여 정책으로 추진해볼 법하다는 의견도 피력했다.

5. 의의 및 한계

가. 동행 키오스크 의의

첫째, 객관적 데이터를 이용하여 디지털 포용 사회에 관한 시의적절한 주제를 다뤘다. 한국 사회는 최저임금 등 물가 상승과 코로나19로 공공과 민간 구분 없이 키오스크가 확산되는 무인화 추세에 있다. 이제는 경제·생활·의료와 같이 삶에 필수적인 영역에서 키오스크가 빠질 수 없는 단계에 이르렀다. 그러나 보급에 집중한 나머지 기기 사용의 어려움을 보완하는 데 미흡한 측면이 있었다. 이에 문제의식을 신체적·인지적·심리적 세 요인으로 구분하여 정부 정책 기조와 광진구 상황을 설명한 후, 각 요인에 맞춰 이를 개선한 대안과 앞으로의 보완점을 함께 제안함에 의의가 있다. 다양한 디지털 기기 가운데 최근 가장 빠른 속도로 보급되는 키오스크를 중심으로 해결책을 모색한 점도 유의미하다고 평가한다.

둘째, 다른 자치구와 민간 키오스크 교육 방식 및 사용 내역을 분석하며 이를 보완한 광진구 키오스크 교육정책 두 가지를 제시했다. 디지털 소외계층의 키오스크 접근성 저하에서 인지적 요인이 차지하는 비중과 대상자의 참여 의지에 비해 구 단위의 교육이 제대로 진행되지 않는다는 것을 발견했다. 나아가 기존 애플리케이션의 선택지 제한과 실제와 다른 UI 디자인 그리고 봉사자 부족으로 교육정책의 실효성이 낮다는 점에 집중했다. 이러한 문제의 해결책 즉, 포괄적인 선택사항과 광진구 매장 UI를 답습한 키오스크 애플리케이션 제작 및 주거 지역 인근의 정보화교육장·주민센터·노인 및 장애인복지기관에의 교육용 키오스크 도입으로 구민의 접근성을 높이고자 했다. 광진구에서 직접 적용할 수 있는 구체적인 시행 방안을 제시하고

제7장. 키오스크 접근성 증가를 위한 '동행 키오스크' 도입

자 지역 내 대학교 및 봉사단체 등의 시민사회와의 연계를 통한 참여형 문제해결 방법이라는 점에서도 의미가 크다.

셋째, 키오스크 사용 환경 디자인을 조명한 새로운 문제해결 접근법과 균형감 형성에 있다. 우선 「행정사무정보처리용 무인민원발급기(KIOSK) 표준규격」에 의거해 자치구 스스로 키오스크 내부 기능과 디자인을 변경할 수 없다는 점을 받아들였다. 다음으로 계층 구분 없이 모든 이용자가 지적하는 뒷사람의 눈치가 부담되는 심리적 요인을 고려하며 사용 환경 디자인 변화에 주목했다. 키오스크 좌우 가림막 및 도움요청벨 설치와 시각 정보물 부착으로 기관 방문객의 관심을 환기하고, 실제 이용 시 키오스크 접근성을 높이는 데 주력하였다. 정책 효과를 검증하기 위해 직접 설계한 디자인을 토대로 실험 및 모델링을 진행하여 이후 정책 실현에서의 시행착오를 미리 예방하였다. 키오스크의 주된 사용자가 디지털 소외계층이 아니라 일반 이용자라는 점을 상기하며 한 계층의 더 나은 사용을 위해 다른 이용자의 편의성을 저해하는 정책이 되지 않도록 설계한 것이다.

넷째, 키오스크에 관한 이해관계자의 의견을 수렴하며 정책 실효성과 확장 가능성을 논의했다. 인식조사 당시 디지털 소외계층 및 일반 이용자·키오스크 교육 실무자·판매 회사·사용 환경 연구자·구청 실무자 등의 견해를 묻는 면담을 총 11회 가졌다. 광진구에서 즉각 적용 가능한 정책이 되기 위한 팀원 간 검토 과정은 삼십여 차례 거쳤다. 한편 키오스크는 전국적으로 사용된다는 점에서 광진구 단위로 '동행 키오스크' 정책을 우선 시행한 후, 이용자의 반응과 실무진의 피드백의 과정을 거쳐 전국적으로 전면 시행이 가능하다는 확장성의 측면에서도 의의가 있다.

나. 동행 키오스크 한계

'동행 키오스크'의 도입이 키오스크 접근성 증가를 위한 효과적인 대안이 되기 위해서는 보완될 측면도 있다. 정부 정책 기조인 디지털 포용과 연관된 만큼 구청 관할 외 업무가 포함되어 정부 주도의 개선이 미리 요구되는 구조적 한계와 함께 예산 확대를 내포하기도 한다.

첫째, 당사자성 약화다. 노인과 장애인을 대상으로 인터뷰를 여러 차례 진행하며 문제의식을 강화하였으나 표본이 부족하여 이를 일반화하기는 무리가 있을 것으로 판단하였다. 신뢰도를 높이고자 광진구 노인·장애인 복지기관으로의 면담을 수차례 요청했으나 확진자 수와 사회적 거리두기 단계가 높아짐에 따라 면담이 허가되지 않았다. 현재 상황이 수그러든다면, 대면 조사 및 실험 등을 통해 당사자성을 더욱 높인 신뢰성 있는 자료를 수집할 수 있으리라 기대한다.

둘째, 저예산 문제이다. 최근 「지능정보화기본법」이 통과되어 접근성을 높인 제품을 우선적으로 구매하도록 하였으나, 정부 부처와 광진구 예산이 턱없이 부족하여 실효성을 높이기 어려울 것으로 보인다. 개정된 시행령을 뒷받침할 재정적 여건이 되지 못한 것이다. 따라서 키오스크 관련 문제의식이 높아지는 흐름에 걸맞은 추가적인 예산이 정부 부처와 광진구청 모두에게 필요하다. 이러한 예산을 바탕으로 관련 연구가 활발히 이루어질 수 있을 것이다.

셋째, 민간 키오스크 조사 부재이다. 키오스크 사용 환경 디자인에서 광진구 개인 사업장과 프랜차이즈 매장의 키오스크를 깊이 있게 다루지 못했다. 장소 섭외가 이뤄지지 않아 초기에 관련 모델링을 진행하였으나 가림막과 시각 정보물이 각 매장의 개성을 해칠 수 있다는 비판에 직면하여 이를 철회하였다. 이외에도 자치구 차원에서 광진구의 민간 매장 키오스크 대수

제7장. 키오스크 접근성 증가를 위한 '동행 키오스크' 도입

및 접근성 관련 실태조사가 이뤄진 사례는 없었다. 다른 자치구 역시 상황은 별반 다르지 않았다. 적시성 있는 키오스크 접근성 개선을 위해 민간 키오스크를 포괄하는 조사가 앞으로 이뤄져야 할 것이다.

마지막으로, 규격에 관한 행정의 한계가 있다. 획일화된 키오스크 UX·UI와 함께 이용 편의를 더할 기능이 추가되어야 하나 「무인민원발급기 표준규격」에 따라 정해진 키오스크 디자인을 구청에서 개선할 뚜렷한 대안이 부재하는 실정이다. 장애인의 경우 이 점이 가장 시급한 부분이나 이에 대한 구체적 논의가 부족했다는 점이 연구의 가장 큰 한계점으로 남았다. 최근 표준규격 개정이라는 긍정적인 변화를 보이기도 했다. 그러나 이 역시 공공기관에만 적용될 예정으로 문제해결은 요원할 것으로 보인다. 민간 매장 등의 키오스크 규격을 자율적으로 맡길 것이 아니라 최소한의 이용 장벽을 허물 수 있는 체계가 자리 잡을 수 있도록 향후 자치구에서의 논의와 개선의 과정이 필요할 것이다.

참고문헌

강민정. 2020. "고령층 디지털접근성 장애요인 분석". 서울 이슈 리포트 2020-07호.

김현경. 2021. "국내 키오스크 접근성 실태와 나아가야 할 방향".『ie 매거진』28(1), 31-35.

배영임, 신혜리. 2021. "비대면 시대의 그림자, 디지털 소외". 이슈&진단, 1-25.

신주혜, 이민지, 이원섭. 2021. "유니버설 키오스크 디자인 가이드라인: 패스트푸드점 사례를 중심으로" 한국HCI학회학술대회, 149-167.

이혜미(2021). "고령층의 불편함을 해소한 패스트푸드 키오스크 UI 디자인 제안" 국민대학교 디자인대학원.

황남희. 2020. "노년기 정보 활용 현황 및 디지털 소외 해소 방안 모색" 연구보고서 2020-46, 한국보건사회연구원.

과학기술정보통신부·한국정보화진흥원. 2020. 디지털정보격차 실태조사.

한국소비자원. 2020. 고령소비자 비대면 거리 실태 보도자료.

한국정보화진흥원. 2019. 무인단말기(키오스크) 정보접근성 현황 조사.

공공데이터포탈 (https://www.data.go.kr/)

서울 열린데이터 광장 (https://data.seoul.go.kr/)

SGIS플러스 통계지리정보서비스 (https://sgis.kostat.go.kr/view/index)

제7장. 키오스크 접근성 증가를 위한 '동행 키오스크' 도입

▲ 도움을 주신 분들

이현출 건국대학교 정치외교학과 교수

원지은 국민권익위원회 국민신문고과

정현정 도시환경교육디자인연구소 대표

김희주 구립갈현노인복지관 팀장

최아름 소셜벤처 주식회사 'Dot' 팀장

오병철 동서울장애인자립생활센터 소장

정혜선 서울대학교 산업공학과 석사과정

한윤서 서울과학기술대학교 영어영문학과 학부과정

광진구청 교육지원과 · 민원여권과 · 스마트정보과

에듀컨텐츠·휴피아
Educontents Huepia

제8장. 광진 환경도우미 : 재활용률 상승을 위한 대안

제8장 광진 환경도우미 : 재활용률 상승을 위한 대안

❖ 김국헌 · 임영준 · 안민영 · 최은지

요 약

　대한민국 사회의 고질적인 문제점인 낮은 재활용률을 지역사회의 차원인 광진구에서 해결할 수 있는 방안을 제시하고자 한다. 분리수거가 잘 되지만 그에 비해 재활용이 되는 폐기물들은 적다. 이후 이 문제의 원인이 주민들의 분리수거 진행시의 올바르지 못한 분리수거에 있다고 판단하여 이를 해결하기 위한 광진 환경도우미 정책을 고안하였다.
　광진 환경도우미 정책은 광진구라는 기초자치단체에서 환경도우미를 선정하고 환경도우미들이 분리수거 지점에 투입되어 지역의 올바른 분리수거를 돕고 주민들이 혼동할 수 있는 분리수거에 대해 올바른 지식을 제공하도록 하는 정책이다. 이를 통해 지역사회가 재활용이 잘 되는 분리수거가 진행되도록 할 수 있다. 더불어 광진 환경도우미를 노인으로 선정하여 노인 일자리 복지를 실현할 수 있도록 하는 장점이 있다.

❖ 청년의 지역참여와 사회혁신 ❖

1. 서론

　시민정치론 7조는 환경보호라는 시대의 요구에 지역사회의 행동으로 응답할 수 있는 정책을 제안하고자 하였다. 정책의 주제를 잡기 위해 먼저 광진구 미가로가 겪는 현장의 문제들을 파악하고자 현장을 직접 방문하였으며, 2017년부터 2019년까지 3년간의 민원 제기 사례를 분석했다. 이를 바탕으로 건국대학교 학생이며 광진구의 생활 주민인 우리들이 겪는 문제들에 대해 논의하였다. 광진구청의 민원 경우 쓰레기와 관련된 민원이 전체 민원 중 15% 이상 차지하고 있었으며, 미가로 현장 조사의 경우 쓰레기 무단 투기와 담배꽁초 무단투기 등의 문제를 실제 눈으로 볼 수 있었다.
　광진구의 생활 주민인 건국대학교 학생으로서 건대입구 맛의 거리나 건국대학교 후문 등에서 쓰레기로 인해 겪는 불편함도 있었다. 이러한 조사와 논의를 진행하여 보니 지역사회가 쓰레기 문제를 겪고 있음을 확인하였다. 하지만 이후 논의를 통해 쓰레기 문제의 경우에는 광진구 지역에 한정되는 문제가 아닌 전국을 넘어서 현시대를 관통하는 문제임을 인식할 수 있었다.
　또한 쓰레기라는 키워드에 집중하여 광진구 내의 쓰레기 관련 민원만을 해결하려고 한다면, 쓰레기 문제의 근본적인 해결 방안인 환경보호에 집중하지 못할 것이라고 생각하였다. 그렇지만 동시에 환경보호라는 거대 담론에 빠져 지역사회의 정책을 제안한다면 정책의 목적 달성은 불가능에 가깝다고 생각하였다.
　따라서 환경보호라는 시대의 요구를 지역사회에서 실천할 수 있도록 쓰레기 문제 그중에서도 좀 더 구체적으로 '재활용률'을 높일 수 있는 '광진 환경도우미' 정책을 제안하고자 한다. 또한 코로나 19로 인해 택배와 배달음식 소비가 늘어나고 이로 인

제8장. 광진 환경도우미 : 재활용률 상승을 위한 대안

한 폐기물의 증가를 보았을 때, 시기적으로도 재활용에 대한 논의가 필요한 시점이라 판단하였다. 보고서의 순서는 다음과 같다. 먼저 전국 분리 수거율과 재활용률에 대해 알아보고 설문조사를 통해 문제를 확인해보고자 한다. 이후 확인된 문제를 해결하기 위한 정책 제안의 논의점에 대해 서술한다. 다음, 최종적인 정책 제안을 해보고자 한다. 마지막 결론 부분에서는 제안한 정책인 '광진 환경도우미'의 정책적 이점과 기대효과에 관해 설명하며 마무리한다.

2. 현황과 문제점

우리는 문제 현황에 대한 자료조사를 통해 분리 수거율은 높지만, 재활용률은 낮다는 사실을 확인하였다. 또한 코로나 19로 인해 늘어난 쓰레기량이 어쩌면 이전의 재활용품 수거 거부 사태가 재연되지 않을지 걱정되는 상태임을 확인하였다. 분리 수거율과 재활용률 사이의 간극은 올바르지 못한 분리수거로 인하여 폐기물들이 서로 오염되고 섞여 있어 재활용에 드는 비용이 높기 때문이라고 판단하였다. 따라서 지역사회는 주민들이 쓰레기를 배출할 때 올바른 분리수거가 진행될 수 있도록 하는 정책을 통해 재활용률을 높일 수 있을 것이다.

<사진 1> 현장조사 활동사진

가. 분리수거율과 재활용률 사이의 간극

글로벌 환경단체인 그린피스의 서울사무소에서는 2020년 8월 11일 한국은 OECD 국가 중 분리수거율은 2위이지만, 재활용률은 21%로 추산된다고 발표하였다. 또한 기사에 따르면 인천시 남부권 광역 생활자원 회수센터 관계자는 "일본은 분리배출된 재활용품의 80%가 재활용되지만 우리나라는 실제 재활용률이 40%대에 불과"하다고 언급하였다. 이는 환경부의 "생활쓰레기 연도별 선별 수량 대비 재활용률 현황 자료"로 실제임을 확인할 수 있었다. 플라스틱 제품 선별량 대비 재활용률은 2015년 58%에서 2019년 41%로 꾸준히 감소하는 추세라는 것을 알 수 있다. 비닐류에서도 2015년 선별 재활용률이 77%에 달했지만 2019년엔 54%로 떨어졌다. 또한 그 외에 품목에서도 재활용률은 낮아지는 추세이다. 게다가 환경부에 따르면 2018년 기준 분리배출품에 유입된 이물질의 비율이 38.8%로 잘못된 분리배출이 심각하다는 것을 알 수 있다. '자원의 절약과 재활용촉진에 관한 법률'은 제13조 제1항은 분리수거의 목적이 폐기물의 발생량과 재활용 여건을 개선하기 위한다고 설명한

제8장. 광진 환경도우미 : 재활용률 상승을 위한 대안

다.

많은 사람이 분리수거가 잘 된다고 생각하지만, 발표자료와 추산을 확인해 보면 많은 폐기물들이 분리수거 되어 배출되지만 분리수거 된 폐기물들이 재활용되는 비중은 매우 낮다는 것을 확인할 수 있다.

<표 1> 코로나 19 이후 증가하고 있는 폐기물

통계청 '코로나 19 이후 생활폐기물 재활용 쓰레기 품목별 통계' 자료에 따르면 재활용 쓰레기와 플라스틱 쓰레기가 증가하고 있는 것으로 나타났다. 재활용 쓰레기의 전체 양은 2020년 1월 5,349t, 2월 5,355t, 3월 5,521t으로 전년 동월 대비 18.1% 증가했으며, 플라스틱류 또한 1월 809t, 2월 839t, 3월 868t으로 전년 동월 대비 9.1% 증가하였다. 재활용이 재대로 이루어지지 않는 현 상황에서 코로나 19로 인한 쓰레기량의

증가는 재활용에 드는 비용의 증가로 이어진다. 현 상황이 개선되지 않는다면 쓰레기로 인한 사회적 비용이 더욱 증가될 것으로 보인다. 가장 우려되는 상황은 재활용품 선별 업체들이 수익성 등의 이유로 이전 2018년 일어났던 재활용품 수거 거부 상황이 재현되는 상황이다. 따라서 시급하게 재활용률을 높이는 정책이 계획되고 진행되어야 할 필요성이 있다.

나. 올바른 분리수거 방법에 대한 지식

올바른 분리수거에 대한 자기인식은 어떤지에 대해 알아보기 위해 2021년 5월 12일부터 26일까지 본 조가 진행한 국민 생각함 〈환경을 위한 '에코컨설턴트'〉 설문조사의 1, 2, 3, 4번 문항을 들여다 볼 필요가 있다. 설문조사 결과에 따르면 전체 응답자 84명(100%) 중에서 73명(86.80%)가 1번 문항인 *"귀하는 제품 종류별 쓰레기 분리배출 방법을 정확히 알고 계십니까?"* 라는 질문에 "매우 그렇다." 또는 "그런 편이다."라는 답변을 하였다. 또한 2번 문항인 *"귀하는 거주 지역의 쓰레기 배출 요일, 시간을 정확히 알고 계십니까?"* 라는 질문에 71명(84.52%)가 "매우 그렇다." 또는 "그런 편이다."라는 답변을 하였다. 반면, 3번 문항인 *"귀하의 주변에서는 쓰레기 분리배출이 잘 이루어지고 있다고 생각하십니까?"* 라는 질문에 30명(35.71%)가 "그렇지 않은 편이다." 또는 "전혀 그렇지 않다."라는 답변을 하였고 4번 문항인 *"주변에 분리배출이 되지 않은 쓰레기로 인해 불편함을 겪은 적이 있으십니까?"* 라는 질문에 63명(75.00%)이 "있다"라는 답변을 하였다.

제8장. 광진 환경도우미 : 재활용률 상승을 위한 대안

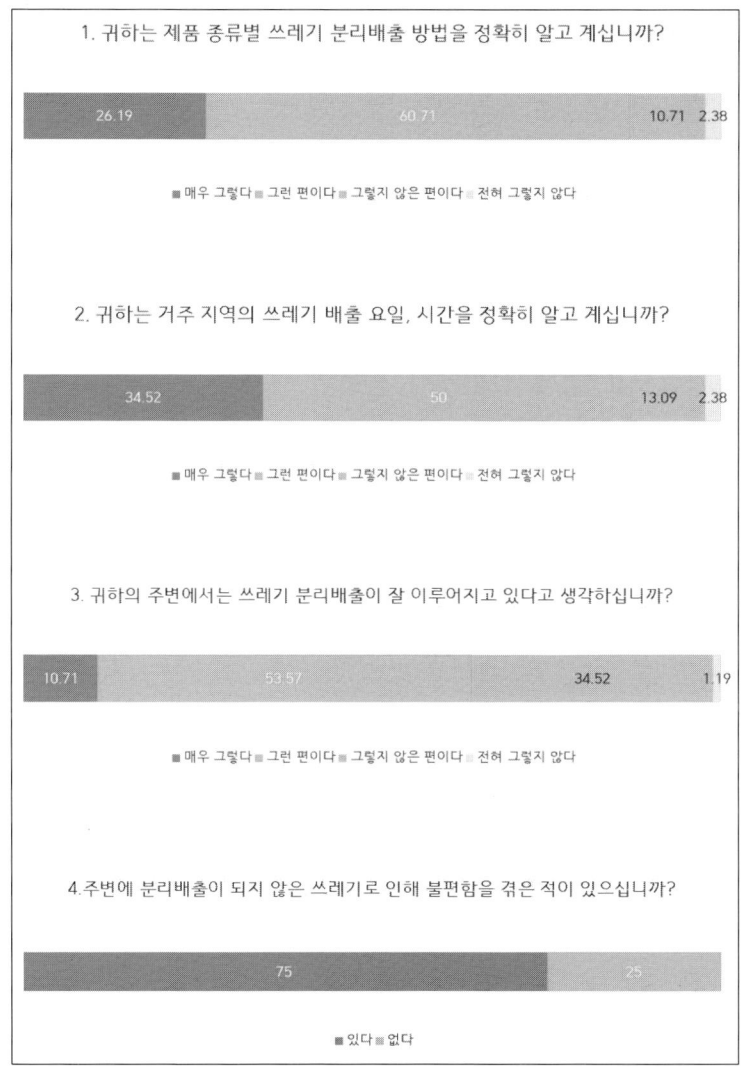

〈표 2〉 국민생각함 "에코컨설턴트" 설문조사 1번~4번 문항

　설문조사의 1~4번 문항의 결과를 보면 본인은 올바른 분리수거 방법에 대해 알지만 주변에서는 쓰레기 분리배출이 잘 안되어 불편함을 겪고 있다는 모순이 있다. 만약 모두가 본인이 분리수거를 잘한다면 분리수거가 되지 않은 쓰레기로 불편함을

겪거나 재활용률이 낮은 상황이 발생하지 않을 것이다.

단, 설문조사에 참여하는 대상이 환경에 관심이 있기 때문에 설문조사에 참여할 확률이 높고 실제 자신은 분리수거는 잘하지만 주변이 분리수거를 잘하지 못하는 상황일 수도 있다. 하지만 본 조는 주민들이 분리수거를 잘못된 방식으로 하고 있다고 판단하였다. 따라서 우리가 제안할 정책은 올바른 분리수거 방법에 대해 전달할 수 있어야 한다고 판단하였다.

다. 환경보호 정책 실현에서 참여의 문제

본 조는 William H. Rike와 Peter Ordeshook의 투표 참여 모형을 정책참여 모형으로 변환하여 주민들의 분리수거 정책 참여의 문제점을 생각해 보았다. 모형에 대입하여 왜 분리수거가 올바르게 진행되지 못하고 재활용률이 낮게 나타나는지에 대해 생각하여 보았다. 분리수거 정책을 대입해보면 아래의 도표와 같다.

```
R = pB - C
where
R = 정책 목표 달성
p = 본인이 정책에 참여함으로서 목표가 실현될 가능성
B = 정책으로 이루어질 본인의 이득
C = 참여비용
-> 재활용률 높은 분리수거 정책
R= 분리수거 재활용률의 상승
p= 주민 본인의 참여로 재활용률이 높아질 가능성
B= 재활용률이 높아짐으로서 주민에게 돌아가는 환경보호의 이익
C= 올바른 분리수거 실천을 위한 주민의 비용
```

〈표 3〉 시민의 정책참여 모형과 분리수거 정책 대입

제8장. 광진 환경도우미 : 재활용률 상승을 위한 대안

재활용률이 높은 분리수거 정책이 실현되기 위해서는 pB 가 C 보다 커야 할 것이다. 하지만 pB 는 C 보다 크지 못하다. 먼저 재활용의 특성상 p 가 낮다. 주민 본인이 음식물이 묻어있지 않도록 행군 재활용 쓰레기를 배출하였다고 하더라도 어떤 주민이 음식물이 묻어있는 상태로 재활용 쓰레기를 배출한다면 같이 오염되어 재활용이 어렵게 된다. B 의 경우 재활용이 높아지고 자연보호라는 이득이 있겠지만 주민 한 명 한 명에 돌아가는 이득은 크지 못하다. 이러한 pB 는 분리수거에 대한 정보 습득이나 분리배출에 대한 귀찮음 등의 C 보다 높을 수 없다. 따라서 이를 해결하기 위해 환경보호에 대한 시민 의무감 또는 심리적 만족감을 제공하거나 C 이상의 추가적인 벌칙 또는 성과보수와 같은 외적 요인을 제공해야 한다.

3. 선행 정책연구

재활용률을 올리기 위한 정책이 있는지, 있다면 어떠한 방식으로 운영되었는지 조사를 진행하였다. 조사결과 강서구 "쓰레기 감량 컨설턴트"와 환경부 "자원관리 도우미", "내 손안의 분리배출"이 있었다. 세 정책의 진행방식에 대해 알아보고 보완점으로 여겨지는 부분이 무엇인지에 대해 알아볼 것이다.

가. 강서구 "쓰레기 감량 컨설턴트"

강서구는 2021년 4월 28일부터 쓰레기 감량과 자원재활용을 위해 쓰레기 감량 컨설턴트를 운영중에 있다. 정책 진행이 오래되지 않아 정책이 어떻게 이루어지고 있는지에 대한 조사가 힘들지만, 여러 신문기사를 통해 어떠한 방식으로 정책이 진행되는지 대략 알아볼 수 있었다. 강서구는 지역 주민들 중 동별로 1명씩 총 20명을 "감량 컨설턴트"로 선정하여 정책을 진행한다.

선정된 컨설턴트는 올바른 재활용 분리배출 방법과 쓰레기 감량교육 및 제도 등 활동에 필요한 직무교육을 받고 공동주택 200여 곳을 찾아가 활동한다. 활동의 내용은 수거요일 등의 재활용품 처리현황 확인과 재활용품 분리배출 지도 점검 및 홍보, 광내 종량제봉투 판매소 운영 현황조사 등 이다. 강서구 쓰레기 감량 컨설턴트의 활동은 코로나19의 장기화로 인해 배달음식이 급증하고 쓰레기 감량과 재활용품 분리배출의 중요성이 커진 만큼, 정책의 의의가 있다고 판단된다. 하지만, 활동의 내용이 쓰레기 감량에 맞춰져 있기보다는 현장지도와 점검의 역할에 머물러 있다고 판단된다. 컨설턴트들은 현장지도를 통해 올바른 분리배출 방법에 대해 알려주고, 투명 페트병을 미 분리배출 할 시 과태료 부가가 가능함을 알려주는 활동을 한다.

하지만 이런 활동이 중심이 된다면 컨설턴트들의 활동이 지역 주민들에게는 간섭으로 느껴질 것이라 판단하였다. 만약 지역 주민들에게 올바른 분리배출 지식을 알려주는 것이 간섭으로 다가온다면 정책의 효용성이 많이 낮아질 것이다. 또한 쓰레기 배출 단속이 아닌 쓰레기 감량 컨설턴트인 만큼 쓰레기 감량 노하우를 강연이나 자택방문 등의 방법으로 알려줄 수 있다면 정책 효용이 더 높게 나타날 것이다.

나. 환경부 "자원관리 도우미"

환경부의 2021년 4월 23일 홍보자료를 통해 4월 중순 이후 공동단독주택 자원관리도우미 8,000명과 선별장 자원관리도우미 400명을 채용하여 재활용품 분리배출이 보다 잘 이루어지도록 하는 사업이 진행됨을 알 수 있었다. 환경부는 코로나 19로

제8장. 광진 환경도우미 : 재활용률 상승을 위한 대안

인해 언택트 소비가 늘어나면서 온라인 쇼핑과 음식배달 서비스가 급증한 현 상황에서 쓰레기의 양이 늘고 재활용품이 되어야 할 용품들이 늘어나면서 이를 해결하기 위한 하나의 방법으로 자원관리도우미 정책을 시행하였다. 자원관리도우미 중 공공주택이나 단독주택의 쓰레기 분리배출 지점에 배치되는 공동단독주택 자원관리도우미 8,000여 명은 분리배출 지점에서 지역 주민들이 배출한 쓰레기가 제대로 분리배출 되었는지 확인하고 이를 현장지도 하는 방식으로 진행된다.

선별장에 배치된 자원관리도우미 400여 명은 선별장에서 분리수거 된 폐기물들이 재활용이 가능한 상태인지 선별하는 작업을 돕는 활동을 진행한다. 이 정책을 통해 코로나19로 인해 늘어난 재활용품을 재활용하는 과정에 드는 비용을 줄임으로써 이전 재활용품 수거 거부사태가 일어나는 것을 방지하고자 하였다. 하지만 도우미 활동 시간이 재활용품 배출시간대와 맞지 않는 점이나 도우미가 주민을 적극적으로 계도할 권한이 없기에 오는 한계점 등이 존재한다.

다. 내 손안의 분리배출

2018년 4월 공동주택 폐비닐 수거 거부사태 이후 발표된 '재활용폐기물관리 종합대책' 가운데 하나로 환경부는 한국포장재재활용사업공제조합, 한국순환자원유통지원센터 등 분리배출과 연관된 많은 이해관계자들과 수차례 회의를 거쳐, 같은 해 6월 29일 '내 손안의 분리배출' 모바일 애플리케이션을 개발하여 보급하였다. 이 앱의 목적은 스마트폰을 통해 혼동할 수 있는 올바른 재활용 배출방법이 무엇인지 시민들이 보다 간단히 알 수 있도록 하는 것에 있다. 시민들은 앱을 통해 품목별 올바른 분리배출 방법, 혼동되는 사례 및 자주 묻는 질문(FAQ) 안내, 분리배출 질의응답(QnA) 등을 제공받을 수 있다. 어플을 통해 시민들이 보다 올바른 분리배출을 진행한다면 재활용률을 높일 수 있다. 하지만 스마트폰과 같은 전자기기에 IT장벽이 존재하는 고연령층에게 다가가기 힘들다는 한계점과 어플리케이션에 대한 홍보가 부족하여 많은 시민들이 이 어플을 활용하지 못하고 있다는 점이 문제로 제시된다.

4. 주요 쟁점과 정책제안

분리 수거율은 높지만, 재활용률은 낮다는 문제점을 인식하였고, 문제의 원인이 올바르지 못한 분리수거에 있다고 판단하였다. 따라서 제안하고자 하는 정책은 주민의 올바른 분리수거 실천을 도와 재활용률을 높이는 것에 목적을 두고자 하였다. 이때 정책의 실효성을 갖추기 위해 비용 등의 현실적인 요소를 생각해야 하며 주민들이 실제로 실천하거나 참가할 수 있는 정책을 구상해야 한다는 점을 고려하였다.

이러한 목표를 가진 정책의 초안은 일종의 '환경 컨설턴트'의 개념으로 구상하였다. 컨설턴트의 방식으로 진행 시 올바른 분리수거 방법뿐만 아니라 쓰레기 감량에 대한 비결을 가진 컨설턴트를 선정할 수 있다면 재활용률뿐만 아닌 쓰레기의 총량까지도 줄일 수 있으리라 판단하였다. 컨설턴트들이 주민들을 대상으로 자신의 지식을 나눔으로써 올바른 분리수거가 실현될 수 있도록 돕고, 이를 넘어서 쓰레기 감량 비결 제공을 통해 쓰레기의 총량 또한 줄일 수 있도록 하고자 하였다. 또한 이를 바탕으로 시민들이 원하는 활동 방식이 무엇인지 등에 대해 설문조사를 진행하였다. 하지만 구체화 이후 행정전문가의 검토를 진행하고 난 뒤 컨설턴트의 형식이 아닌 '협력자'의 형태로 '광진 환경도우미'를 구상하게 되었다. 3장에서는 광진 환경도우미 정책으로 가기까지 구체화되어 가는 과정을 담았다.

제8장. 광진 환경도우미 : 재활용률 상승을 위한 대안

가. 목표달성의 방향

목표달성을 위한 정책 방향은 감시와 처벌을 통한 방향과 도움과 협력을 통한 방향을 제시할 수 있다. 감시와 처벌을 통한 목표달성 방향은 환경문제에 많이 보이는 정책 방향이다. 이는 담배꽁초 투기나 무단 쓰레기 투기, 쓰레기 분리배출이 잘 안되는 등 환경문제가 많은 곳을 순찰 등을 통해 감시하면서 경고와 과태료를 부과하는 방식으로 구현할 수 있다. 이와 같은 정책방향은 건대입구역 근처 맛의 거리와 구의역 근처 미가로와 같은 지역을 대상으로 진행하기에 적합한 방향이다. 위 지역의 경우 상권의 특성상 많은 유동인구가 있기에 쓰레기 무단투기와 담배꽁초 투기가 심각하다. 이러한 지역에서 감시와 처벌을 통한 방향으로 정책이 진행된다면, 유동인구의 쓰레기 투기와 담배꽁초 투기 등이 감시 인원들의 경고와 과태료 부과를 통해 즉각적으로 제지될 수 있다.

하지만 이러한 방향의 정책은 근본적인 문제해결이 불가능하다. 먼저 예시로 든 쓰레기 투기 문제는 처벌을 통해 제지된다고 하더라도 결국 투기하는 공간이 좀 더 감시가 미치지 않는 곳으로 이동할 뿐이다. 이는 구체적 예시로 청춘뜨락을 들 수 있다. 건대입구역 2번 출구 뒤 건대 맛의 거리에 있는 청춘뜨락의 경우 청춘뜨락 야외공연장에서 담배를 피우고 꽁초를 투기하는 문제가 심각하여 이를 감시하기 위한 인원이 배치되어 있다. 하지만 시행과 동시에 담배를 피우는 구역이 청춘뜨락 야외공연장에서 맞은편 올리브영 옆 골목으로 바뀌는 결과를 가져왔다. 또한 청춘뜨락 야외공연장에 배치된 감시인원이 없는 경우 많은 인구가 청춘뜨락 야외공연장에서 그대로 담배를 피우고 꽁초를 투기한다.

만약 재활용률을 높이는 올바른 분리수거 정책이 감시와 처벌로 진행될 때, 감시자가 없다면 올바른 분리수거가 진행되지 않을 것이기에 근본적인 문제해결이 불가능하다고 판단된다. 또한 감시와 처벌의 정책 방향은 재활용률을 높이려 하는 정책의 방향으로는 부적합하다고 판단된다. 올바른 분리수거를 진행하는지 감시와 처벌을 하기 위해 쓰이는 행정비용과 제한된 감시인원이 수많은 분리수거장을 감시하기 위해 움직여야 한다는 점을 생각하면 부적합하다.

반면 이와 다르게 도움과 협력의 방식이 있다. 도움과 협력을 통한 방향은 지역주민의 궁금증과 몰랐던 점에 대해 답하고 알려주는 방식으로 진행하는 방향이다. 이 방향으로 정책을 구상해본다면 관에서 선정한 인원들이 지역 주민들의 분리수거에 대한 질문에 대해 답변하고 올바른 배출을 위한 정보들을 제공하는 방식으로 정책을 구상할 수 있다. 재활용률을 높이는 올바른 분리수거는 어떻게 하는 것인지에 대한 구체적인 정보를 분리수거장 현장에서 알려줄 수도 있으며, 시민 커뮤니티의 공간에서 강연을 하거나 인터넷 강의의 형식으로 진행할 수도 있다. 본 조는 도움과 협력의 방식으로 정책을 구체화하기로 결정하였고 이 방향을 통해 현실성 있고 실제 주민들이 참가할 수 있는 정책을 구상하여 보았다.

나. 환경도우미 선정 방법

다음으로는 재활용률을 높이는 올바른 분리수거 지식을 누가 제공할 것인지에 대해 논의할 것이다. 이러한 지식을 제공하는 사람은 '환경도우미'로 명칭을 정하고 논의하였다. 환경도우미 선정에서는 크게 세 가지의 방법이 제시된다. 노인 일자리 창출을 통한 환경도우미, 시민 커뮤니티의 지원자 환경도우미, 청소년 봉사활동의 목적으로 환경도우미 임명이다. 이 세 가지 방법 중 각각의 방법이 가진 장점과 한계, 그리고 시민들의 선호를 전반적으로 고려하여 적절한 방법을 사용해야 할 것이다.

제8장. 광진 환경도우미 : 재활용률 상승을 위한 대안 🎯

먼저 환경도우미로 노인들을 선정하는 방식을 논의해 보았다. 이 방법은 지자체에서 노인 일자리 창출의 방향으로 환경도우미를 노인들로 선정하여 정책을 집행하는 방식으로 진행된다. 선정 당시 쓰레기 감량 비결과 올바른 분리수거 방법을 알고 있는 노인을 선정하거나 일자리를 원하는 노인들을 선정 후 올바른 분리수거 방법에 대해 교육을 하는 방식으로 진행할 수 있다. 이를 통해 정책은 올바른 분리수거를 통해 재활용률을 높이는 것뿐만 아닌 노인 일자리와의 연계를 통해 노인복지의 실현도 가능하다는 장점이 있다. 하지만 노인 일자리 연계 방식은 문제점 또한 존재한다. 먼저 환경도우미 교육의 문제이다. 환경도우미를 선정할 때 올바른 분리배출 방법에 대해 알고 있는 노인을 선정한다면 문제가 일어나지 않을 것이다. 하지만 이러한 지식을 가지고 있는 노인의 수가 적을 것이고 그 지식이 정확하지 않은 지식일 수 있기에 결국 교육이 필요하다. 또한 교육을 제공한다고 하여도 노인들이 방문 컨설팅과 강연 등의 방식을 진행하기에는 어려울 것이다.

다음으로는 환경도우미로 지역사회의 지원자를 선정하는 방식이 있다. 이 방법은 지자체에서 지역 주민자치회와 같은 시민 커뮤니티로부터 쓰레기 처리에 대해 비결을 가진 지원자를 모집하여 선정하는 방식으로 정책이 진행된다. 선정 당시 이미 지원자는 올바른 분리수거 방법에 대해 잘 알고 있을 가능성이 높다. 더불어 같은 방식을 시행한다면 단순히 올바른 분리수거 방법에 대해 알려주는 것뿐만 아니라 쓰레기 감량 비결과 같이 더 높은 차원의 지식을 제공할 수 있기에 정책의 효용성이 높아진다는 장점이 있다. 하지만 이 방식은 환경도우미를 하겠다는 지원자를 모집하는데 문제가 존재한다. 이전의 문제제기에서 볼 수 있었듯이 지원자가 존재하지 않을 가능성이 있으며 지원자를 모집할 참여요인을 제공하기 어렵다는 문제가 있다.

환경도우미로 청소년 지원자를 선정하는 방식이 있다. 이와 같은 방법은 두 가지 방향이 존재한다. 청소년들을 환경도우미로 임명하고 활동을 진행하면 봉사 시간을 인정하는 방법과 청소년들을 정책의 주된 대상으로 삼고 올바른 분리수거 방법에 대한 교육을 받으면 봉사 시간을 인정하는 방식이다. 청소년들의 경우 학교의 교육과정상 봉사활동을 진행하는 것이 필요하기에 봉사시간 인정이라는 참여요인을 제공할 수 있다는 장점이 있다. 하지만 청소년들을 환경도우미로 활동하는 방식은 결국 노인 일자리 연계 방식과 같이 교육을 진행해야 한다는 문제가 발생한다. 또한 교육을 제공한다고 하여도 청소년들이 방문 컨설팅과 강연 등의 방식을 진행하기엔 어려울 것이다. 반면 청소년들을 대상으로 한 교육 방식은 교육 자료를 만들 수 있다면 가능할 것이다. 교육의 내용은 재활용률을 높이는 올바른 분리수거 방법에 대한 교육뿐만 아니라 환경보호의 당위성에 대한 교육을 진행하여 올바른 분리수거의 실현을 기대할 수도 있다. 온라인 교육의 방식으로 진행된다면 투입되는 예산에 비해 큰 효과를 기대할 수 있다.

다. 환경도우미 활동 방법

환경도우미 선정이 진행되었다면 이제 환경도우미들이 어떠한 방법으로 활동하여야 올바른 분리수거를 통해 재활용률을 높일 수 있을지 고민해보았다. 먼저 학교나 주민자치회, 노인정 같은 커뮤니티 공간을 방문하여 컨설팅을 진행하는 방법이 있다. 이 방법의 경우 지역 주민들이 모일 수 있는 공간에 직접 방문하여 강연 등을 진행하고 질의응답을 하는 방식으로 진행한다. 이 방식은 참여자에게 올바른 분리수거 방법이나 쓰레기 배출에 대한 지식을 정확하고 상세하게 긴 시간 동안 제공할 수 있으며, 질의응답을 통해 주민들이 궁금해하는 부분에 대해 직접 답을 해줄 수 있다는 장점이 있다.

제8장. 광진 환경도우미 : 재활용률 상승을 위한 대안

 다음으로 찾아가는 맞춤형 현장 지도 방법이 있다. 주민들이 생활하는 집에 방문하거나 주민들이 쓰레기를 배출하는 구역에 직접 방문하여 현장 지도를 진행한다. 이 방식은 주민들이 생활하는 집에 방문하여 각 생활공간에 맞는 쓰레기 감량 방법을 제시할 수 있으며, 쓰레기 배출 구역에 직접 방문하여 쓰레기를 올바르게 배출하였는지 여부와 올바른 분리수거를 위한 정보를 현장에서 바로 알려 줄 수 있다는 장점이 있다.

 다음으로 환경도우미들이 환경 캠페인을 하는 방법이 있다. 이 방식은 컨설턴트들이 분리수거가 제대로 진행되지 않으면서 유동인구가 많은 맛의 거리나 미가로와 같은 지역에 방문하여 캠페인을 하는 방식으로 진행한다. 이는 캠페인을 진행함으로써 올바른 분리수거 방법이 무엇인지에 알리는 것뿐만 아닌 환경보호의 당위성에 대해 알릴 수도 있으며, 많은 사람에게 정보를 제공할 수 있다는 장점이 있다. 다음으로 화상회의 시스템을 통한 안내 제공의 방법이 있다. 이 방식은 커뮤니티 공간 대신 화상회의 프로그램을 통해 온라인으로 접촉하여 강연과 질의응답을 진행한다. 이 방식은 비대면 접촉을 통해 방역에 힘쓸 수 있으며, 공간의 한계가 적음으로 보다 많은 사람에게 정보제공을 할 수 있다는 장점이 있다. 마지막으로 분리배출 안내 포스터 부착의 방법이 있다. 이 방식은 쓰레기가 배출되는 공간에 올바른 쓰레기 분리배출 방법에 대해 정보를 제공하는 안내 포스터를 부착함으로써 진행한다. 포스터 부착의 경우 위의 활동들과 병행하며 진행할 수 있을 것이다.

 환경도우미가 누가 되느냐에 따라 활동할 수 있는 방식이 다르다. 환경도우미 선정을 교육을 진행할 수 있다는 전제하에 노인 일자리와 연계할 경우와 시민 커뮤니티 지원자 선정을 할 경우에는 위 제시된 활동 방식이 모두 가능할 것이다. 하지만 교육이 진행되지 않는 노인 일자리 연계의 경우 계도형 현장 지도나 만들어진 분리배출 안내 포스터 부착만이 가능할 것으로 예상된다. 또한, 청소년 대상 교육 이수 방식으로 진행할 경우 컨설턴트 선정이라기보다는 청소년 대상 교육 진행의 측면이므로 안내 포스터 제작 공모전이나 환경 캠페인 활동의 일환으로 진행할 수 있을 것이다.

라. "에코컨설턴트" 설문조사

위의 논의를 바탕으로 국민권익위원회의 국민생각함을 통해 21년 5월 12일부터 5월 26일까지 〈"에코컨설턴트" 도입 관련 시민의견 조사〉를 진행하였으며 기간 동안 총 84명의 답변을 받을 수 있었다. 설문조사는 총 8문항으로 구성되어 있다. 1번부터 4번까지의 항목은 문제현황과 분석을 위한 문항으로 구성하였으며, 5번부터 8번까지는 시민들의 정책에 대한 의견을 물었다.

먼저 시민들의 의견 중 많은 부분이 이름에 대한 건의였다. 시민들은 영어로 이루어진 "에코 컨설턴트"라는 정책제안의 이름을 전 연령대에 보다 쉽게 다가갈 수 있는 한글로 바꾸었으면 한다는 의견이 많았다. 따라서 "에코 컨설턴트"에서 "광진환경도우미"로 정책제안의 이름을 바꾸게 되었다. 앞선 논의에서는 모두 컨설턴트나 에코 컨설턴트가 아닌 도우미나 환경도우미로 서술하였으나, 설문조사와 관련된 항목에서는 설문조사 당시의 정책제안 이름인 에코컨설턴트로 논의할 것이다.

1번부터 4번까지는 분리배출 방법에 대해 정확히 아는지, 쓰레기 배출요일과 시간을 잘 알고 있는지, 주변에서 쓰레기 분리배출이 제대로 이루어진다 생각하는지, 제대로 배출되지 않은 쓰레기로 인해 불편함을 겪은 적이 있는지에 대해 설문조사 하였다. 1번부터 4번까지의 설문 문항 결과는 문제인식 부분에서 먼저 논의해보았다. 설문참여자는 자신이 분리배출을 잘 하고 있으나 주변에서 분리배출이 제대로 이루어지지 않고 불편

제8장. 광진 환경도우미 : 재활용률 상승을 위한 대안

함을 겪은 비중을 보았을 때, 시민들은 분리배출을 정확한 방법으로 한다고 생각하지만 실제로는 올바르지 못한 방법으로 분리수거를 진행하고 있다고 판단된다.

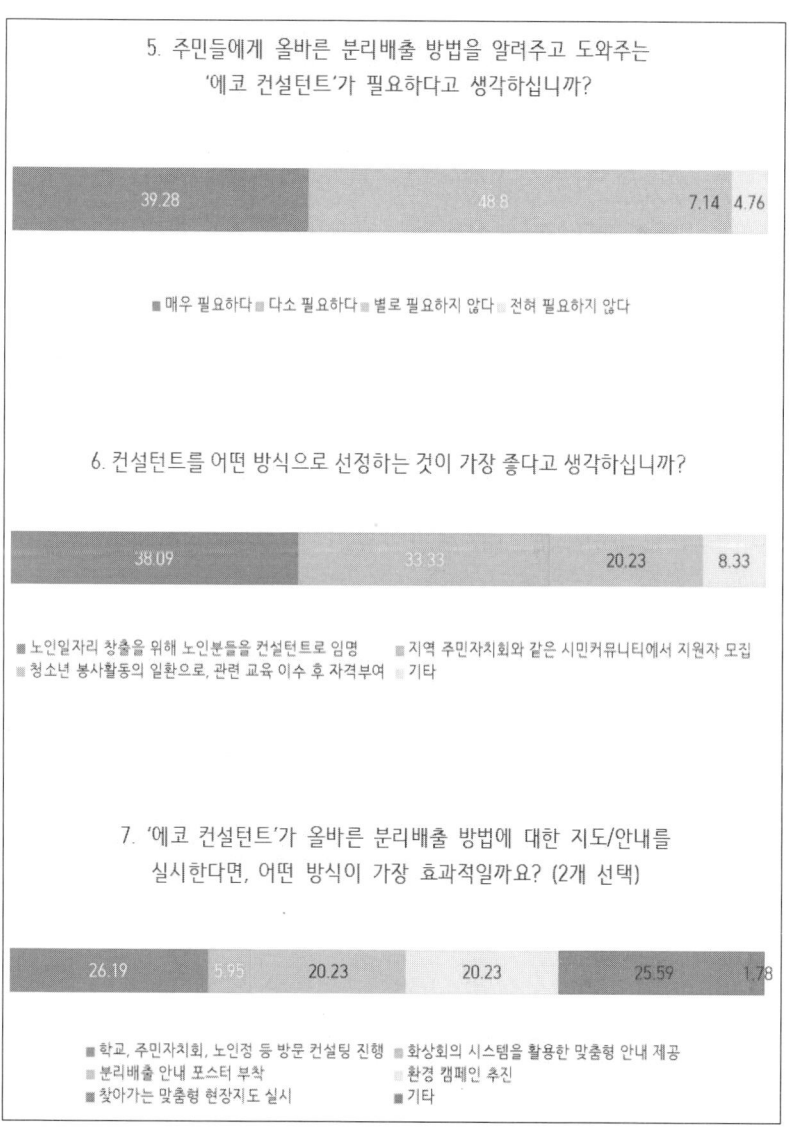

〈표 4〉 국민생각함 "에코컨설턴트" 설문조사 1번~4번 문항

5번부터 7번까지는 에코컨설턴트와 관련하여 필요성, 선정방식, 활동방법에 대해 물었다. 5번 문항인 *"주민들에게 올바른 분리배출 방법을 알려주고 도와주는 '에코 컨설턴트'가 필요하다고 생각하십니까?"*를 보았을 때 긍정적으로 대답한 비중이 88.08%가 넘었다. 이를 보았을 때, 재활용에 관한 정책이 필요함을 시민들 또한 느끼고 있음을 알 수 있다. 이전부터 분리수거는 잘 이루어지나 재활용은 제대로 안 되는 상황에 대해 인식하고 있었던 시민들과 현 코로나 19로 인한 폐기물의 급증으로 인해 불편함을 겪는 시민들이 분리배출 관련 정책의 필요성을 공감하고 있다고 생각된다.

6번 문항인 *"컨설턴트를 어떤 방식으로 선정하는 것이 가장 좋다고 생각하십니까?"*에서는 38.09%의 시민들이 노인일자리의 측면에서 노인들을 컨설턴트로 임명하는 것이 가장 좋을 것이라는 답변을 해 주었으며, 약 5% 이내의 차이로 시민커뮤니티의 지원자를 컨설턴트로 선정하는 것이 좋을 것 같다는 의견을 보여주었다. 반면 청소년 봉사활동의 방식으로 진행하는 것에 대한 선호는 20.23%를 보여주었다. 다음으로 7번 문항인 *"'에코 컨설턴트'가 올바른 분리배출 방법에 대한 지도/안내를 실시한다면, 어떤 방식이 가장 효과적일까요?(2개 선택)"*에서는 학교, 주민자치회, 노인정 등을 방문하여 컨설팅을 진행하는 것이 가장 좋을 것 같다는 26.19%의 답변을 받았으며, 그다음으로는 찾아가는 맞춤형 현장지도 실시가 좋을 것 같다는 25.29%의 답변이 있었다. 이 중 코로나 19로 인해 대면활동이 어려워지면서 줌과 같은 화상회의 시스템을 활용한 맞춤형 안내 제공을 하는 것 또한 좋을 것 같다는 판단에 설문조사 항목에 넣어 보았지만 이에 대한 선호는 5.95%의 선호로 가장 낮은 선호도를 보여주었다. 이를 보았을 때 아직 화상회의 프로그램과 같은 방식은 시민들의 이용과 접근이 어렵기에 시민들의 선호 또한 낮게 나왔다고 판단하였다.

제8장. 광진 환경도우미 : 재활용률 상승을 위한 대안

마. 정책 검토

위의 논의를 바탕으로, 환경도우미를 누구로 선정하는가를 중심으로 나머지 방식을 고려하여 노인 일자리 연계 방식 환경도우미, 지역주민 참여 방식 환경도우미, 청소년 교육 방식 환경도우미 세 가지의 방식으로 정리하였다. 세 가지 방식에 대해 광진구청 청소과 공무원들에게 정책 목표의 실현과 현실성을 위주로 하여 검토를 받아보았고 '광진 환경도우미' 정책을 확정할 수 있었다.

노인 일자리 연계 방식 환경도우미는 일자리를 원하는 노인들을 대상으로 올바른 분리배출에 대한 교육을 하고 이분들을 환경도우미로 임명하여 진행된다. 이 방식의 경우 환경도우미들은 공동주택이나 단독주택의 재활용품 수거 지점에 배치되어 재활용 불가품목을 사전 선별하거나 올바른 분리배출 방법에 대해 캠페인을 진행하거나 포스터를 부착하는 방식으로 계도와 홍보를 하는 방식으로 진행될 것이다. 지역주민 참여 방식 환경도우미는 올바른 분리수거 방법에 대해 지식이 이미 있는 지원자를 임명하여 진행된다. 이 방식의 경우 컨설턴트들은 지역주민들의 집에 직접 방문하여 주민의 생활공간에 알맞은 쓰레기 감량 노하우를 제공하거나 다수의 주민이 모이는 공간에 방문하여 그곳에서 일반적인 쓰레기 감량 노하우와 올바른 분리배출 방법에 대해 강연과 질의응답을 하는 것으로 진행될 것이다.

청소년 교육 방식 환경도우미는 청소년들에게 올바른 쓰레기 분리배출 방법에 대해 교육을 이수하면 봉사 시간을 제공하는 방식으로 진행된다. 다른 방식과 달리 컨설턴트를 임명하고 컨설턴트의 활동을 하는 것이 아닌, 온라인 교육을 다수의 청소년에게 제공하고 교육을 이수한 청소년들이 자발적으로 자신의 집에서 쓰레기를 배출할 때 올바른 방식으로 배출할 수 있도록

유도하는 방법이다.

  세 가지의 정책 제안에 관하여 행정전문가의 의견을 묻기 위해 2021년 6월 4일 광진구 청소과 공무원들과 면담을 진행하였으며, 제안한 정책들의 문제점과 실현 가능성에 대해 논의하였다. 먼저 정책 제안의 문제점으로는 참여율 문제이다. 이전의 정책을 집행하였을 때의 선례를 생각해 보았을 때 우려한 것보다 더 참여율이 저조할 것임이 예상된다는 점이다. 주민참여형 환경도우미 방식은 지원자 모집이 매우 어려울 것이며, 청소년을 환경도우미로 선정하는 것에 있어서도 봉사활동 시간을 인정하더라도 그 점이 유의미한 참여요인으로 작용하지 못할 것임을 확인하였다. 또한 참여요인을 제공하기 위해 금전적 지원 등의 방식은 한정된 예산으로 진행하는 구청 사업상 예산문제로 인해 유의미한 참여를 이끌어 낼 만큼의 정도는 불가능한 점을 확인하였다. 반면 환경도우미들에 대한 올바른 분리수거 방법에 대한 교육은 진행 가능할 것이라 확인할 수 있었다. 이전의 사업 진행 선례를 생각해 보았을 때 노인들에게 올바른 분리수거를 진행할 수 있을 정도의 분리수거 방법에 대해 알려주고 진행하는 방식은 가능함을 알 수 있었다.

〈사진 2〉 광진구청 청소과 공무원과의 면담

제8장. 광진 환경도우미 : 재활용률 상승을 위한 대안

5. 정책 제안: 광진 환경도우미

 올바른 분리수거를 통해 재활용률을 높일 수 있는 '광진 환경도우미' 정책을 제안한다. 광진 환경도우미 정책은 일자리가 필요한 노인들을 환경도우미로 선정한다. 이렇게 선정된 환경도우미들은 아파트 분리수거장이나 지역의 분리수거 지점에 배치된다. 배치 장소는 지역의 부녀회나 주민자치회 등 주민커뮤니티에서 요청한 곳에 먼저 배치되며 환경도우미들은 올바른 분리배출에 대한 정보를 포스터 등의 개시를 통해 알리고 분리수거 현장에서 주민들의 분리수거를 직접 돕는다.
 우선 환경도우미가 분리수거 현장에 도착하면 가장 먼저 기존의 분리수거가 제대로 이루어졌는지 확인하고 분리수거를 다시 진행한다. 재분리가 완료되었다면 현장에서 대기한다. 이후 분리수거를 하러 온 주민이 있다면 분리수거를 하러 온 주민이 분리수거에 대해 도움을 요청한 경우에 환경도우미가 주민과 함께 분리수거를 진행하며 그렇지 않은 경우에는 주민이 분리수거를 한 뒤 돌아가면 환경도우미가 주민이 진행한 분리수거를 확인하고 제대로 되지 않은 부분에 대해 다시 분리수거를 진행한다.
 이때 주민이 도움을 요청한 경우에만 같이 분리수거를 진행하는 이유는 환경도우미의 활동이 원하지 않은 사람에게는 간섭처럼 느껴질 수 있기 때문에 안내 팻말 등을 설치하여 도움이 필요한 주민들만 도와줄 수 있도록 한다. 분리배출을 이후 주민들의 배출이 거의 마무리되었다고 생각될 때쯤의 시간이 되면 환경도우미 또한 활동을 종료한다. 만약 광진 환경도우미가 배치되어 있음을 악용하거나 분리배출을 도와달라는 주민이 거의 없는 지역의 경우에는 환경도우미 배치를 후순위로 두는 등의 피드백을 진행한다. 광진 환경도우미의 활동을 알고리즘

화하면 아래와 같다.

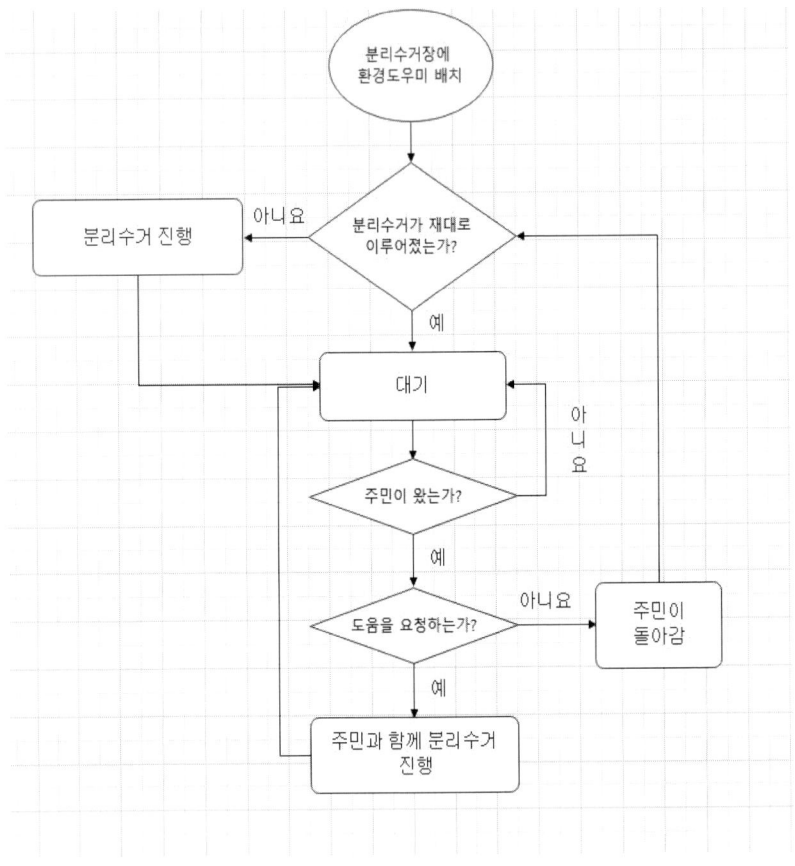

〈표 5〉 광진 환경도우미 활동 알고리즘

활동예시는 다음과 같다. 광진 환경도우미로 선정된 3명의 노인은 건국아파트 통장의 요청에 응답하여 6월 30일 오후 1시 건국아파트의 분리수거장을 찾았다. 이곳에서 먼저 환경도우미들은 대기할 천막과 의자 등을 설치하고 쓰레기 배출에 도움이 필요하면 도움을 요청하라는 팻말을 설치한다. 이후 분리수거 구역에 올바른 분리수거 방법에 관한 포스터를 부착한다.

제8장. 광진 환경도우미 : 재활용률 상승을 위한 대안

이후 환경도우미는 이전까지 진행된 분리수거가 제대로 이루어 졌는지 기존에 배출된 폐기물들을 확인하고 제대로 이루어지지 않은 것들을 다시 분류한다. 이후 분리배출을 하러 오는 주민들이 도움을 요청하면 같이 분리수거를 진행하고 도움을 요청하지 않으면 주민이 돌아간 뒤 다시 분리수거를 진행한다. 어떤 주민들은 투명 플라스틱 페트병을 일반 플라스틱으로 분리수거 하기도 하고 음식물이 묻어있는 비닐 등을 그대로 버리기도 한다. 하지만 환경도우미들이 이를 알려주고 직접 다시 분리수거하였다. 이후 건국아파트의 분리수거장이 잠잠해질 때쯤인 오후 8시쯤 활동을 정리하고 활동을 마친다.

6. 기대효과와 결론

가. 재활용률의 상승과 노인복지 실현

광진 환경도우미 정책은 재활용률이 높은 분리수거가 실현되는 기대효과가 있다. 올바른 방법으로 분리수거가 진행될 수 있도록 함으로써 분리수거 된 폐기물들이 실제 재활용이 될 수 있도록 한다. 분리수거를 하였지만 재활용이 되지 않는 경우는 음식물과 같은 이물질이 묻어 오염되어있거나, 종류가 다른 재질이 섞여 있거나, 라벨 등의 다른 부분이 제거되어 있지 않은 경우이다.

환경도우미는 이와 같은 문제를 주민들이 분리배출을 진행하는 현장에서 이 문제를 해결한다. 따라서 최소한 분리수거 현장에서 환경도우미들이 진행한 분리수거는 재활용률이 높을 것이며, 환경도우미와 함께 분리수거를 진행한 주민들은 얻은 정보를 바탕으로 이후에도 올바른 분리수거를 진행할 수 있다. 거시적으로 본다면 선별장에 가기 전 이미 현장에서 분리하기 때문에 선별에 필요한 비용을 낮추는 효과를 발생시키기에 일종의 선별장에 대한 보조금 지원이라 볼 수 있다. 또한 부가적으로 광진 환경도우미 정책은 환경도우미를 노인으로 선정함으로써 노인복지의 효과가 기대된다.

노인을 환경도우미로 선정하는 데 있어 두 가지 문제점이 지적될 수 있다. 첫째로 교육 문제이다. 올바른 분리배출에 대한 지식이 완벽하지 않고 일자리를 위해 지원한 환경도우미들에게 올바른 분리배출 교육이 진행되어야 한다. 하지만 광진환경도우미 활동을 위해 필요한 지식이 컨설팅이나 강연을 진행할 수 있을 정도의 지식이 필요한 정도의 지식이 아니기에 지방자치단체에서 충분히 교육이 가능하다. 또한 현장 분류 중에 분리배출에 대한 정보가 필요로 할 경우에도 정부에서 만든 "내 손안의 분리배출" 앱 등을 이용하면 되기에 교육문제는 해결할 수 있다.

다음으로 지적될 수 있는 문제로는 활동 강도의 문제이다. 노인의 신체적 특성상 강도 높은 작업은 진행될 수 없다. 하지만 광진 환경도우미의 활동은 선별장이 아닌 분리수거 현장에서 진행되는 활동이기 때문에 강도가 높지 않다. 또한 주민이 오지 않는 시간 동안 충분히 휴식을 취할 수 있기에 노인의 신체적 특성에 따른 문제는 제기되지 않을 것이다.

나. 낮은 정책실행 비용과 정책목표 실현 가능성

광진 환경도우미 정책은 정책실행에 드는 비용이 낮을 뿐만 아니라 정책 목표인 지역의 재활용률이 높은 분리수거를 실현할 수 있다. 광진 환경도우미 정책을 실현하기 위한 비용 중 가장 비용이 가장 높은 것이 환경도우미의 인건비이다. 광진 환경도우미 정책을 노인복지정책의 목적으로 고려하였을 때 낮은 진입 문턱과 높지 않은 근무 강도의 업무임을 생각해보았을

제8장. 광진 환경도우미 : 재활용률 상승을 위한 대안

때 광진 환경도우미는 양질의 일자리임으로 충분히 감당할 수 있는 비용이다.

또한 노인 일자리 복지의 일환이므로 정책 실행 비용은 광진구 예산에서 모두 부담하는 것이 아닌 중앙정부나 광역지자체의 지원을 받아 사업을 진행할 수 있다. 반면 낮은 정책실행 비용보다 재활용률이 높은 분리수거가 실질적이고 확실하게 진행된다. 환경도우미 활동은 주민들과 함께 분리수거를 진행함으로 올바른 분리수거 지식에 대한 정보전달뿐만 아니라 현장에서 실제 재활용률이 높은 분리수거를 실현된다.

다. 부가적 기대효과들

광진 환경도우미 정책은 지역공동체 강화와 지역환경 개선의 효과가 기대된다. 도우미가 지역주민들과 함께 분리수거를 진행하고 지역주민들에게 올바른 분리수거 방법에 대한 정보를 제공하면서 개인의 참여감과 지역 공동체 형성 강화에 영향을 주므로 올바른 쓰레기 배출 요령을 습득하면서 지역 공동체 강화의 효과를 기대해 볼 수 있다. 또한 단독주택 밀집지역의 폐기물 배출지점에 배치될 경우 배출일시나 배출 시간이 올바른 시간대에 진행될 수 있도록 돕기에 지역의 미관이 개선되는 효과 또한 있다.

7. 결론

본 팀은 높은 분리수거율에 비하여 재활용은 제대로 진행되지 않는 문제 상황을 인식하고 그 원인이 올바르지 못한 분리수거에 있음을 확인하였다. 또한 코로나 19로 인해 폐기물들이 늘어가고 있기에 올바른 분리수거를 돕고 재활용에 드는 비용을 줄여야 이전의 재활용품 수거 거부와 같은 상황을 미리 예방할 수 있다고 판단하였다. 따라서 논의를 진행해 본 결과 '광진 환경도우미' 정책을 도출할 수 있었다. '광진 환경도우미' 정책은 기초 지방자치단체와 지역사회의 주민들이 협력하여 올바른 분리수거를 통해 재활용률을 높이는 정책이다. 환경도우미들은 지역의 분리수거 현장에서 주민들에게 올바른 분리수거 방법을 알려주고 환경도우미들이 직접 분리수거를 진행한다. 이때 환경도우미를 일자리가 필요한 노인으로 선정하였기에 노인복지의 효과와 정책적 이점을 가지고 있다. '광진 환경도우미' 정책은 낮은 정책실행 비용과 기대효과를 고려해 보았을 때, 광진구에서 시도해 볼 만한 정책 제안이라 판단된다.

제8장. 광진 환경도우미 : 재활용률 상승을 위한 대안

참고문헌

강종구. 2019. "[르포] 쓰레기 재활용률…우리나라 40% vs 일본 80%"『연합뉴스』(6월 8일)

박기묵·임진희. 2019. "[팩트체크] 대한민국 재활용률 세계2위, 숨겨진 비밀"『노컷뉴스』(6월 10일)

이현출. 2020.『변화의 시작, 청년의 정치참여』명인출판사. 22-39

정호규, 남영숙, 2018.『개인의 분리배출 행동에 미치는 요인에 대한 고찰과 개선방안 연구』, 한국환경교육학회 학술대회 자료집, 6월. 33-38

차창희. 2020. "[단독] 분리수거된 플라스틱 1년 57만톤…34만톤은 그냥 버려져"『노컷뉴스』(11월 1일)

통계청. 2020.『코로나19 이후 생활폐기물 재활용 쓰레기 품목별 통계』

환경부. 2020.『생활쓰레기 연도별 선별 수량 대비 재활용률 현황자료』

환경부. 2018.『폐자원관리과 생활자원회수센터 국고보조사업 소개자료』

Greenpeace 그린피스 서울사무소. 2020. 홈페이지 발표자료.(8월 11일)

Riker, William and Peter Ordeshook. 1968. "A Theory of the Calculus of Voting." American Political Science Review 62(1): 25-42.

❖ 청년의 지역참여와 사회혁신 ❖

 도움을 주신 분들

건국대학교 이현출 교수

국민권익위원회 원지은

광진구청 청소과

제9장. 주민참여사업을 통한 미가로 상권 부흥 프로그램 제시

제9장
주민참여사업을 통한 미가로 상권 부흥 프로그램 제시

❖ 임재영 · 조은비 · 황준아 · 한민영

요 약

광진구 구의동 미가로 상권은 주변 건대 맛의 거리나 자양 전통시장에 비해 활성화되어 있지 않다. 또한, 코로나19로 인해 주민 간의 모임은 줄어들고, 이는 상권에 직접적 타격으로 다가오는 환경에 놓여있다. 따라서 주민과 공공기관의 협력구조를 통해 주민과 상권의 쌍방향적 소통이 가능하도록 하여 광진구청의 비전인 구민이 꿈꾸는 가치, 함께 만드는 광진을 실현하고자 한다. 더불어 미가로 상권 활성화를 위한 대안을 제시하기 위해 본 연구를 진행하였다.

이를 위해 광진구 구의동의 특성에 맞게 도시재생 프로젝트의 일환으로 주민공모사업 친구의 집, 구미당, ㅁㄱㄹ² : 나도 미가로! 나도 막걸리!!, 구공의 방 등을 제안하고, 주민협의체 활동으로 미가로 서포터즈를 구현하여 전문가와 면담을 진행하고 피드백을 바탕으로 구체화했다.

1. 서론

광진구 내 미가로 상권을 분석한 결과, 주변에 대학가와 젊은 유동인구 층을 보유하고 있음에도 불구하고 상권이 활성화되지 못하며 주민과 상권과의 유기적 결합이 부족함을 확인하였다. 미가로 상권 내 노후 건축물, 너저분한 광고물 및 쓰레기, 공원과 휴게공간의 부족 등은 주민들이 미가로 상권 내에 머물 이유를 제공하지 못하고 있다. 이는 여가와 주거를 분리하고, 주민들이 미가로 상권 자체에 무관심해지도록 원인을 야기하였다. 또한, 인지도 부족으로 인하여 외부인구의 유입이 적으며, 주변 지역에 대한 인식과 연결이 저조한 실정이다. 미가로의 이러한 문제점들로 인하여 건대 맛의 거리, 성수역 부근 등 인근 상권 대비 경쟁력이 부족한 상황이며 미가로의 발전을 더욱이 어렵게 만들고 있다.

따라서 본 8조는 광진구청의 비전인 '구민이 꿈꾸는 가치, 함께 만드는 광진'을 실현하기 위해 마을의 주인인 주민이 중심이 되어 마을공동체를 회복시키고 파편화되어가는 사회를 봉합하고자 한다. 더불어 주민이 마을공동체 사업을 주도하고 공공기관이 지원하며 상권이 협력하여 선순환이 이루어지는 주민참여 거버넌스를 실현하고자 한다. 나아가 미가로 상권의 활성화를 위해 사회적 경제 시스템을 구축함으로써, 주민과 지역 상권이 끈끈히 연결된 지속가능한 구조를 만드는 것을 목표로 본 보고서를 구상하였다.

이어서 구체적인 구의역 일대 및 미가로 상권의 현황 및 실태를 분석하고, 미가로 상권 활성화를 위해 참고할 수 있는 주민공모사업의 성공적인 사례를 살펴볼 것이며 본론에서는 본 조가 제시하는 미가로 상권 활성화를 위한 정책대안 프로그램들을 소개하고, 마지막 결론 부분에서는 시범사업의 함의와 기

제9장. 주민참여사업을 통한 미가로 상권 부흥 프로그램 제시

대효과를 제시해 보고자 한다.

2. 현황 및 선행사례 검토

가. 현황 및 실태

2017년 동부지방법원과 검찰청의 이전을 기점으로 미가로 상권은 쇠락하기 시작했다. 미가로 상권은 건대 맛의 거리나 자양 전통 시장보다 특색이 부족하고 인지도가 미미해 외부인이나 주민들의 발걸음을 유도하는 데 있어 한계가 나타나고 있다. 구의역-미가로-주거지 내 열악한 보행환경, 구의역 고가 하부의 경우 인접 개발지와 기존 상권 간 연계가 부족하다는 점도 미가로의 접근성을 낮추는 요인으로 작용하고 있다.

미가로의 전체적 상권이 주간, 야간 상권으로 분리되어 있으며 주민들이 상권과 연결고리를 형성할 커뮤니티 공간과 프로그램이 활성화되지 않는 실정이다. 또한 30년 이상 노후화된 건축물과 광고물 및 쓰레기 방치, 문화공간의 부족함이 지역주민들의 발길을 돌리게 만들어 공동체 의식이 발전하기 힘든 상황이며 요식업이 장기적으로 존속하기 어려운 환경이다. 최근 5년간 한식업 및 기타 음식의 3년 내 35%가량 폐업하였으며, 영업점포 대비 개업 및 폐업의 비율이 높아 변화가 빠르게 나타나고 있다. 그중 기타 음식업의 개업이 많아 음식업의 다양성은 증가하고 있어, 개업 점포의 장기적 존속 방안이 필요하다. 이와 관련하여 2020년 미가로 상인들을 대상으로 설문조사한 결과, 특화 골목상권 조성, 지역 문화행사 확대와 상권 관련 홍보, 도로 체계 및 주차장의 접근성 개선이 가장 필요하다고 응답한 결과를 확인할 수 있다.

그러나 미가로 상권은 공공기관이 빠져나갔음에도 여전히 든든한 배후세대가 존재하는 상권이다. 2030, 1인 가구의 비율이 61%로 높으며 1만 세대 이상의 아파트, 오피스텔 가구가 43%를 차지하는 등 골목상권의 트렌드를 주도하는 잠재 소비층이 풍부하다고 볼 수 있다. 따라서 풍부한 배후수요의 장점을 살려 마중물의 성격을 띤 마을 공모사업을 실행하고, 관이 주도하여 물꼬를 열어준다면 광진구 내 공동체 네트워크 향상에 큰 도움이 될 것이다.

또한, 광진구청이 2024년 이후 이전 예정이며, 민간기업(KT) 첨단업무복합단지 개발, 인근 대학교 캠퍼스 타운 조성계획, 청년 주택 사업 진행 및 동서울터미널 현대화 등의 변화가 앞으로의 미가로 지역 활성화에 크게 기여할 것으로 보인다. 첨단업무 및 인근 산·학 연계를 통한 첨단사업의 테스트 베드를 실현해 지역 고용 기회가 확대될 수 있을 것이다. 미가로 상권과 첨단업무복합단지와의 연계방안을 마련하여 지역에 특화된 먹거리 문화를 형성한다면 미가로의 활력이 증진될 것이다.

나. 주민공모사업을 통해 긍정적인 도시재생 효과를 가져온 사례

주민공모사업이란 주민이 직접 지역의 다양한 의제를 해결하여, 삶의 질을 높이고, 주민이 중심이 되어 지역 및 공동체를 회복하는 사업을 말한다. 주민공모사업을 통한 주민 간 교류 활성화로 지역 공동체가 회복되고, 주민자치를 실현하며 지속가능한 도시재생 발판 마련 및 지역 자생력을 강화할 수 있는 의의가 있다. 또한, 지자체 사업을 통한 도시재생 활성화로 주민 체감도가 향상될 수 있다.

대표적인 주민공모사업으로 '수원 마을르네상스'가 있다. 수원 마을르네상스는 '마을이 다시 태어나다'라는 의미의 단어인 '르

제9장. 주민참여사업을 통한 미가로 상권 부흥 프로그램 제시

네상스'를 붙여 주민들이 스스로 문화와 예술, 건축, 환경이 어우러지는 아름다운 삶의 공간을 만든다는 취지의 수원시 자체 도시재생 프로젝트다. 수원시 마을 만들기 조례에 근거해 지난 2010년 '마을 만들기 추진단'에서 출발한 마을르네상스센터는 2011년부터 본격적으로 사업을 시작했다.

  수원 마을르네상스센터는 상·하반기로 나뉘어 연 2회 마을 르네상스 사업계획서를 공모한다. 수원시 주민 15명 이상이 모이면 누구나 참여할 수 있다. 마을 신문 만들기부터 축제·체험·전시 활동, 교육, 돌봄 사업 등 공동체 사업에 도움이 되는 어떠한 아이디어도 가능하다. 사업이 채택되면 1년에 약 500만 원을 지원받을 수 있으며 이 같은 공동체 사업추진 경험이 있거나 관련 교육을 추가로 받을 경우에 시설·공간 사업에도 공모할 수 있다. 담장을 허물거나 소공원, 커뮤니티 공간을 만들고 텃밭을 가꾸는 등 시설·공간 사업 아이디어를 공모해 채택되면 1년에 2,500만 원까지(공동체 사업과 합해 최대 3,000만 원까지) 지원을 받을 수 있다. 한 해 약 190건의 계획서를 접수하면 140건 정도가 통과돼 전액 지원을 받으며, 주민들이 자발적으로 참여하는 사업이기 때문에 중도 탈락이나 지원금 회수 등의 문제는 이제껏 거의 없었다.

  여러 사례 중 대추동이 문화마을 주민들이 운영하는 '마돈나(마을을 가꾸는 돈가스 나들터) 생돈가스'는 자발적으로 사회적 협동조합을 만들어 마을 만들기 사업을 성공적으로 진행한 사례이다. 이곳에서 나온 수익금으로 주민 일자리를 창출하고 있으며, 복지와 지역 환경 개선 사업에도 나서고 있다. 금곡동 칠보 마을 주민들이 만든 '칠보꽃밥상' 협동조합은 주변에 논과 밭이 많은 동네 특성을 반영해 아파트 상가에 유기농 반찬 가게를 운영한다. 생활협동조합에서 직접 식자재를 조달해 저렴한 가격에 안전한 먹을거리를 팔 수 있으며, 동네 주민들과 직접 모내기, 벼 베기, 텃밭 체험행사 등 다양한 생태 체험 활동도 하고 있다.

  수원시의 마을르네상스는 정부가 아닌 민간 주도로 추진되고 있다는 점에서 주목을 받고 있다. 마을 만들기 공모사업에 참여하는 주민들이 계속 늘어나는 것도 고무적이다. 마을의 주인이 주민이 중심이 되어 공동체 회복을 통해 자기실현이 가능한 사회로 만든 우수한 사례이다.

3. 정책 대안

  시범사업의 구체적 내용을 정하기 위해 본 8조는 국민생각함 설문조사 결과, 구의도시재생센터, 서초1인가구지원센터, 서울청년센터 오랑, 마포레스트, 공방협동조합 등과 면담을 통한 자문 내용을 바탕으로 구상했음을 서두에 밝힌다.

  8조는 총 네 가지의 공모사업을 기획하였다. 첫 번째로 제안할 사업 [친-구의 집]은 지역 상권과 주민들 간 공감대를 형성하는 것에 주안점을 두었다. 공공기관 이전 및 코로나 19 유행 등 여러 외부 요인으로 인해 현재 미가로 상권은 활기를 잃은 상태이다. 따라서 상권에만 의존하기보단 주민들을 대상으로 한 특색 있는 모임을 통해 유인 요소를 강화함으로써 고객을 유치해 장기적으로 상권의 자생력을 높이고자 하였다.

  두 번째 사업 [구미당]은 주민 네트워크를 활성화해 골목상권에서의 소비를 촉진하는 것에 주안점을 두었다. 오늘날의 골목상권은 지역의 특성을 반영한 콘텐츠로 새롭게 변화하고 있다. 주민들의 생활 문화를 골목상권에서의 문화생활로 연결해 주거권역에서 편한 복장과 가벼운 마음으로 여가 및 편의시설을 이용하는 소비심리를 활성화하는 것이 목표이다.

  세 번째 사업 [ㅁㄱㄹ^2]는 현재 구의도시재생지원센터가 진행 중인 [우리 술 이야기] 프로그램과 연계한 사업으로, 기존 프로

제9장. 주민참여사업을 통한 미가로 상권 부흥 프로그램 제시 🎯

그램을 확장해 밤 시간대 식음 특화 상권으로서 미가로 상권의 정체성을 확립하는 것에 주안점을 둔 사업이다.

마지막으로 [구공의 방] 사업의 주안점은 미가로 상권에 식음 이외의 다양한 '할거리' 및 '볼거리'를 제공하는 것이다. 다양한 콘텐츠를 통해 방문객들이 상권에 머무르는 시간을 늘릴 수 있을 뿐만 아니라, 동부지법 이전 및 관련 업종 이전으로 인한 구의역 일대 중심지 공실 문제 또한 해소할 수 있는 사업이기도 하다.

가. 공모사업 제안

1) 친-구의 집: 지역상권-주민 간 공감대 형성 사업

공모사업의 구체적 내용을 표로 간략히 정리하면 다음과 같다. 이하 세부 내용은 표 밑에서 서술할 것이다.

❖ 청년의 지역참여와 사회혁신 ❖

사업 개요	미가로 내 자영업자(음식점, 카페, 공방 등)가 호스트가 되어 주민들을 손님으로 초대해 자영업자들의 취향과 관심사를 나누는 모임
사업 목적	지역상권과 주민들 간 공감대를 형성해 상권과 주민을 끈끈히 결합
사업 대상	(호스트) 미가로 내 자영업자(음식점, 카페, 공방 등) (손 님) 광진구 주민 및 외부 방문객
운영 방식	**호스트 신청** 모임 계획서(장소, 일시, 주제, 참가비)를 작성 후 도시재생센터 또는 광진구청내 담당 부서에 제출 ↓ **담당자 검토** 담당자의 검토를 거쳐 계획서 수정 및 보완, 최종 확정 ↓ **모임 홍보** SNS 및 지역 소식지 등의 매체를 통해 모임 홍보 ↓ 모임 종료 후 만족도 조사 실시해 환류사항 적용
모임 예시	■ 신메뉴 출시 전 주민 대상 시식회, 취약계층을 위한 반찬 나눔 봉사활동 ■ 청년 사업가들을 위한 창업 스토리 공유
기대 효과	■ 코로나 19 유행으로 인해 위축된 상권과 가게의 경쟁력 강화 ■ 코로나 19로 인해 높아진 사회적 교류 및 체험에 대한 수요를 해소 ■ SNS를 통한 모임 홍보 및 후기 공유로 미가로 홍보, 외부 방문객 유치

<표 1> 친-구의 집 공모사업

제9장. 주민참여사업을 통한 미가로 상권 부흥 프로그램 제시

 사업 목적은 다음과 같다. 친-구의 집 사업의 가장 큰 목적은 지역 상권과 주민들 사이 공감대를 형성해 상권과 주민이 끈끈히 결합된 지속 가능한 구조를 만드는 것이다. 지역 상권 활성화 사업을 진행함에 있어 상권의 협조와 참여를 끌어내는 것이 무엇보다 중요하기 때문에, 광진구청 및 도시재생지원센터가 가진 공신력을 통해 업체로부터 신뢰성을 확보하고, 그 높은 신뢰도를 바탕으로 상권으로부터 협조를 끌어내야 한다. 따라서 업체를 직접 방문하면서 사업을 소개하고 신청을 권유하는 것이 바람직하며, 이후 자발적인 참여를 하는 업체를 중심으로 프로그램을 진행해야 한다.

 구체적인 운영방식에 대한 설명은 다음과 같다. 먼저 모임을 개최하고 싶은 업체가 모임 장소, 일시, 모임 주제 및 참가비 안내가 포함된 계획서를 작성 후 도시재생센터 또는 광진구청 내 사업 담당 부서에 제출한다. 이후 구청 담당자의 검토를 거쳐 모임 주제의 적절성, 참가비가 과도하게 책정되었는지 여부를 확인하고 계획서를 반려하거나 수정해 모임을 최종 확정한다. 모임이 확정된 후에는 SNS와 지역 소식지 등의 매체를 통해 모임을 홍보하고, 광진구민 및 외부 방문객들의 참가신청을 받으며 모임이 종료되면 설문조사 형식의 만족도 조사를 실시해 사업을 더욱 발전시킬 수 있는 환류 사항을 적용한다.

〈사진 1〉 모임 홍보 예시

친-구의 집 사업을 통해 진행 가능한 모임의 예시이다. 먼저 새로운 메뉴를 출시하기 전 지역 주민들을 대상으로 체험단을 모집해 피드백을 받는 시식회가 있다. 또한, 창업을 희망하는 청년 사업가들을 대상으로 창업 과정에서 겪을 수 있는 어려움과 운영 노하우 등을 공유하는 모임도 개최할 수 있고, 소외된 취약계층, 1인 가구를 위해 반찬 나눔 봉사활동을 진행할 수 있다. 단 반찬 나눔 봉사의 경우 코로나 19로 인해 프로그램이 제한될 시 사전 수요 조사를 통해 나눔 할 반찬의 양을 정하고, 수령 장소를 별도로 지정해 직접 수령할 수 있게 하는 것이 효율적일 것이다.

해당 사업을 진행할 경우 예상되는 기대효과는 다음과 같다. 코로나 19의 전 세계적 유행으로 인해 지역 상권을 찾는 발길이 줄어 미가로 상권은 심히 위축된 상태이다. 또한, 자영업자들 간 경쟁이 점차 심화함에 따라 상권에만 의존해서는 가게가 존속하기 힘든 환경이기도 하다. 이러한 상황에서 내 가게만의 특색과 브랜드를 만들어 '손님들이 찾아오는 가게'를 만들기 위해 노력한다면 멀게만 느껴졌던 상권과 지역주민들 사이에 공감대를 형성하고, 고객을 유치해 가게의 경쟁력뿐만 아니라 상권의 자생력 또한 강화할 수 있다. 나아가 모임 과정과 후기를 SNS로 공유하고 홍보함으로써 미가로 상권에 지역 주민뿐만 아니라 외부 방문객까지 유치할 수 있을 것이다.

2) 구미당: 구의동 주민들의 동아리

공모사업의 구체적 내용을 표로 간략히 정리하면 다음과 같다. 이하 세부 내용은 표 밑에서 서술할 것이다.

제9장. 주민참여사업을 통한 미가로 상권 부흥 프로그램 제시

사업 개요	구(의)+미(가로)를 결합한 이름. 구의역 일대 상권에서 주민들이 동아리를 결성해 각자의 '구미'를 해소할 수 있도록 지원하는 마을 공동체 사업
운영 방식	**동아리 활동 계획서 제출** 동아리 구성 및 활동계획서 제출 ⬇ **담당자 검토 및 선정** 구의동 거주(재직)여부 검토 / 영리 목적 동아리 제한 / 허위사실 작성된 서류 배제 ⬇ **활동 보고** 동아리 활동 후 결과 보고서 제출, 지원금 신청 ⬇ **지원금 지급(광진구청, 구의 도시재생센터)**
사업 목적	구의역 일대 상권과 연계, 주민들이 지역상권에서 소비할 수 있게끔 유도, 구의동 주민 네트워크 활성화 및 확충
사업 대상	구의동에 거주 또는 재직중인 주민
동아리 주제	일상 여가 건강 등 다양한 관심사를 바탕으로 한 자율적 동아리
기대 효과	소통의 창 확보해 주민 네트워크 활력 증진 입소문을 통한 상권 홍보 효과

〈표 2〉 구미당 운영방식

[구미당]은 구의동 주민들을 끈끈하게 이어줄 주민 네트워크 (동아리) 지원 사업이다. 구미당이란 이름에는 두 가지 의미가 있는데, 구의와 미가로의 첫 글자를 따서 지은 이름인 동시에

지역 주민들의 '구미'를 지역 상권에서 해소하는 것을 의미한다. 구미당 사업은 주민들의 사회적 관계망을 활성화하고 확충하는 것이 목적이기 때문에, 구의동에 거주 또는 재직 중인 주민을 대상으로 한다.

<사진 2> 주민 동아리 예시

　[구미당] 사업의 운영방식은 다음과 같다. 우선 동아리를 만들고자 하는 주민들이 동아리 구성 및 활동 방향이 담긴 활동 계획서를 제출한다. 제출된 활동 계획서는 담당자의 검토를 거쳐 최종 선정된다. 다만 해당 사업의 경우 지자체의 보조금을 중심으로 진행되는 사업인 관계로 신청자가 동아리 신청 시에 구의동에 거주 또는 재직 중인 사실을 증명할 수 있는 주민등록등본 및 재직증명서를 구비할 필요가 있다. 또한, 구체적인 활동 계획서와 활동 후 보고서 제출을 의무화해 동아리 신청과 지원금 지급 검토 과정을 강화하고, 허위로 작성된 서류와 영리활동 여부를 단속함으로써 예산의 오용을 방지하여야 한다.

제9장. 주민참여사업을 통한 미가로 상권 부흥 프로그램 제시

사업 진행에 필수적인 예산 확보 문제와 관련해 구의도시재생지원센터에 질의한 결과, 현재 도시재생 사업의 일환으로 주민 1명을 포함한 3명이 모여 특정 활동을 계획 시 보조금을 부여해 개인 부담율이 10%가 되게끔 지원하는 보조금 시스템이 있다는 답변을 얻었다. 개인 부담율이 10%로 설정된 이유는 공모사업에 개인 부담 비용이 없을 경우 쉽게 프로그램 참가를 취소하거나 변동사항이 생기는 경우가 많아 이러한 상황이 발생하는 것을 줄이고자 책임비 명목으로 설정한 비율임을 추가로 확인할 수 있었다. 동아리 활동 진행에 별도의 외부 강사 섭외(해당 사업의 경우에는 미가로 내 공방 운영하는 공예예술가가 될 수 있음)가 필요할 경우에도 섭외 비용을 지원할 수 있기 때문에, 예산 집행에 있어서 제한사항은 없을 것으로 판단된다.

3) ㅁㄱㄹ^2: 나도 미가로! 나도 막걸리!!

공모사업의 구체적 내용을 표로 간략히 정리하면 다음과 같다. 이하 세부 내용은 표 밑에서 서술할 것이다.

사업 개요	수국과 구의도시재생센터와의 연계 프로그램
사업 목적	구의와 주민간의 끈끈한 유기적 연결고리 형성 및 미가로 상권 활성화
사업 대상	(호스트) 구의도시재생센터, 술 공방업자, 미가로상권 자영업자 (손 님) 광진구 주민

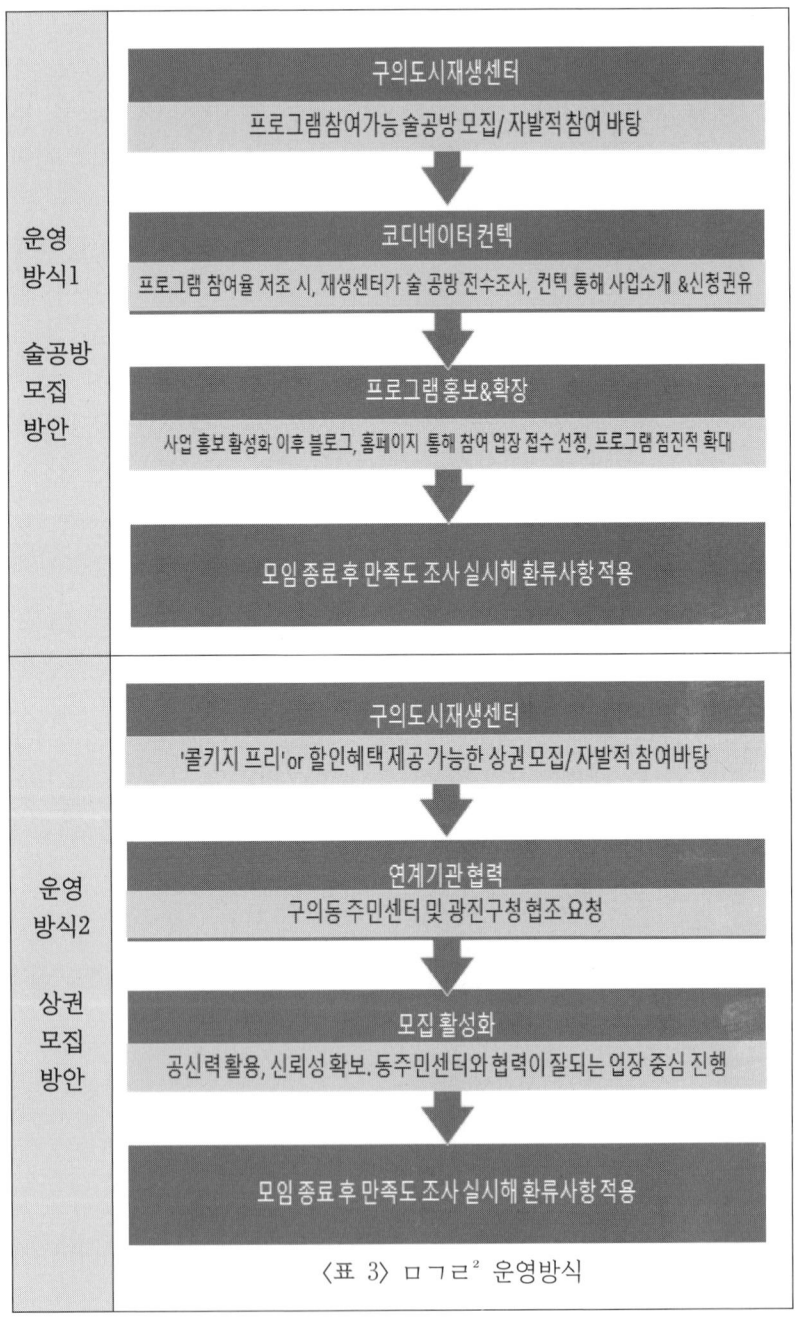

<표 3> ㅁㄱㄹ² 운영방식

제9장. 주민참여사업을 통한 미가로 상권 부흥 프로그램 제시

교육 내용	**콜키지프리 혜택** : 콜키지란 호텔이나 음식점에서 개인이 가지고 온 주류를 개봉하거나 잔 따위를 제공하는 대가로 받는 요금을 말하는데, 여기서 콜키지 '**프리**'란 보통의 식당이 이러한 서비스를 제공하면서 받는 요금 없이 무료로 서비스를 즐길 수 있음을 말한다. **나만의 막걸리 잔 만들기** : 구의동 내 도자기 공방과 연계하여 막걸리를 만듦과 동시에 나만의 막걸리 잔도 만들어 볼 수 있다.

나도 미가로! 나도 막걸리!! 프로그램은 수국과 구의도시재생센터가 진행 중인 우리 술 프로그램과의 연계 프로그램이다. 우리 술 이야기는 현재 구의도시재생센터와 술 공방 수국이 함께 진행하는 프로그램으로 업장의 부담률 없이 100% 구의재생센터 측의 지원으로 프로그램이 진행된다. 따라서 나도 미가로! 나도 막걸리!! 프로그램은 기존 프로그램을 확장해 주민들의 참여를 도모하고 주민들 간의 네트워크 형성과 상권의 활성화를 도모하는 것을 목적으로 하는 프로그램이다. 프로그램의 점진적 확대를 위해 구의도시재생센터와 미가로 서포터즈(서포터즈에 관한 상세 내용은 추후 설명)는 술 공방 업장과 미가로 내 프로그램 참여 가능 상권을 구분하여 모집한다.

먼저 술 공방 모집 방안이다. 초기에는 자발적으로 참여한 업장을 중심으로 프로그램을 확대한다. 이후 프로그램 참여율이 저조할 시 재생센터가 주변 업체를 전수조사해 사업을 소개하며 신청을 권유해 프로그램에 대한 홍보를 이어간다. 사업의 홍보가 활성화된 이후 블로그 및 홈페이지를 통해 참여 업장을 접수하여 선정하고 프로그램을 점진적으로 확대해 나간다.

다음으로는 상권 모집 방안이다. 마찬가지로 초기에는 상권의 자발적 참여가 주가 되게끔 진행하며 프로그램 참여 활동 인증서를 제시할 경우 '콜키지 프리' 또는 할인 혜택이 제공 가능한 상권을 모집한다. 참여 업장 수가 증가하는 이후부터는 구의동 주민센터 및 광진구청 협조를 요청하여 공신력을 활용해 신뢰성을 확보하여 동주민센터와 협력이 잘 되는 식당을 중심으로 진행한다. 서포터즈(서포터즈에 관한 상세 내용은 추후 설명)는 주민 참여를 활성화하기 위해 해당 프로그램과 미가로 상권 내 콜키지 프리 또는 할인 혜택 제공이 가능한 업장을 블로그, 카카오톡 플러스친구, 포스터 등을 활용하여 적극적으로 주민들에게 홍보한다. 이렇게 구의도시재생센터와 서포터즈가 프로그램의 탄탄한 기반을 마련한 뒤 술 공방들은 주민들과 함께 막걸리 만들기 프로그램을 진행하며 코로나 상황에 맞춰 비대면 수업 활동을 전개해 참여자들에게 재료 키트를 제공하고 줌으로 수업 활동을 공유하는 등 수업 방식을 다양화하여 주민과의 소통을 이어나간다.

또한, 미가로 내 지역 상권은 참여 의사가 있을 시 나도 미가로! 나도 막걸리!! 프로그램의 홍보 업체 등록 신청서를 제출하고, 해당 업체에 프로그램 참여 주민이 참가 인증서를 제시하는 경우 콜키지프리 혜택 또는 할인 및 서비스를 제공하여 프로그램의 지속가능성과 상권의 홍보 및 활성화를 동시에 이어나가 전체적으로 주민과 상권의 끈끈한 연결고리를 형성하고 미가로 상권 활력을 불어넣으며 업체가 골고루 활성화의 이익을 누릴 수 있도록 한다.

4) 구공의 방: 구의역 일대 공방들의 구심점

구공의 방 사업은 마포구 공예문화 활성화 사업 단체 MA_POREST, 강동구 성내동의 공예예술가 협동조합 '온도도시협동조합'과의 인터뷰, 구의 도시재생센터의 '꼬리에 꼬리를 무는 인터뷰'를 바탕으로 기획했음을 밝힌다.

제9장. 주민참여사업을 통한 미가로 상권 부흥 프로그램 제시

사업 개요	• '구의 공방'의 순서를 도치해 신선함을 주고자 하는 사업명 • 구의역 일대 공실을 활용한 공방들의 통합 전시 및 판매 공간
사업 목적	• 미가로의 먹거리 체험 후 할거리(공방), 볼거리(구공의 방)으로 이어지는 유기적인 체류 동선 확보 • 구의역 일대 공예예술가들의 자생력 강화
사업 대상	• 구의역 일대 공예 예술가
운영 방식	• 구의역을 기반으로 활동하고 있는 공방을 대상으로 입점 제안 또는 입점 작가 신청을 받아 내부 회의를 통해 선정하여 입점 • 입점 공예예술가들이 역할을 분담하여 매장을 운영하고 관리. • 카드 수수료와 부가세를 제외하고, 별도의 위탁 판매 수수료 없이 판매 수익 해당 예술가에게 지급
기대 효과	• 유기적인 구의역 상권 체험 동선을 확보하고, 체류 시간을 확대함으로써 추후 도시재생 사업으로 조성될 타 앵커 시설들과의 연결고리 형성 • 공예예술가들이 서로 사분을 구하고 소통할 수 있는 모임 결성함으로써 공방들의 자생력 강화에 도움

〈표 4〉 구공의 방 운영방식

[구공의 방]은 '구의 공방'의 글자 순서를 바꾸어 본 사업명으로, 신선함과 재미를 주어 방문자들의 기억에 오래 남을 수 있게끔 정한 명칭이다. 구공의 방은 구의역 일대 공실을 활용한 공방들의 통합 전시 및 판매 공간이다. 연남동과 홍대입구, 그리고 한남동 상권에서 유행하고 있는 소품샵과 같은 개념으로 동부지법 및 관련업종의 이전으로 인해 쇠퇴한 미가로 상권에 음식 이외의 다양한 '할거리' 및 '볼거리'를 제공하는 것을 목적으로 한다.

사업의 대상은 구의역 일대 공예 예술가들로, 광진구청 또는 도시재생센터(사업 주체)가 입점을 제안하거나 입점 작가들 간의 내부 회의를 통해 신규 작가들의 신청을 받는 방식으로 모집할 수 있다. 구공의 방은 입점 작가들이 역할을 분담하여 시설을 운영하고 관리하며, 도시재생사업의 일환으로 지원받아 운영되는 사업이기 때문에 판매 수익은 제품 판매 금액에서 카드 수수료와 부가세만 제외하고 별도의 위탁판매 수수료 없이 작가에게 지급하는 것을 원칙으로 한다. 아래 사진은 구공의 방 조성 예시이다. 전시 및 판매의 기능과 더불어 공예 예술가들이 만나 담소를 나눌 수 있는 공간을 조성하는 것이 목표이다.

〈사진 3〉 구공의 방 조성 예시 (내외부)

미가로 내 공실에 구공의 방을 조성함으로써 미가로에서 먹거리 체험 후 할거리(공방), 볼거리(구공의 방)으로 자연스레 이어지는 유기적인 동선을 확보할 수 있으며, 주민들과 외부 방문객들이 상권에 더욱 오래 머무르며 즐길 수 있게 된다. 추후 도시재생 사업을 통해 구의역 일대에 조성될 타 앵커시설 및 SOC 시설과 연계한다면 이 동선은 더욱 효과적으로 자리매김할 것이다.

제9장. 주민참여사업을 통한 미가로 상권 부흥 프로그램 제시 🎯

또한, 1인 기업의 비율이 높은 공방의 특성상 홍보, 세무, 수의계약 등 모든 것을 혼자서 고민하고 결정해야 한다는 것이 공예예술가들의 큰 부담임을 고려할 때, 예술가들이 서로 자문을 구하고 소통할 수 있는 모임 또는 주최의 존재는 공방들의 자생력 강화에 큰 도움이 될 것으로 예상된다.

나. 광진구 미가로 서포터즈: 주민공모사업을 보조할 봉사활동 기관

앞서 소개한 프로그램들의 '보조 역할'을 진행해 줄 광진구 미가로 서포터즈를 소개하겠다. 본 서포터즈는 앞서 제시된 정책대안을 원활히 수행하고자 제시한 하나의 '해결방안'이다. 따라서, 광진구 미가로 서포터즈의 목적은 제시된 정책대안의 안정화로 위 정책들과 동일한 성격을 띠지 않음을 강조한다. 서포터즈 개요, 모집 방식, 선정 과정 등 구체적인 사항은 아래 표에서 제시하겠다.

서포터즈 개요	• 본 조의 프로젝트 보조 역할을 '광진구 미가로 서포터즈(명칭은 추후 구체화될 예정)가 한다. • 본 서포터즈는 광진구청의 하나의 산하기관으로 활동한다. • '청년'들로 구성되며 본 조가 제시한 미가로 활성화 프로젝트를 지원, 보조, 홍보한다(단, 프로젝트 기획 단계에는 서포터즈가 참여하지 않는다.). • 또한, 서포터즈는 '사회봉사'의 개념으로 활동하게 되며 별도의 급여를 지급받지 않는다.
서포터즈 모집 방식	• 광진구 홈페이지 등의 공적 사이트 활용하여 서포터즈 모집 공고 내기 • 광진구청 공식 인스타그램 등 청년의 접근성이 높은 SNS도 활용 가능 • 모집 기간 : (추후 협의 예정)　　• 선발 인원 : 10명 내외

서포터즈 모집 대상	모집 대상 : 청년(만 19세~만 39세) - SNS를 활발히 운영하는 사람 - 청년으로서 미가로 상권 살리기에 관심이 있는 사람 - 월별 카드뉴스, 후기글 작성 등의 콘텐츠 발행이 가능한 사람 - 홍보 및 행정 사무 보조, 기획 관련 일을 경험해보고 싶은 사람
서포터즈 지원자 선정 과정	**1차 서류접수** 지원자가 미가로 상권 살리기 관련하여 구체적인 프로그램 기획안 올리기. 추후 지원자가 서포터즈로 활동하게 될 시 기획한 실제 프로그램으로 활용 가능. 또한, 기획안을 통하여 지원자가 서포터즈로 활동하는 것에 얼마나 진중한 마음으로 임하는지 파악 가능함. ↓ **2차 면접 진행** 서류 합격자에 한하여 면접 진행 ↓ **3차 합격자 발표** 2차에 진행된 면접 검토 후 최종 합격자 공지 〈표 4〉 광진구 미가로 서포터즈 운영방식
서포터즈 구체적인 활동 프로그램 예시	•미디어 홍보팀(4-5명) : SNS를 활용하여 본 조에서 제시한 프로젝트 홍보, 글, 사진 등 다양한 방식으로 카드뉴스 형태의 후기글 및 홍보 콘텐츠 제작 •활동 진행팀(3-4명) : 프로젝트 진행 및 관련 행정 업무 보조 (강사 섭외, 식당 섭외, 참여자 모집 플랫폼 관리, 프로그램 관

제9장. 주민참여사업을 통한 미가로 상권 부흥 프로그램 제시

	리 및 감독 등의 업무 보조, 해당 업무 내용은 추후 구체화되어 활동 진행팀에 사전에 안내 예정) • 교육팀(2명) : 미디어 홍보팀 콘텐츠, 후기글 등 검수 작업 진행, 참가자 선정 업무 진행 - 위 팀의 구성 및 역할은 변동 가능 - 본격적인 활동 전 OT를 진행하여 각 팀의 활동 내용 전달 예정 - 본격적인 활동 전 서포터즈를 대상으로 '교육'(안전, 인권, 활동 내용 등)을 진행하여 서포터즈에게 본 프로그램에 대한 책임감을 심어주고 이해도를 높일 예정.
서포터즈 혜택 (광진구청과 협의 필요)	• 활동 인증서 지급 • 활동한 기간만큼 광진구청에서 봉사시간 지급 • 활동 기간 동안 활동비 지급 • 활동 기간 동안 삭업(회의 등)할 수 있는 공유공간 제공
기대 효과	• 청년의 사회 참여 유도. • 청년이 주체가 되어 사회 혁신을 도모. • 광진구를 중심을 한 청년 네트워크 형성 가능. • 광진구-청년 사업 활성화 가능

<표 5> 광진구 미가로 서포터즈 운영방식

광진구 미가로 서포터즈의 키워드는 '청년'이라 할 수 있겠다. 이 프로젝트를 통하여 광진구 청년의 사회 참여를 유도하고 청년이 주체가 되어 사회혁신을 도모함을 이룰 수 있다. 또한, 광진구를 중심으로 한 청년 네트워크가 형성이 가능하며, 광진구청 내에서 청년 사업이 활성화됨을 도울 수 있다. 서포터즈의 모집 대상이 청년으로 한정하여 광진구 내에서 '청년'의 사회

참여를 활성화하고자 한다.

　광진구 미가로 서포터즈는 광진구청 산하기관으로서 활동하게 된다. '보조' 역할만 수행하며 프로젝트 기획 단계에는 참여하지 않는다. 즉, 이미 기획되어 있는 프로젝트를 지원, 보조하고 홍보하는 역할을 하게 된다. 광진구 산하기관인 만큼 모집 방식은 광진구 홈페이지 등의 공적 사이트 활용하여 서포터즈 모집공고 낼 예정이며 광진구청 공식 인스타그램 등 청년의 접근성이 높은 SNS를 활용하여 모집하고자 한다.

　서포터즈 모집 방식과 구체적인 활동 방식은 위 표와 같다.

　본 서포터즈 모집을 위해서는 청년의 '혜택'이 중요한 역할을 하는데, 이 부분은 광진구청과 협의가 필요한 사안이다. 예상되는 부여 가능한 혜택은 활동 인증서 지급, 활동한 기간만큼 광진구청에서 봉사 시간 지급, 활동 기간 동안 활동비 지급, 작업(회의 등)할 수 있는 공유공간 제공 등이 있고 이러한 서포터즈 혜택은 청년 유인 역할을 할 수 있을 것이다.

　모집 포스터의 예시는 아래와 같다.

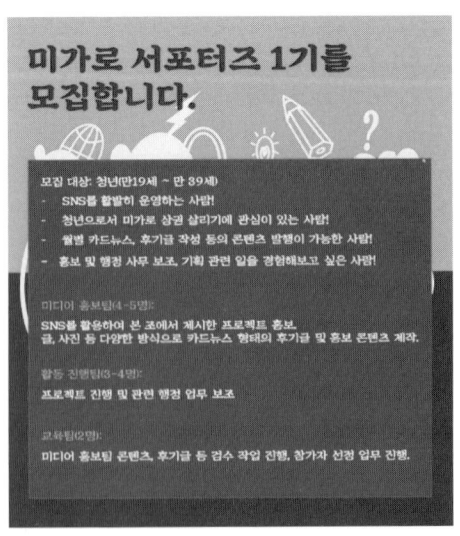

〈사진 4〉 봉사기관 모집 포스터 예시

제9장. 주민참여사업을 통한 미가로 상권 부흥 프로그램 제시

해당 사업을 진행할 경우 예상되는 기대효과는 다음과 같다. 본 서포터즈에 참여하는 대상인 '청년'을 모집함으로써 청년의 사회 참여를 유도할 수 있다. 또한, 서포터즈에 참가하며 앞서 제시된 정책에 직접적으로 관여를 하게 된다. 이를 통해 청년이 주체가 되어 사회혁신을 도모하는 긍정적인 효과를 야기할 수 있다. 나아가, 청년의 사회적 참여가 늘어남으로 인해 광진구를 중심을 한 청년 네트워크 형성과 광진구-청년 사업의 활성화를 기대하는 바이다.

4. 한계점

본 8조가 제안한 공모사업들은 코로나 19 바이러스의 유행 여부가 변수로 작용한다는 점에서 한계가 있다. 해당 한계점에 대해 구의도시재생센터와 면담을 진행한 결과 현재 광진구에서 진행하고 있는 우리 술 이야기 프로그램도 사회적 거리두기 방역수칙으로 인해 참여 인원의 수를 늘리지 못하고 있음을 알 수 있었다.

코로나 19 팬데믹 상황은 공모사업 활성화에 큰 제약을 가한다. 지역상권과 주민들의 활발한 교류를 바탕으로 상권의 발전을 꾀하는 것을 골자로 공모사업을 기획하였기에 현 상황에서는 주민들의 광범위한 참여를 끌어내기가 어렵기 때문이다.

그러나 현 상황을 고려해 지역 상권과 주민들의 교류 방식을 전환한다면 폭넓은 주민참여와 사업의 활성화를 끌어낼 수 있을 것이다. 예컨대 두 번째로 제안한 공모사업 [ㅁㄱㄹ^2]의 경우 상술한 술 공방과 상권의 모집방안을 통해 사업의 기본 뼈대를 구축하고, 주민들의 프로그램 참여 제한을 해소하기 위해 대면 수업이 아닌 비대면 위주의 수업을 진행하는 것이 가능하다. 현재 우리 술 이야기에서 제공하는 재료를 밀키트 형식으로 변환하여 참여하는 주민들에게 배포하고, Zoom이나 Webex 등의 비대면 플랫폼을 활용한다면 프로그램의 장기적 존속은 물론 자영업자들과 주민들의 연결고리도 유지할 수 있을 것이다.

따라서 비대면 상황에서의 공모사업 진행 방안을 마련해 전반적인 사업의 타당성을 보완한다면 주민공모사업의 일환으로 무리 없이 자리매김할 수 있을 것이다.

5. 결론: 함의와 기대효과

구의동은 골목상권의 트렌드를 주도할 잠재적 소비층이 풍부하고 광진구청 주변 복합 개발 등을 통한 환경개선으로 지역을 활성화할 수 있는 자원을 가지고 있다. 하지만 현재 광진구 내 미가로 상권은 주민과의 유기적 결합과 특색의 부족으로 인해 인지도가 저조하여 외부인이나 주민들의 발걸음을 유도하는 데 한계를 나타내고 있다. 또한, 주민들이 지역 상권과의 연결고리를 형성할 커뮤니티 공간과 주민 소통 개선을 위한 프로그램이 미미하여 마을 공동체와 상권이 활성화되고 있지 않은 것이 현실이다. 이에 광진구청의 비전인 '구민이 꿈꾸는 가치, 함께 만드는 광진'의 실현을 위해서는 주민이 중심이 되어 상권과의 협력을 끌어내는 것이 필요하다. 이에 따라 수원시의 마을 르네상스, 서초구청의 싱글싱글 동아리 등 타지역의 주민공모사업의 성공적인 사례를 참고하였다. 주민이 중심이 되어 직접 지역의 다양한 의제를 해결함으로써 지역 및 공동체를 회복하는 모습을 분석하고 연구에 반영하였다.

본 연구는 광진구 구의동의 특성에 맞게 도시재생 프로젝트의 일환으로 주민공모사업 친구의 집, 구미당, ㅁㄱㄹ[2]: 나도 미

제9장. 주민참여사업을 통한 미가로 상권 부흥 프로그램 제시

가로! 나도 막걸리!!, 구공의 방을 제안하고, 주민협의체 활동으로 미가로 서포터즈를 구현하여 지역공동체의 발전과 미가로의 활력을 증진하고자 하였다. 위 공모사업들은 미가로 상인들과 구의동 주민들 간의 소통과 상생이 이루어질 수 있도록 기반을 마련하고, 다양한 체험 프로그램에 있어 충분히 경쟁력이 있음에도 잘 알려지지 않았던 미가로 상권을 홍보 및 활성화하는데 그 함의가 있다. 또한, 상호 무관심했던 주민들이 다양한 활동을 통해 관계가 개선되고 마을공동체가 회복되며, 구의역 및 미가로 상권이 주변 지역 간의 연계를 통해 더욱 발전될 수 있다는 점에 그 함의가 있다.

본 8조가 제시한 각 방안의 기대효과는 다음과 같다. 먼저 '친구의 집'은 지역 상권과 주민들 간 공감대를 형성해 상권과 주민의 끈끈한 결합 형성을 주도할 수 있으며 주민뿐만 아니라 외부인들의 관심과 참여를 끌어내 미가로의 인지도 향상을 기대할 수 있다. 단순히 식사하는 것이 아니라 취향과 관심사를 나눔으로써 일반적인 식당과 차별화될 수 있으며, 자연스럽게 업체가 홍보되어 단골을 확보할 수 있을 것이다. 구의동 주민들의 동아리인 '구미당'은 이러한 결합을 바탕으로 주민들의 자치 활동을 활성화할 수 있으며 이웃 간의 무관심을 극복하고 마을에 대한 관심과 애정을 회복시킬 수 있다. 'ㅁㄱㄹ² : 나도 미가로! 나도 막걸리!!' 사업은 기존 프로그램을 확장해 구체화함으로써 사업의 지속성을 꾀할 수 있다. 그뿐만 아니라, 술 공방의 홍보와 '콜키지 프리' 및 할인 혜택을 통해 미가로 내 음식점과 연계되어 전반적인 상권 활성화에 긍정적인 효과를 볼 수 있을 것이다. 구공의 방의 경우 미가로 상권에 음식 이외의 다양한 할거리 및 볼거리를 제공하여 방문객을 유도하여 인지도 향상과 동시에 각종 공방 자생력 강화에 기여할 수 있다. 공방협동조합을 설립함으로써 소규모 공방의 한계를 보완하고, 공방 간 협력으로 다양한 활동을 함께 진행할 수 있어 재방문 및 홍보 효과가 클 것으로 기대된다.

　이러한 4가지 공모사업은 공공기관이 주관하여 주민들이 참여하는 형태가 아니라 주민들이 주도적으로 계획하고 제안하여 공공기관이 지원하는 형태로 진행된다. 기관의 주도하에 수동적으로 참여하고 단발성으로 끝나는 것이 아닌 주민들이 주체적으로 아이디어를 제공하고 기관이 적극적으로 지원하는 방식을 통해 다양한 프로그램이 개발 및 시행되고, 자발적인 모임이 조성됨으로써 적극적인 참여와 지속적인 커뮤니티 활동을 유도할 수 있을 것이다. 뿐만 아니라 4가지 사업들이 개별적으로 진행되는 것이 아니라 유기적으로 연결되어 방문객들이 구의역 및 미가로에 머물며 즐기는 동선이 마련되며, 공공 기관은 마중물로서 사업에 대한 교육과 지원을 이어나가 주민역량을 강화할 수 있다. 결과적으로 협력적 주민 거버넌스를 구축해 공동체 활성화 사업과 도시재생사업이 이어지면서 지역 활동 촉진 효과를 창출해낼 것으로 기대한다.

　마지막으로 미가로 서포터즈는 청년 네트워크를 구축하여 청년이 정책 참여에 유리되지 않는 구조를 형성하고 주민공모사업을 안정적으로 진행하는 데 의미가 있다. 행정 보조 및 홍보 업무를 통해 대응성을 높일 수 있으며 사업의 지속성을 유지할 수 있을 것이다. 강조될 점은 미가로 서포터즈는 단순히 위 제시된 정책 대안을 '보조'하는 역할이며, 제시된 정책을 원활히 시행하고자 만들어진 조직이다.

　현 우리 사회는 1인 가구의 증가로 이웃과의 거리가 멀어지고 있으며, 서로 소통하고 하소연할 수 있는 장이 줄어들고 있다. 하물며 코로나 19라는 재난 상황은 언택트(untact) 시대를 등장시켜 사회적 교류 저해와 상권의 경제적 위협을 가속화하고 있다. 따라서 본 조가 제시하는 광진구 미가로 상권의 주민공모사업은 현 상황처럼 비대면 활동이 강조되는 시기에 와해되는 공동체를 봉합하고 소통의 장에 활력을 불어넣을 주요 수

제9장. 주민참여사업을 통한 미가로 상권 부흥 프로그램 제시

단으로 작용할 수 있을 것이다. 또한, 광진구 주민이 주체적으로 끌어내는 구의동의 변화는 다른 지역의 긍정적 본보기로서 작용하여 광진구 구의동뿐만 아니라 타지역의 마을공동체 활성화를 도모할 수 있으며 주민 간 지속적 소통과 상권의 경제적 효과 창출이 공생하는 또 하나의 대표적인 주민공모사업의 성공사례로 거론될 수 있을 것이라 기대하는 바이다.

참고문헌

구의도시재생지원센터. 2021. 「구의역 일대 활성화를 위한 대학 - 지역연계 수업」 2021년 1학기 건국대학교 시민정치론 수업 발표자료, 2021

우고운. 2016. "[도시재생 성공사례]⑤ 주민 힘 모아 마을 바꾸고 일자리도 창출… '수원 마을르네상스'"『조선비즈』(3월 2일)

정현정. 2019. 〈구의역 일대 중심시가지형 도시재생 기본구상 수립〉, 구의역 일대 중심시가지형 도시재생 기본구상 수립

최지영, 조경진, 손경주. 2020. "주민조직의 연결망 분석을 활용한 주민역량강화 과정 연구 : 창신, 숭인 서울시 마을공동체 사업 및 도시재생선도사업을 중심으로".『한국도시설계학회지』제21권 5호. 46-47

편승민. 2015. "주민이 리더가 되는 곳, 수원시 마을르네상스를 가다"『머니투데이』(11월 30일)

마포구의 특색 있는 공방 문화를 만날 수 있는 MA-POREST(마포레스트) news1 뉴스 웹사이트. http://news1.kr

구의도시재생지원센터 공식블로그 웹사이트

　　https://blog.naver.com/center-surc

마포공예센터 웹사이트

　　http://mapocc.co.kr

제9장. 주민참여사업을 통한 미가로 상권 부흥 프로그램 제시

▲ 도움을 주신 분들

국민권익위원회 원지은

구의도시재생센터 김민서 코디네이터

마포레스트

서초구청 1인가구지원센터 김지훈 주무관

서울청년센터 오랑

마포레스트(MA-POREST)

에듀컨텐츠·휴피아
CH Educontents Huepia